via reise verlag

Birgit Klose

AB INS GRÜNE

RUND UM BREMEN

Nordost

Südost

Südwest

Nordwest

Wochenend und Sonnenschein …

… doch wohin? Oft kommen einem immer die gleichen Ziele in den Sinn – die sind zwar schön, aber manchmal darf es auch etwas Abwechslung sein. Nichts leichter als das! Denn das Bremer Umland ist vielfältiger, als einige zunächst glauben mögen. Dieses Buch versammelt 42 abwechslungsreiche, wunderschöne Rad- und Wandertouren rund um Bremen. Direkt vor der Haustür warten naturnahe, idyllische Landschaften, reizvolle Badeseen, alte Schlösser und außergewöhnliche Museen darauf, entdeckt zu werden. Für die vorliegende Neuauflage wurden alle Touren aktualisiert und überarbeitet; einige fielen raus, neue kamen hinzu.

Der Tourenführer möchte auch dazu anregen, die Gegend rund um Bremen umweltfreundlich (neu) kennen zu lernen. Von der Wesermarsch bis zum Dümmer See, vom Zwischenahner Meer bis an die Aller – alle Tourenstarts und -ziele sind gut mit Bus und Bahn erreichbar. Etwas Vorbereitung ist nötig, wenn man sich abseits der regulären Bahnstrecken bewegen möchte. Museumszüge fahren zwar nicht ganzjährig und nur an bestimmten Tagen, sind dafür aber ein ganz besonderes Erlebnis. Auch bei einigen lokalen Museen empfiehlt sich vorher eine kurze Recherche der Öffnungszeiten.

Mitnehmen sollte man etwas Proviant, Wasser, ein Erste-Hilfe-Set und Insektenschutz (Zecken), Fahrradflickzeug, eine Regenjacke und ein Handy als Navigationshilfe. Bei manchen Touren ist ein Fernglas das richtige Accessoire, will man einige der seltenen Vogelarten erspähen, die das Bremer Umland zu einem ornithologischen Highlight machen.

Und dann geht's auch schon los, raus aus der Stadt und ab ins Grüne!

GPS-Tracks

Für alle Touren können Sie die GPS-Tracks auf der Homepage des via reise verlags herunterladen. Damit lässt sich die Wegstrecke auf einem Smartphone oder einem anderen GPS-Gerät darstellen. Den Link und eine Kurzanleitung zur Verwendung der Dateien finden Sie bei den Informationen zum Buch: www.viareise.de.

Die Autorin

Die Landschafts- und Freiraumplanerin Birgit Klose, geboren 1959, lebt seit über 30 Jahren in Bremen. Sie ist begeisterte Radfahrerin, ist in einem Verkehrsplanungsbüro tätig und verfasst Publikationen zu touristischen Themen.

Willkommen im Grünen!

Der Verkehrsverbund Bremen/Niedersachsen (VBN) nimmt Sie bequem und umweltfreundlich mit auf die Reise zu den schönsten Regionen in Bremen und „umzu“, wie die Mundart hier sagt.

„Ab ins Grüne“ besticht mit Tourenvorschlägen so abwechslungsreich wie der Nordwesten selbst: Vom Badespaß an Europas längster Flussinsel „Harriersand“ über Radtouren durch verträumte Städtchen entlang der Wümme, der Erkundung imposanter Schlösser und Dombauten bis hin zum violetten Naturschauspiel der Heidelandschaft. Los geht es dort, wo Sie sind, denn die rund 600 Busse, Straßenbahnen und Züge im VBN sorgen mit mehr als 7 000 Haltestellen für fahrgastfreundliche grüne Mobilität auch in Ihrer Nähe. Über die Drehschreibe Bremer Hauptbahnhof erreichen Sie jedes der 42 Ausflugsziele umweltbewusst mit Bus und Bahn, der Ausflugsführer informiert über die passenden Linien und die Taktzeiten. Und das Beste: Der VBN bringt Sie mit nur einem Ticket an den Start ihrer gewählten Tour. Dabei spielt es keine Rolle, ob Sie allein, zu zweit, in der Gruppe, mit Fahrrad oder mit Hund reisen, der VBN hält für jede Fahrt das passende Ticket bereit.

Nun ist es an Ihnen: lassen Sie sich von den vielseitigen Ausflugstipps ins VBN-Land inspirieren und machen Sie sich mit grünem Gewissen auf den Weg. Für welches Ziel Sie sich auch entscheiden mögen – wir wünschen Ihnen eine gute Fahrt!

Ihr Verkehrsverbund Bremen/Niedersachsen

PS: Der einfachste Weg zur umweltfreundlichen Reise ins Grüne ist die kostenlose **FahrPlaner-App** des VBN!

Rufen Sie uns an

VBN-24h-Serviceauskunft:
0421/59 60 59

Verkehrsverbund Bremen/Niedersachsen GmbH
Am Wall 165–167
28195 Bremen
info@vbn.de
www.vbn.de

Wir beraten Sie gern.

Unterwegs mit dem Fahrrad

Sie wollen auf Ihrer Tour ein Fahrrad mitnehmen? Kein Problem – denn in den Bussen und Bahnen des VBN können grundsätzlich Fahrräder mitgenommen werden.

Bitte beachten Sie, dass aus Platzgründen eine Fahrradmitnahme nur eingeschränkt möglich ist. Für die Mitnahme eines Fahrrads benötigen Sie ein **Fahrrad-TagesTicket** der gewählten Preisstufe.

Große Auswahl, faire Preise

EinzelTicket und 4er-Ticket

Tickets für Fahrten mit den Zügen wie auch bereits gekaufte 4er-Tickets müssen vor bzw. bei Fahrtantritt entwertet werden. In den Fahrzeugen gekaufte Tickets sind bereits entwertet. Einzel- und 4er-Tickets sind in allen Bussen, Straßenbahnen und Zügen des Nahverkehrs für eine Fahrt auf das Fahrtziel hin entsprechend der gelösten Preisstufe gültig. Bei einem Umstieg müssen Tickets nicht noch einmal entwertet werden.

TagesTicket

Ein Ticket für kleine Gruppen oder Familien oder für einen Ausflug innerhalb des VBN. Das TagesTicket bietet größtmögliche Flexibilität zum kleinen Preis, denn es gilt für beliebig viele Fahrten an einem Tag. Das TagesTicket in der gewählten Preisstufe ist nutzbar für bis zu fünf Personen einen ganzen Tag bis 3.00 Uhr des Folgetages. Drei Kinder unter 15 Jahren dürfen kostenlos mitfahren.

So wird Ihr Smartphone zur Fahrkarte

Der einfachste Weg zum Ticket: Die kostenlose FahrPlaner-App des VBN herunterladen. Verbindung suchen, passendes Ticket auswählen, buchen und losfahren.

Infos unter www.vbn.de/handyticket

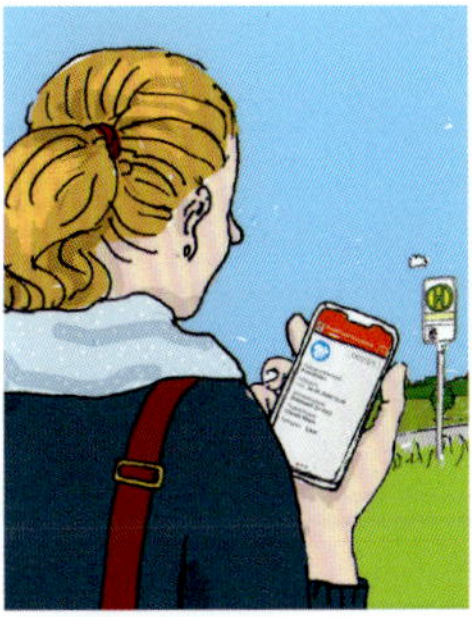

Nordost

Weite Landschaften, idyllische Dörfer, jede Menge Kultur, eine sanfte Hügellandschaft und sogar Nordseestrand: All das findet man im nordöstlichen Umland von Bremen. Ein besonderes Highlight ist das einzigartige Künstlerdorf Worpswede im Teufelsmoor. Und für Badespaß bietet Harriersand als längste Flussinsel Europas alles, was das Herz begehrt.

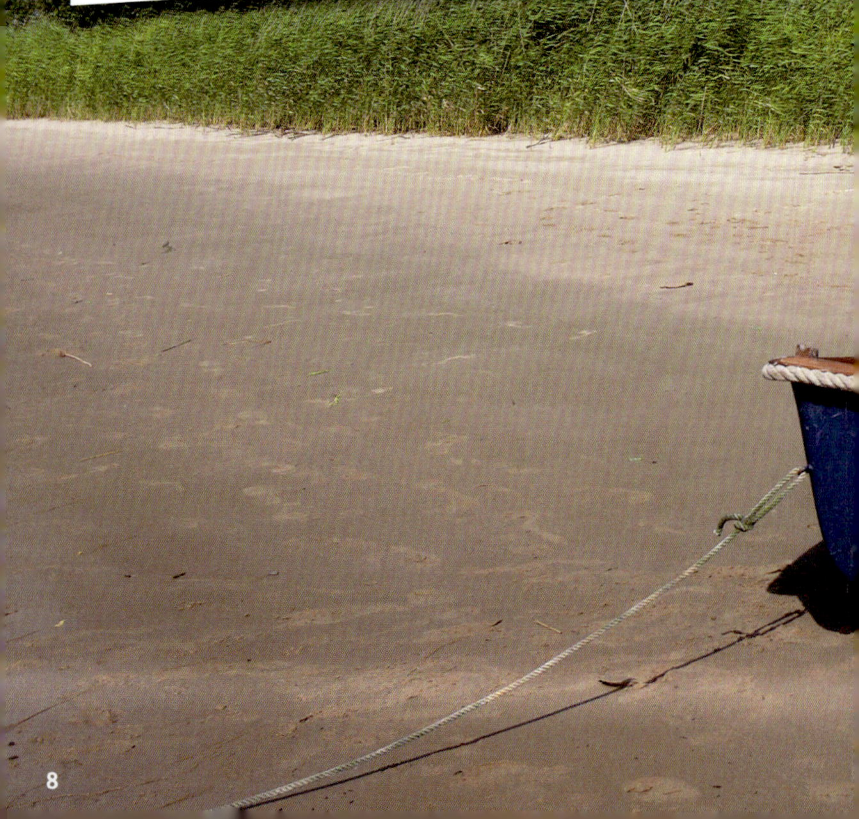

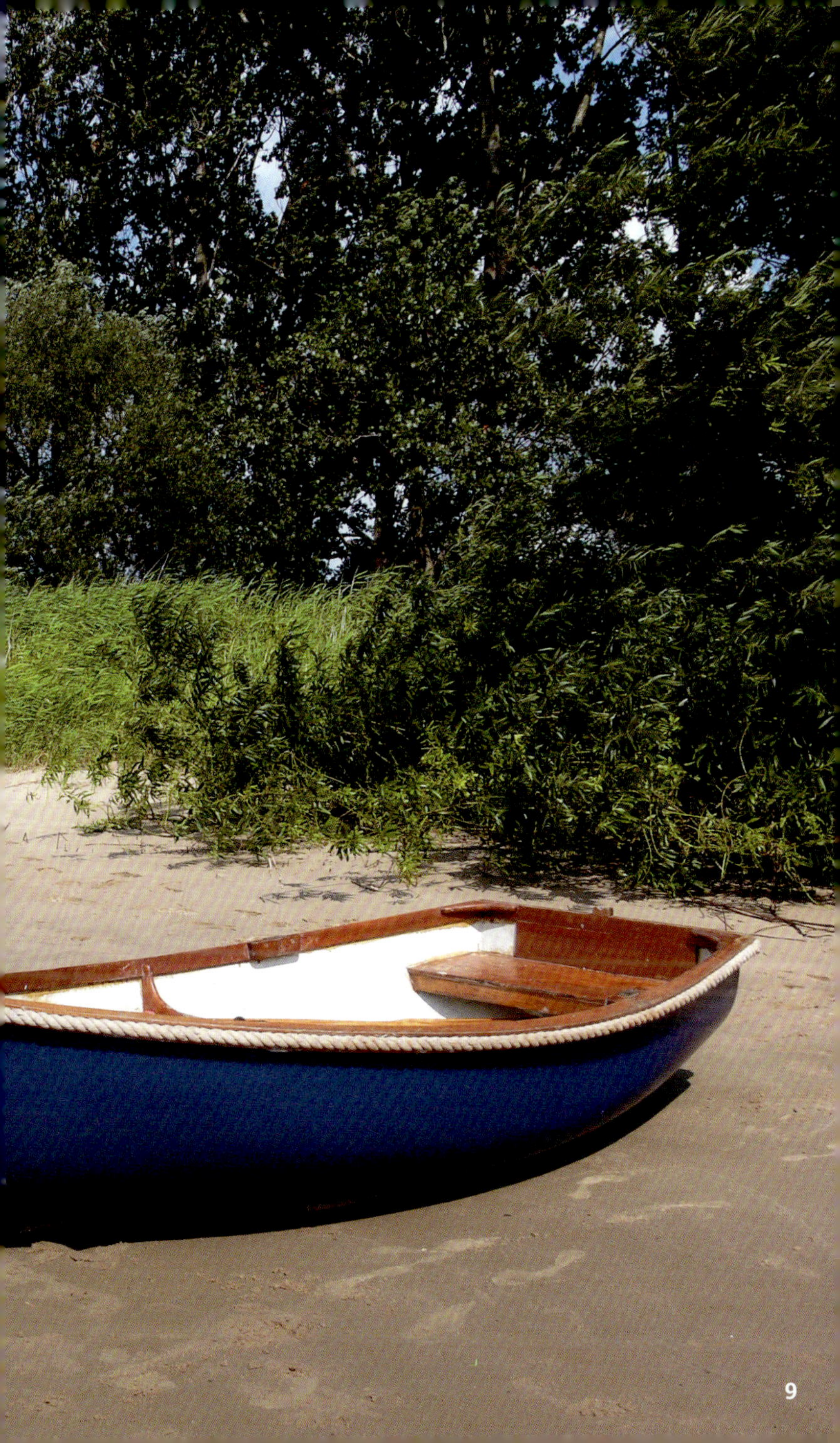

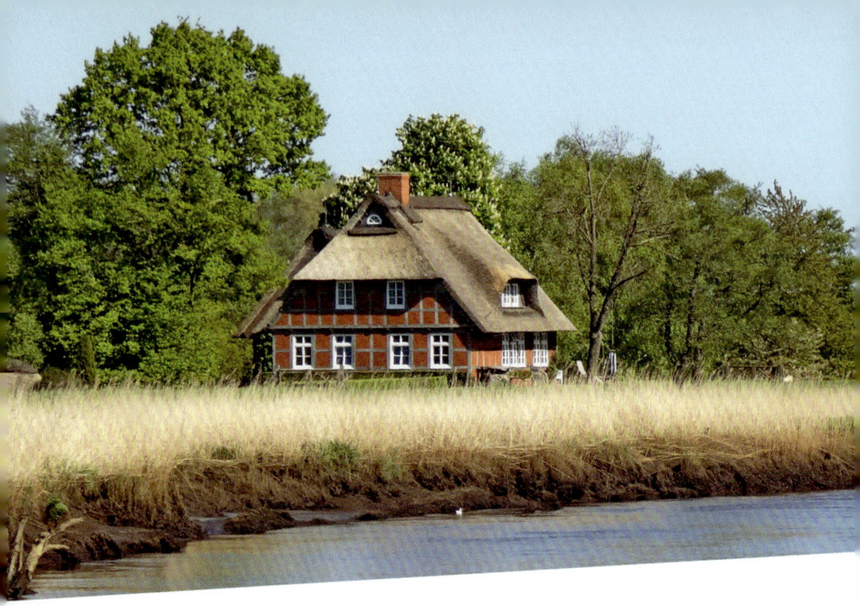

Raus aus der Stadt, rein ins Blockland!

1

Blockland

Kühe, Schafe, eine alte Kirche und reetgedeckte Fachwerkhäuser: Willkommen in der ländlichen Idylle des Blocklands! Hier dürfen nur die wenigen Anwohnerinnen und Anwohner das Auto nutzen, daher eignet sich das Blockland wunderbar zum Fahrradfahren oder Skaten.

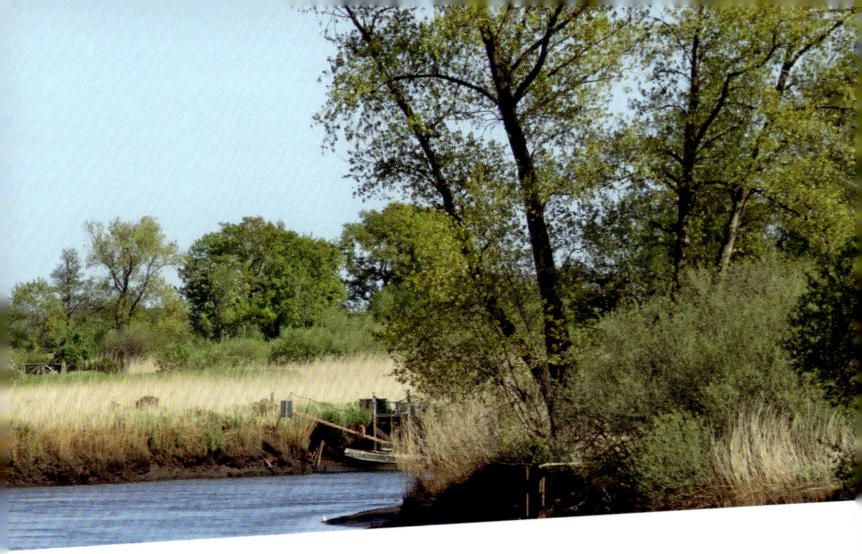

Beginn der schönen Blocklandtour ist der geschäftige Bremer Hauptbahnhof. Schlägt man sich auf die Nordseite, geht's ein kurzes Stück die Gustav-Deetjen-Allee an der Bürgerweide entlang, bis die Hollerallee links abbiegt. An der nächsten Kreuzung geht es rechts in die Findorffallee am Bürgerpark entlang. Wer Lust hat, läuft oder radelt auf einem der angelegten Wege quer durch den als Volksgarten im 19. Jahrhundert angelegten Park bis zum Stadtwaldsee.

Einer Legende nach soll die Gräfin Emma von Lesum im Jahr 1032 die Fläche den Bremerinnen und Bremern geschenkt haben. Diese hatten über zu wenig Weideland für ihr Vieh geklagt und sollten nun so viel Land bekommen, wie ein Mann von Sonnenauf- bis Sonnenuntergang umrunden kann. Ein habgieriger Schwager der Gräfin wählte für diese Aufgabe einen Menschen mit Gehbehinderung, der jedoch alle Erwartungen übertraf: Ganze 400 Hektar umfasst der Park noch heute.

Am Stadtwaldsee angekommen, folgt man links der Radroute des Grünen Rings (S1 Zu Hain und Hügel) in Richtung Vegesack/Dammsiel. Nachdem der Hochschulring und auch die A 27 unterquert sind, wird es himmlisch still – willkommen in der Wiesenlandschaft des Blocklands! Seinen Namen bekam dieser Teil von Bremen vermutlich, weil das

Hofcafé Bavendamm
Auf dem Hof Bavendamm betreibt die Familie Wilkens in Kooperation mit dem BUND ökologische Landwirtschaft. Auch Umweltbildung für kleine Gäste steht auf dem Programm! Im Sommerhalbjahr bietet die Bäuerin Ingrid Wilkens Kaffee und Kuchen im Hofcafé an.

Waller Str. 300
28719 Bremen-Wummensiede
www.bund-bremen.net/hof-bavendamm

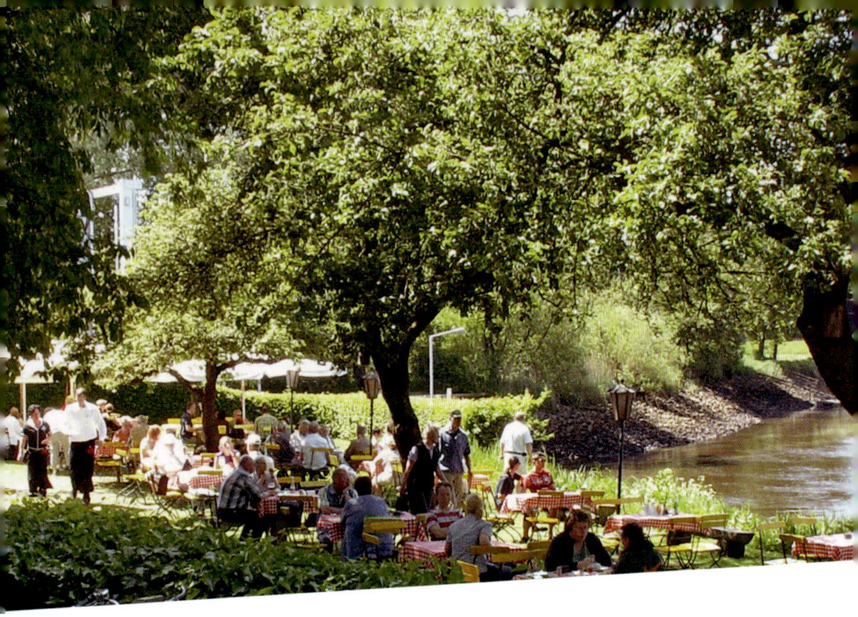

Perfekt für eine Pause: das Gasthaus Dammsiel an der Wümme

Gebiet im Mittelalter im Zuge der Landschaftskultivierung durch Gräben in Blöcke eingeteilt wurde. Heute trifft man hier auf ein Paradies ländlicher Ruhe in geschützter Natur. Und mit nur 400 Einwohnerinnen und Einwohnern auf 30 Quadratkilometern gibt es im Blockland vermutlich mehr Kühe als Menschen.

Ein gutes Stück geht es an der **Kleinen Wümme** entlang. Über eine kleine Brücke wechselt man die Flussseite, um gleich weiter auf der Blocklander Hemmstraße in Richtung Ritterhude/Dammsiel zu radeln oder zu wandern. Einzelgehöfte, viele reetgedeckte Häuser, liebevoll gestaltete Wochenendgrundstücke sowie mehrere Gaststätten säumen den Weg. Auf den Wiesen des Blocklandes grasen im Sommer Rinder und Schafe. Mit etwas Glück lassen sich auch geschützte Vogelarten wie Graureiher und Kiebitze sehen.

An der Mündung der Kleinen Wümme in die deutlich breitere Wümme empfiehlt sich ein kleiner Abstecher zum Gasthaus Dammsiel. Nach rechts abgebogen und an der Schleuse vorbei erreicht man den gemütlichen Gasthof. Hier eignen sich der große Sommergarten am Wasser und das Angebot an saisonalen Speisen perfekt für einen Mittagsimbiss.

Nach einer Erholungspause geht es wieder zurück an der Schleuse vorbei und immer die Wümme

Gasthaus Dammsiel
Hier gibt's selbst gebackenen Kuchen, regionale, saisonale deutsche Küche und besondere Spezialitäten wie Wildgerichte, u. a. vom heimischen Nutria. Gemütliche Gaststube und großer Sommergarten am Wasser.

Niederblockland 32
28357 Bremen
www.gasthaus-dammsiel.de

entlang, die Bremen von Niedersachsen trennt. Jetzt heißt es, die Aussicht genießen! Ursprünglich war das heute als Landschaftsschutzgebiet ausgewiesene Blockland eine schwer zugängliche Sumpflandschaft, die von Jägern und Fischern besiedelt wurde. Ihre Höfe standen auf Warften, die vor dem Deich- und Sielbau immer hochwassergefährdet waren. Erst im 12. Jahrhundert wurde das Land für die Grünlandwirtschaft und Rinderhaltung kultiviert, mit Gräben und Kanälen entwässert und eingedeicht. Die Menschen siedelten auf den Wümmedeich um. Allerdings hielten die Deiche den immer wiederkehrenden Überschwemmungen oft nicht stand. Noch heute kann man mehrere Teiche im Blockland entdecken, die durch Deichbrüche entstanden sind.

Wanderung oder Radtour: 18 km

Start: Bremen Hbf.

Ziel: Bhf. Bremen-Burg RS 1 alle 15–30 Minuten

Das kleine alte Kirchendorf **Wasserhorst** ist ein weiteres Highlight auf der idyllischen Blockland-Tour. Mit seiner auf einem sechs Meter hohen Hügel stehenden Kirche aus dem 12. Jahrhundert, in der man die schöne Deckenbemalung bewundern kann, verlockt das Dorf zu einer kurzen Ruhepause. Der Ort hat gerade einmal 100 Einwohner, wirkt abgelegen und gleichzeitig sehr freundlich.

An einem alten Pumpwerk vorbei unterquert man nochmals die A 27, hält sich gleich wieder rechts und gelangt so an die Lesum. Dem Fluss folgend, kreuzt der Weg schließlich die Bahnschienen. Den Bahnhof Bremen-Burg erreicht man dann über die Brücke, die parallel zur Bahnstrecke über die Lesum führt.

Wer noch Puste hat und mit dem Fahrrad unterwegs ist, folgt weiter dem Fluss und setzt den Ausflug über die Moorlose Kirche bis zum Bahnhof Vegesack fort (► Tour 2, Seite 14).

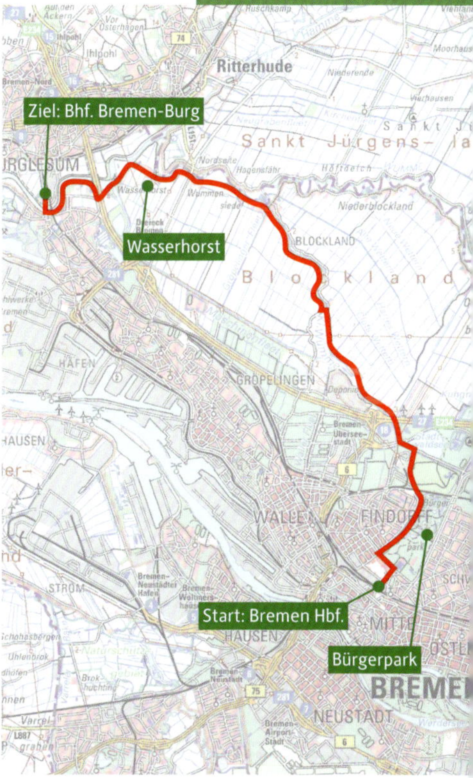

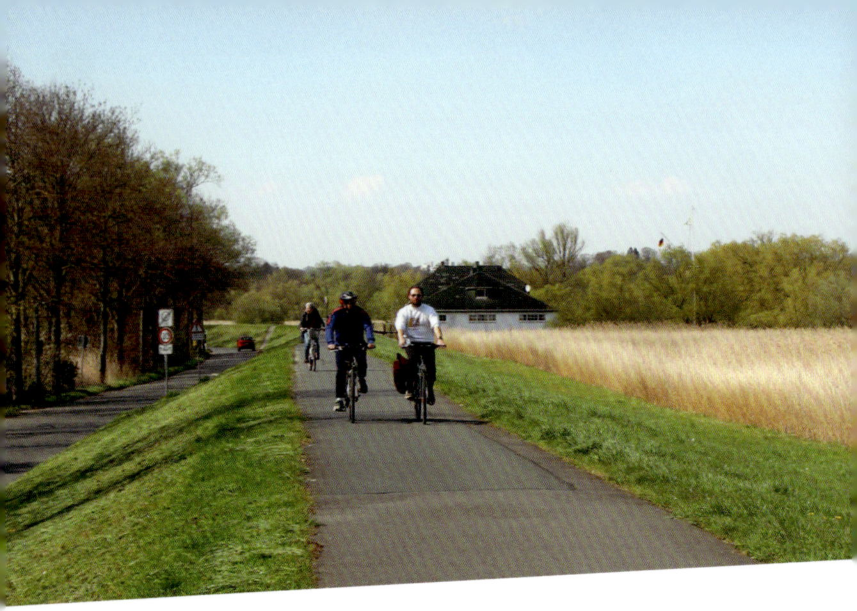

Durchs Werderland zur „Moderlosen Karken"

2

Moorlose Kirche

Wer sich zu der rund 15 Kilometer langen Wanderung aufmacht (oder lieber aufs Rad steigt), findet heraus, was sich hinter diesem seltsamen Namen verbirgt. Am Dunger See vorbei, der in einem schönen Naturschutzgebiet liegt, gelangt man zu einer alten Kirche und kann von dort mit etwas Glück auch per Schiff den Heimweg antreten.

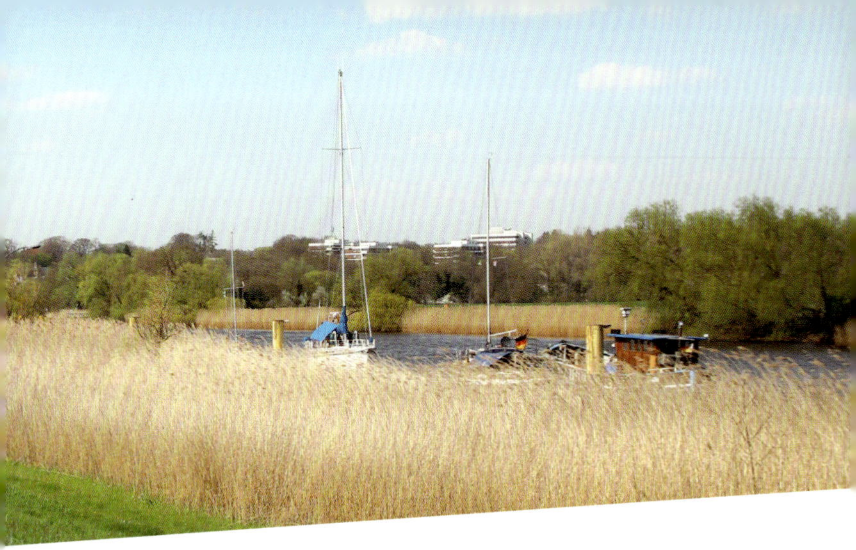

Startpunkt ist der ruhige Bahnhof **Bremen-Burg**, von dem aus es nach links auf die Bremer Heerstraße geht. Gleich nachdem die Lesum überquert ist, wendet man sich nach rechts und fährt oder läuft mit Blick auf den Knoops Park am andern Flussufer den Deich entlang. An einem reetgedeckten weißen Haus führt ein kleiner Weg links in das Vogelschutzgebiet **Dunger See**.

Der Dunger See ist ein naturnah gestalteter Baggersee und erfreut mit kleinen Inseln, Flachwasserzonen und einem buchtenreichen Ufer. Südlich des Sees breitet sich das von Wassergräben durchzogene **Werderland** aus. Ein Ökopfad, der allerdings nur zu Fuß und bei trockener Witterung begehbar ist (alternativ kann man einfach auf dem Deich weiterfahren), führt zum Aussichtspunkt Ilsenburger Hütte und weiter auf verschlungenen Pfaden zur Moorlosen Kirche.

Das Ziel – die **Moorlose Kirche** – hört sich dem Namen nach reichlich mysteriös an. Eine Kirche ohne Moor? Die Erklärung findet sich im Plattdeutschen: „Moderlosen Karken" auf Plattdeutsch heißt mutterlose Kirche und rührt vermutlich daher, dass sie als frühere Filialkirche von Altenesch später unabhängig von ihrer „Mutterkirche" wurde. Erstmals im 13. Jahrhundert errichtet, stammt die heutige, in Backsteinklinker gebaute Kirche von 1847.

Moorlose Kirche
Sehr schlichte Kirche aus Backstein von 1846/47 mit schönen bunten Fenstern und einer Glocke von 1642

www.kirche-bremen.de/mittelsbueren

Das Ausflugslokal „An der Moorlosen Kirche“ ist der perfekte Ort, um auf die Fähre zurück nach Bremen City zu warten

Dass die Kirche heute so allein auf weiter Flur steht, verdankt sie dem Wirtschaftsboom der 1950er-Jahre. Damals wurde das Dorf Mittelsbüren bis auf wenige Häuser und die Kirche komplett aufgegeben, damit der Klöcknerkonzern auf diesem Gebiet ein Stahlwerk bauen konnte. Heute heißt das Hüttenwerk „Arcelor Mittal Bremen GmbH“ und ragt unübersehbar einen guten Kilometer hinter der Moorlosen Kirche auf. Das benachbarte Kraftwerk Mittelsbüren (zwischen Weser und Stahlwerk gelegen) erzeugt mit Hilfe von Gasen aus der Stahlproduktion rund 800 Millionen Kilowattstunden Strom pro Jahr.

Im Lokal „An der Moorlosen Kirche“ lädt bei schönem Wetter die Sommerterrasse mit Blick auf die Weser dazu ein, hier auf das Schiff für die Rückfahrt zum Martinianleger in der Bremer City zu warten. Falls kein Schiff fährt – was oft vorkommt, weil die „Oceana“ nur an manchen Tagen in der Sommersaison anlegt – wartet eine kleine sportliche Herausforderung. Rund 7,5 Kilometer bis zum Bahnhof Vegesack sind es noch, um vom dortigen Bahnhof die Heimreise anzutreten.

An der Moorlosen Kirche
Beliebte Gaststätte am Schiffsanleger neben der Moorlosen Kirche, mit Sommerterrasse. Regionale, saisonale und deftige deutsche Küche. Telefonische Voranmeldung empfohlen.

Mittelsbühren 36
28719 Bremen
www.an-der-moorlosen-kirche.de

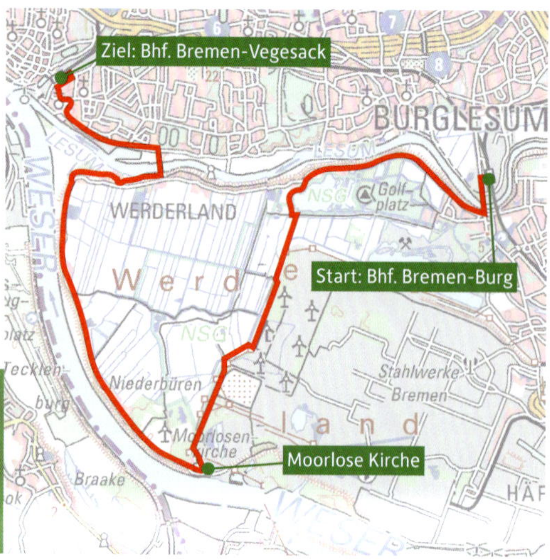

Wanderung oder Radtour: 15 km

Start: Bhf. Bremen-Burg
RS 1 alle 15–30 Minuten

Ziel: Bhf. Bremen-Vegesack
RS 1 alle 15–30 Minuten

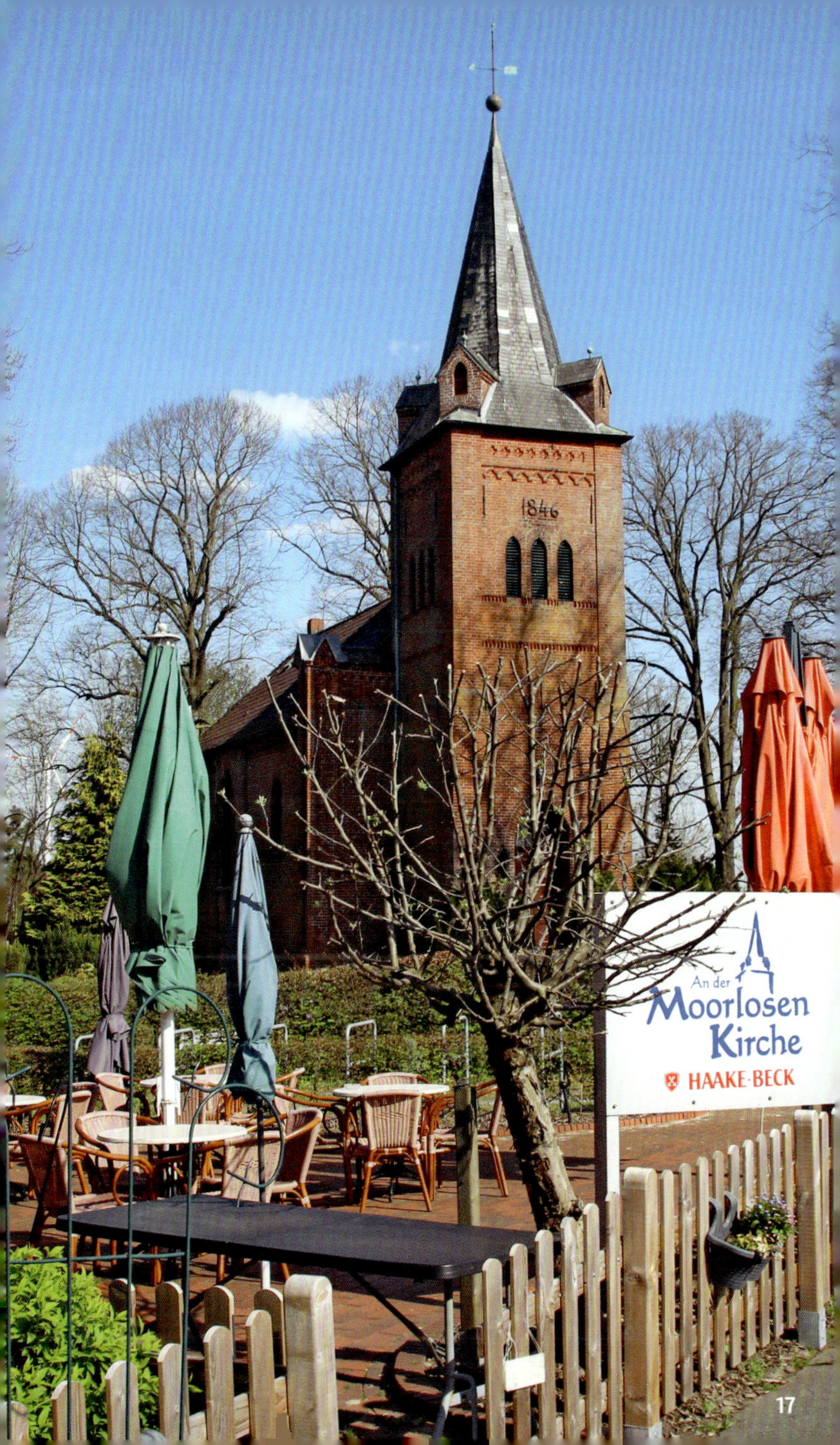
An der
Moorlosen
Kirche
HAAKE-BECK

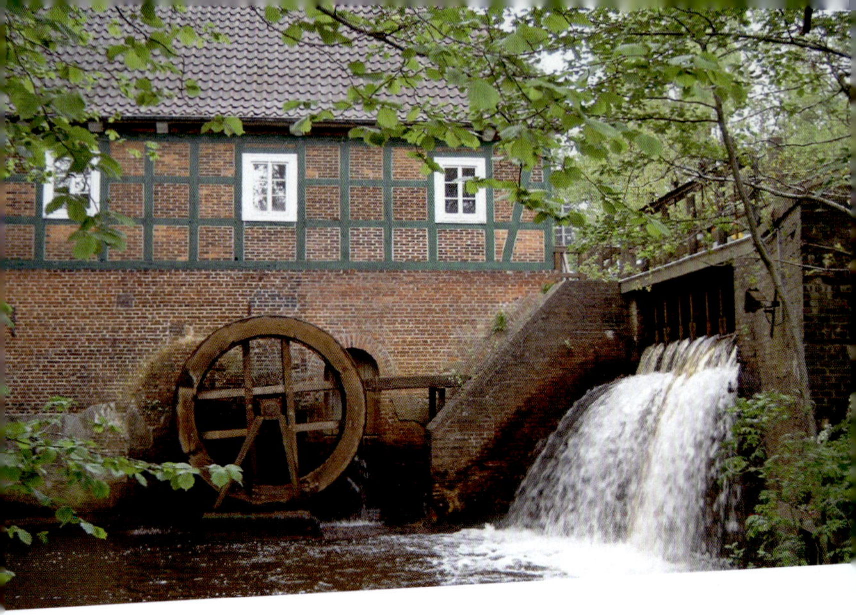

Ab in die Bremer Schweiz!

3

Meyenburg

Die Idylle der Blumenthaler Aue, hügelige Wege und ein altes Dorf mit Rittergut – die Bremer Schweiz hat einiges zu bieten. Am besten erkundet man sie auf einer ausgedehnten Radtour. Für Geschichtsinteressierte gibt der Denkort Bunker „Valentin“, der auf dem Rückweg nach Farge besichtigt werden kann, einen spannenden Input.

Los geht's am Bahnhof Klinikum Bremen-Nord. Über die Löhstraße, vorbei an der Gaststätte „An der Waldschmiede" und am Schmiedemuseum gelangt man zur Straße Am Rosenbusch. Hier beginnt schon die hügelige, mit hohen Eichen bestandene Landschaft. Wo die Straße endet, biegt man links ins Wehrmoor ein und folgt dem Weg bis zur kleinen Straße „Am Freibad".

Dieser Naturraum, die **Bremer Schweiz**, verdankt seinen Namen den sanften Hügeln, die sich kontrastreich vom flachen Bremer Umland abheben. Bis zu 30 Meter hohe Erhebungen findet man in dieser eiszeitlich geformten Gegend. Bei Bockhorn gibt es eine angewehte Binnendüne. Große Teile der Bremer Schweiz stehen unter Landschaftsschutz.

Rechts in den Bockhorner Weg gebogen, durchfährt man nun die Blumenthaler Aue. Im Sommer hört man das Geplansche der Badegäste des Blumenthaler Freibads, bevor man auf der Wölpscher Straße an einem Golfplatz entlangradelt und schließlich die Streusiedlung Kreienmoor erreicht. In die Schwankenfurther Straße rechts eingebogen, überquert man bald darauf die Hauptstraße.

Jetzt geht es auf ruhigen Straßen mit ausgewiesenen Radwegen weiter in nördliche Richtung bis Eggestedt. Parallel zu einem großen Baggersee, der versteckt hinter hohen Böschungen liegt, gelangt man zum Waldrand, von wo aus es richtig bergan den Hahnenberg hinaufgeht. Nach dieser kurzen Anstrengung fährt man über den Hof der kleinen Gehöftansiedlung Hamfähr. Ein kurzes Stück nachdem man den Hof passiert hat, hält man sich rechts und folgt dem Hauptweg. Östlich von Metjensande und Siethlandswehr wird ein größeres Feuchtgebiet durchquert, das Weiße und das Schwarze Moor, bis man hinter den Erhebungen vom Klingenberg den Weg Schafkoben erreicht, der in den bezaubernden Ort Meyenburg führt.

Gleich am Ortseingang von **Meyenburg** befindet sich das Schmuckstück des Dorfes, das Mühlengelände mit Wassermühle und Mühlenteich. Bis 1970 wurde in der Fachwerkmühle Korn gemahlen. Die alte Technik ist noch vollständig erhalten.

Das Dorf Meyenburg ist ursprünglich aus einer Sumpfburg entstanden, die von dem Ritter von Wersebe angelegt wurde, der Meyenburg. Sie

Café am Mühlenteich
Leckerer hausgemachter Kuchen; Sommerterrasse direkt am Meyenburger Mühlenteich

Mühlendamm 4b
28790 Meyenburg
www.cafe-am-muehlenteich.de

Freibad Neuenkirchen
Drei beheizte Becken und eine große Liegewiese laden von Mitte Mai bis Mitte September zum Entspannen ein. Es gibt einen Kiosk mit Imbiss und Terrasse.

Schulstraße 20
28790 Schwanewede-Neuenkirchen
www.schwanewede.de

stammt aus dem 15. Jahrhundert und ist bis heute im Besitz der Nachfahren des Stiftsritters Lüder von Wersebe. Infolge der Stedinger Kriege wurde die Burg zwar zerstört, später aber wieder aufgebaut. Leider ist sie nicht zu besichtigen, doch es lohnt ein Gang um das weitläufige Parkgrundstück mit den alten Bäumen.

Reichtum und Macht der Herren von Wersebe zeigten sich auch in der Gründung der Luciaekirche im Jahr 1415. Die Kirche wurde 1857 durch den heutigen Bau ersetzt und verfügt über eine barocke, klangschöne Orgel aus der Schule des berühmten Orgelbauers Arp Schnitger.

Entlang der Hauptstraßen Meyenburger Damm und Butendoor stehen hübsch renovierte, reetgedeckte Häuser, die ein geschlossenes Gefüge bilden, auch Bauernreihe genannt.

Für die Rückfahrt empfiehlt sich die Straße Achterfeld, die in südlicher Richtung nach Schedelkamp/Siedschelje führt. Anfangs ist der Weg noch hügelig, dann aber geht es zunehmend bergab – man nähert sich der Wesermarsch. In der **Siedscheljer Heide** führt die Route von der asphaltierten Straße rechts ab. Vorsicht: Die dezente Hinweistafel, die einen auf den Schotterweg nach Vorberg/Brink leitet, lässt sich leicht übersehen! Hinter dem Ort **Vorberg**

Ein Stück Geschichte: der Bunker „Valentin“

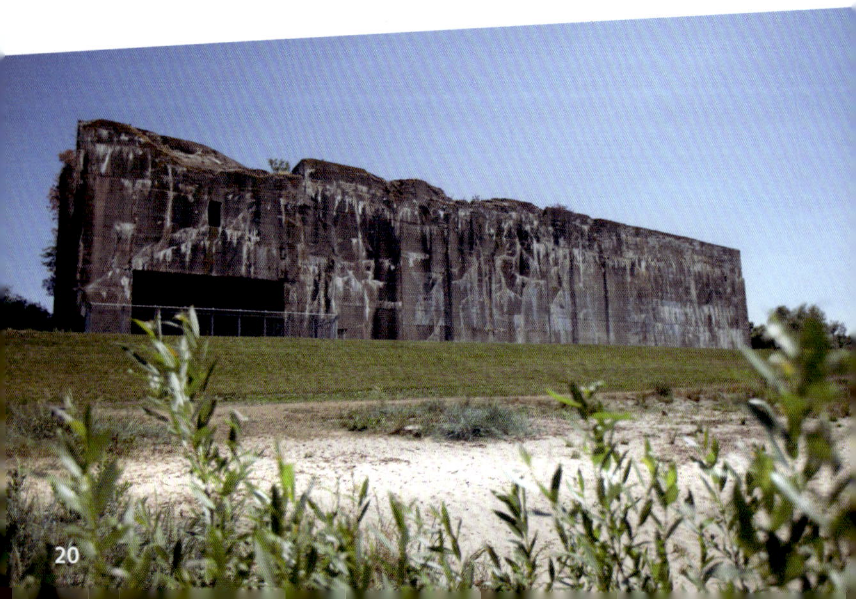

verlockt der Rastplatz Hünenstein zu einer wohlverdienten Pause mit Picknick.

Weiter am Ortsrand von Neuenkirchen entlang überquert man schließlich den Mühlenfleet an der Gösper Wassermühle. Die Landschaft ist nicht mehr wellig, hier ist die flache Wesermarsch erreicht. Hinter der alten Neuenkirchener Michaelskirche, die mit ihrem dicken quadratischen Feldsteinturm beeindruckt, biegt man in den „Klint" ein. Zweimal überquert man den Weserdeich, bis man in Richtung Rader Sand und Rekum auf den Deich einbiegt. Jetzt bietet sich eine gute Aussicht auf die Weser und in der Ferne ragt der riesige **Bunker „Valentin"** auf, an dem man etwas später direkt vorbeifährt. Dieser monströse Bau entstand in der Zeit des Nationalsozialismus. Zwischen 1943–1945 mussten Zwangsarbeiter hier eine verbunkerte U-Boot-Werft bauen. Viele Menschen verloren dabei ihr Leben. Die seit 2015 neu eröffnete Gedenkstätte erinnert sehr eindrucksvoll an das Grauen.

Hinter dem Bunker geht es noch ein Stück am Deich entlang, den man am Farger Bahnhofsgelände wieder verlässt. Wer im Sommer mit dem Hal-över-Schiff zurück nach Bremen möchte, hält sich nach dem Bahnhof rechts und gelangt über den Berner Fährweg zum Fähranleger in Farge.

Fährhaus Farge
Großes Hotel-Restaurant mit schönem Blick auf die Weser. Fischspezialitäten, regionale und internationale Küche und selbst gebackener Kuchen.

Wilhelmshavener Straße 1
28777 Bremen-Farge
www.faehrhaus-farge.de

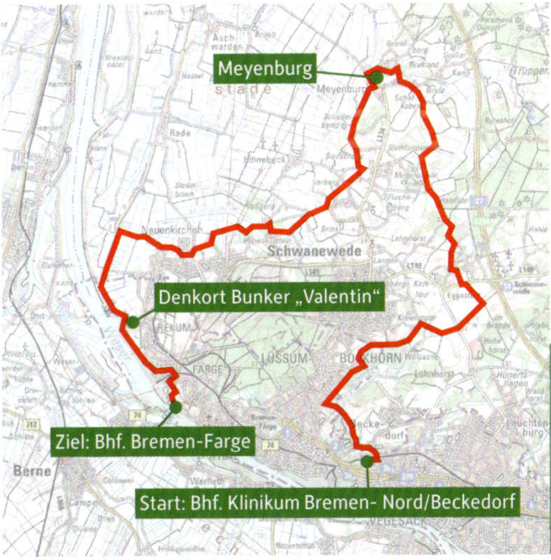

Radtour: 35 km

Start: Bhf. Klinikum Bremen-Nord/Beckedorf
RS 1 alle 15–30 Minuten

Ziel: Bhf. Bremen-Farge (oder Fähranleger in Farge)
RS 1 alle 15–30 Minuten

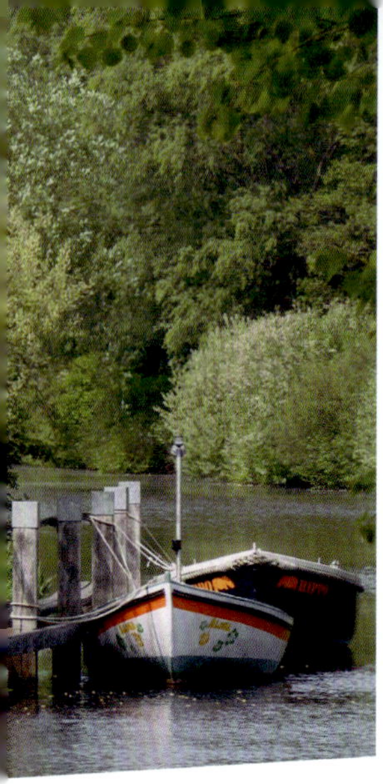

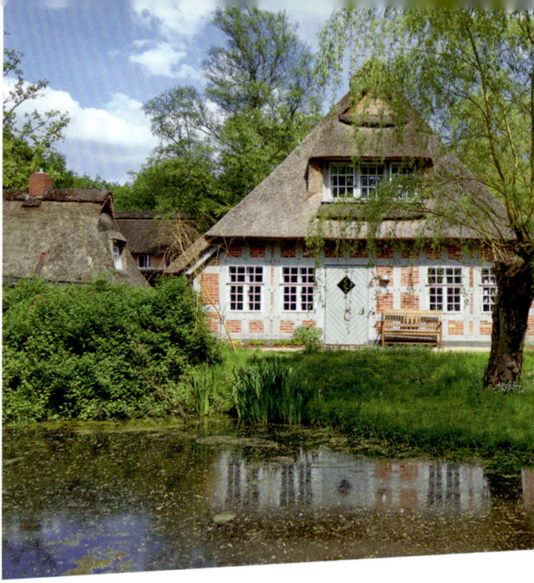

Eine Moortour zum Weltdorf

4

Worpswede

„Worpswede, Worpswede, Worpswede … es ist ein Wunderland", schrieb die Malerin Paula Modersohn-Becker 1897 begeistert in ihr Tagebuch. Am stilvollsten nähert man sich dem Ort durch das Moor vom 10 Kilometer entfernten Lilienthal. Zurück geht's entweder per Bus oder – im Sommer – mit dem Moorexpress. Wer will, kann noch bis ins schöne Osterholz-Scharmbeck weiterfahren oder -laufen.

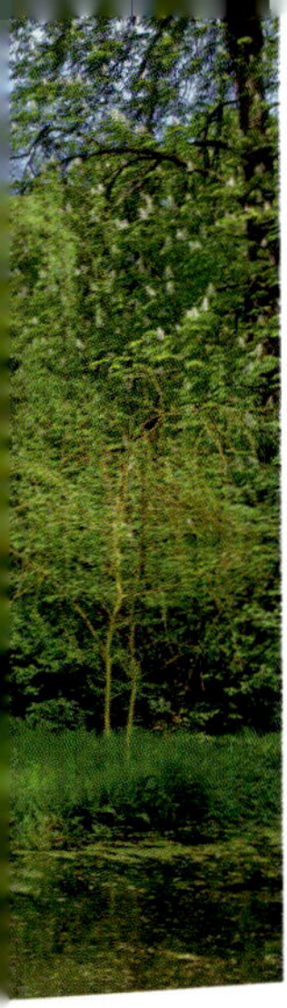

Die Tour ins weltberühmte Künstlerdorf beginnt an der Tram-Endhaltestelle Lilienthal. Zu Fuß oder mit dem Rad geht es ein kurzes Stück auf der Falkenberger Landstraße entlang, ehe man links in die Straße „1. Landwehr" einbiegt. Ab hier kann man der Rad-Ausschilderung des Grünen Rings Richtung Worpswede folgen. Auf dem Weg liegen mehrere kleine Moorhufensiedlungen, die zwischen 1750 und 1782 gegründet wurden.

Kurz bevor man Worpswede erreicht, ist schon der 54 Meter hohe **Weyerberg** zu sehen, an dessen Fuß das traditionsreiche Künstlerdorf liegt. Den Weyerberg links umrundet und in Worpswede angekommen, führt der Fritz-Mackensen-Weg zur Villa des Malers Fritz Mackensen. Über die Findorffstraße und die Bergstraße gelangt man schnell ins Ortszentrum.

Seit sich ab 1889 Fritz Mackensen und einige befreundete Künstler und Künstlerinnen in Worpswede niederließen, sind ihnen bis heute viele Kunstschaffende gefolgt. Noch immer schafft hier die Verbindung von Kunst, Kultur, Architektur und Landschaft eine ganz besondere Atmosphäre. Heute gibt es zahlreiche Ausstellungen der alten Worpsweder Meisterinnen und Meister in Museen und Kunststiftungen, zeitgenössische Kunst in Galerien und Ateliers sowie jede Menge Kunsthandwerk.

Im Besucherzentrum im **Philine-Vogeler-Haus** in der Bergstraße 13 gibt es ausführliche Informationen zu Ausstellungen und zum touristischen Leitsystem. Vor dem Gebäude kann man gut sein Rad anschließen. Von hier sind es nur wenige Meter bis zur **Großen Kunstschau**, die in den 1920er-Jahren von Bernhard Hoetger entworfen wurde. Das expressionistische Gebäudeensemble umfasst neben dem Ausstellungsgebäude weitere Bauten wie das ehemalige Kaffee Worpswede und das Logierhaus sowie einen Skulpturenpark.

Im Ausstellungsgebäude beherbergt die Große Kunstschau Kunstwerke der ersten Malergeneration, darunter Fritz Mackensen, Heinrich Vogeler, Otto

Tourist-Information im Philine-Vogeler-Haus
Hier gibt's Informationen zu allen Museen in Worpswede, z. B.: Große Kunstschau, Heinrich-Vogeler-Museum (Barkenhoff), Worpsweder Kunshalle und Haus im Schluh. Außerdem Angebote zu günstigen Museums-Kombinationskarten, Führungen etc.

Bergstraße 13
27726 Worpswede
www.worpswede-touristik.de
www.worpswede-museen.de

Aus dem Barkenhoff geht es hinaus in den verträumten Garten

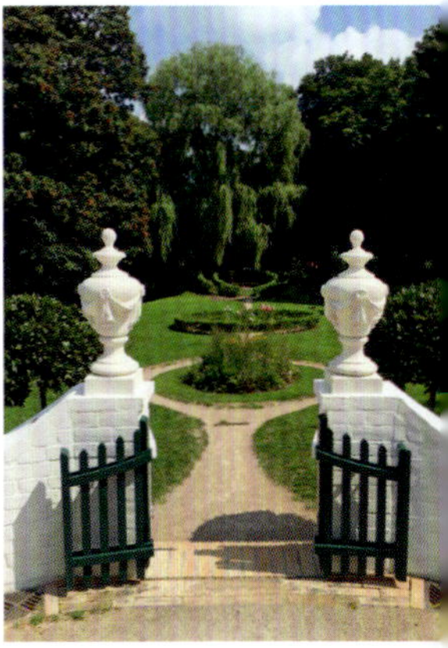

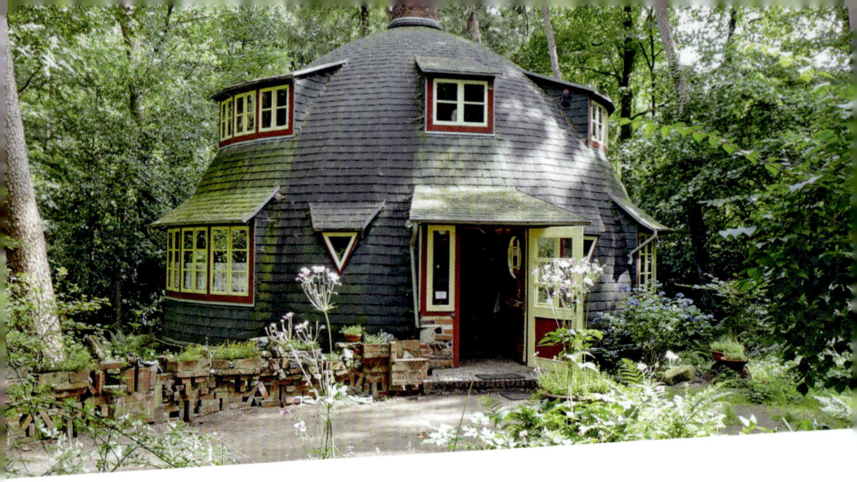

Architektur der etwas anderen Art: die Käseglocke

Modersohn und Paula Modersohn-Becker. Im modernen Anbau werden wechselnde Ausstellungen mit dem Schwerpunkt Kunst der Gegenwart gezeigt.

Von der Großen Kunstschau führt ein Fußweg in den Wald. Läuft man den Bernhard-Hoetger-Weg ein Stück hoch, lässt sich der Ausblick auf die östlich angrenzende Marcusheide genießen, die im Sommer wunderbar lila blüht. Bald weisen Schilder nach links zu einem kuriosen runden Haus in Iglu-Form, der **Käseglocke**. Das kleine runde Häuschen wurde von Bruno Taut entworfen. Bauherr war 1926 der Schriftsteller Edwin Koenemann, der die Käseglocke als Wohnhaus mit Atelier errichtete.

Als nächstes Ziel bietet sich der **Barkenhoff** an. Den erreicht man über eine Linkskurve des Waldwegs, der jetzt Martin-Goldyga-Weg heißt. Der Barkenhoff war die Wohn- und Arbeitsstätte Heinrich Vogelers (1872–1942) und nach dem Ersten Weltkrieg ein von der Roten Hilfe geführtes Kinderheim. Ein Pfad führt nach links zur weitläufigen Gartenanlage. Vom erhöhten, rosenumrankten Pavillon hat man einen guten Blick auf die ehemalige Bauernkate, die Vogeler 1895 erworben und zu einem Gesamtkunstwerk mit jugendstiltypischen Elementen umgestaltet hat. Heute ist das Gebäude Sitz der Barkenhoff-Stiftung und dient der Kunst- und Künstlerförderung. Im Hauptgebäude befinden sich Ausstellungen zu Heinrich Vogeler und zur Worpsweder Kunstgeschichte.

Von hier kann man einen kleinen Spaziergang zum **Haus im Schluh** machen, das etwas außerhalb

Restaurant Worpsweder Bahnhof
Restaurant, Café, Sommergarten. Leckere regionale Küche im wunderschönen Ambiente des Jugendstilbahnhofs, der von Heinrich Vogeler entworfen wurde.

Bahnhofsstraße 17
27726 Worpswede
www.restaurant-worpsweder-bahnhof.de

vom Ortskern liegt und den künstlerischen Lebensweg von Martha und Heinrich Vogeler präsentiert.

Zurück im Zentrum lohnt ein Blick in die **Worpsweder Kunsthalle.** Hier befindet sich die wohl bedeutendste Sammlung über die Kunstgeschichte des Ortes.

Ganz in der Nähe steht die Zionskirche, in der man die hübschen Engelsputten- und Blumenmalereien der Worpsweder Künstlerinnen Clara Westhoff und Paula Modersohn-Becker bewundern kann. Auf dem angrenzenden Friedhof liegt auch das **Grab der Malerin Paula Modersohn-Becker**, eine Pilgerstätte für Worpswede-Fans.

Wer nicht den gleichen Weg nach Bremen zurückzufahren oder laufen möchte, dem empfiehlt sich die schöne Wander- oder Radroute durch die Hammeniederung nach Osterholz-Scharmbeck.

Vorbei am **Jugendstilbahnhof**, der von Heinrich Vogeler konzipiert und 1910 gebaut wurde, führt der mit Birken gesäumte Weg „Vor den Pferdeweiden" am Ortsrand entlang. Über den Hammeweg verlässt man Worpswede. Jetzt geht es an der Hammehütte Neu Helgoland vorbei, dann wird die Beek überquert und schon ist man auf der Radroute Richtung Bahnhof Osterholz-Scharmbeck.

Moorexpress
Von Ende April bis zum 3. Oktober erreicht man Worpswede auch mit einer Museumsbahn. Die historischen Schienenbusse tuckern samstags, sonn- und feiertags von Bremen Hbf. in 47 Minuten zum Künstlerdorf und weiter nach Stade und zurück. Während der Fahrt durchs Teufelsmoor werden auf Wunsch Snacks und Moorbier, ein dunkles Spezialbier, serviert.

www.evb-elbe-weser.de

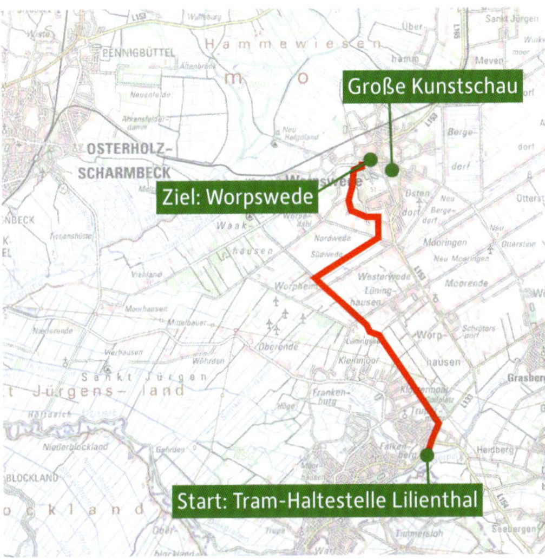

Wanderung oder Radtour: 10 km (oder 23 km bis Osterholz-Scharmbeck)

Start: Tram-Haltestelle Lilienthal
Tram 4 alle 15–20 Minuten

Ziel: Bushaltestelle Worpswede Insel
Bus 670 alle 60–120 Minuten

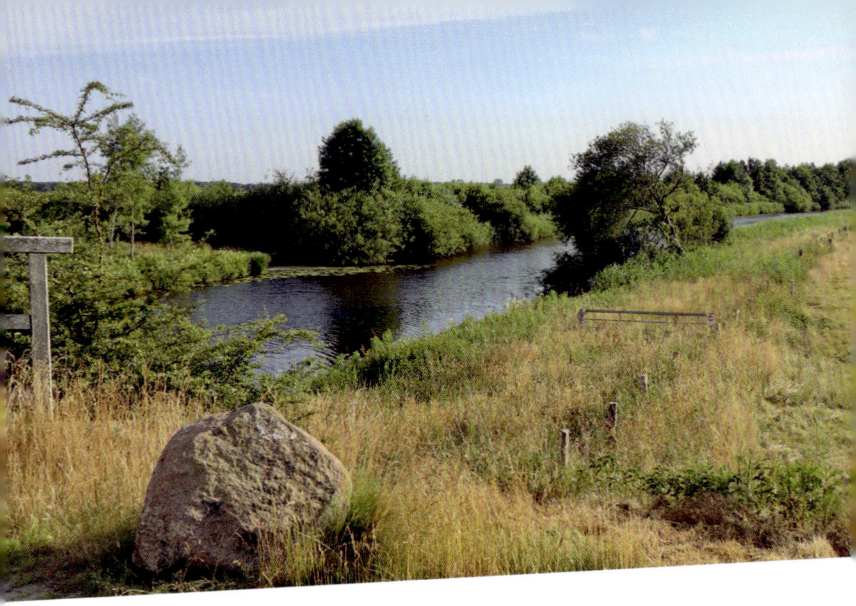

Ein Tag im Teufelsmoor

5

Teufelsmoor

Die stille, dünn besiedelte Landschaft des Teufelsmoors vermittelt eine ganz besondere Atmosphäre. 33 Kilometer mit dem Rad geht es durchs Moor – da kommt eine kleine Pause im schönen „Schamaika“ gerade recht! Wer noch Lust auf ein bisschen Kultur hat, kommt am Zielort Osterholz-Scharmbeck auf seine Kosten.

Vom verträumten Bahnhof **Oldenbüttel** fährt man los – entweder quer durch das Wäldchen Oldenbütteler Holz oder ein kurzes Stück auf der B 74 bis man über die Straße Peisham auf der Radroute des Grünen Rings angekommen ist (H2 Kunst und Kranich). In die Ströher Straße eingebogen, gelangt man in die flache Moorlandschaft und zur liebevoll restaurierten **Museumsanlage Moorkate** in Hambergen-Ströhe.

Das Leben der Moorbauern, die dem Moor den Torf und landwirtschaftliche Erträge abgerungen haben, war von Entbehrungen geprägt. Erst in der dritten Generation konnte eine Familie ausreichend mit Lebensmitteln versorgt werden. Noch bis zum Mittelalter war das Teufelsmoor nahezu unberührt. Nur an den Moorrändern, den Geestkanten, gab es Kultivierungsversuche. Der Boden im Hochmoor eignete sich nicht für die landwirtschaftliche Nutzung, er war zu nass und zu nährstoffarm. So soll auch der Name „Teufelsmoor“ auf das niederdeutsche und falsch ins Hochdeutsche gebrachte „Dovelsmoor“, also taubes, unfruchtbares Moor, zurückgehen.

Trotz der schlechten landwirtschaftlichen Bedingungen wurden nach holländischem Vorbild bereits im 13. Jahrhundert frühe Moorkultivierungen durch die Klöster Lilienthal und Osterholz durchgeführt. Mit der systematischen Moorkolonisation ab 1770 durch den vom König eingesetzten Moorkommissar Jürgen Christian Findorff wurde massiv in die Natur eingegriffen und durch Ausbau von Kanälen, Flussbegradigungen, Entwässerung, Düngung und Torfabbau die Grundlagen für eine intensive Landwirtschaft geschaffen. Bis zum Jahr 1850 wurden insgesamt 69 Moordörfer gegründet.

Weiter nach Norden, Richtung Hambergen/Vollersode liegen noch einige typische **Moorsiedlungen** am Weg, deren Höfe an der Straße entlang aufgereiht sind. Die langen, schmalen Grundstücke (Hufen) werden seitlich durch Gräben entwässert. In Heißenbüttel geht es scharf nach rechts. Wenn es trocken ist, kann man die Verlüßmoorer Straße verlassen und über den Verbindungsweg „Teufelsmoor – Verlüßmoor“ quer durch die Moorlandschaft radeln. Alternativ wird das Moor umrundet. Statt dem Grünen Ring zu folgen, hält man sich rechts und fährt Am Grünen Moor entlang.

Museumsanlage Moorkate
Nach historischem Vorbild rekonstruierte Moorkate mit Wirtschaftsgebäuden. Die Anlage mit Bauerngarten ist – bis auf das Heimatmuseum – öffentlich zugänglich. Besichtigungen und Führungen nach telefonischer Absprache.

Sandstraße 32
27729 Hambergen-Ströhe
www.heimatverein-stroehe-spredding.de

Störche auf Futtersuche im Teufelsmoor

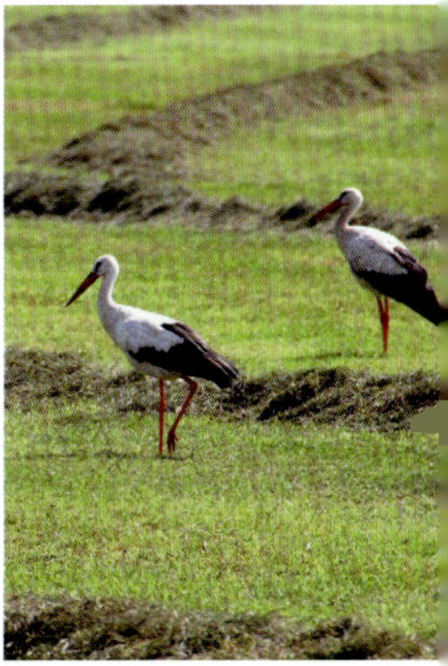

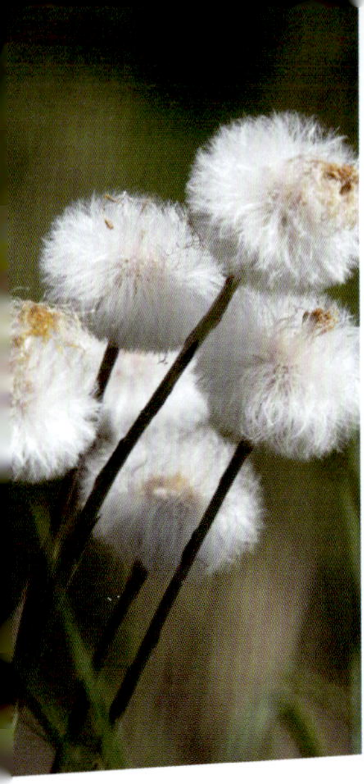

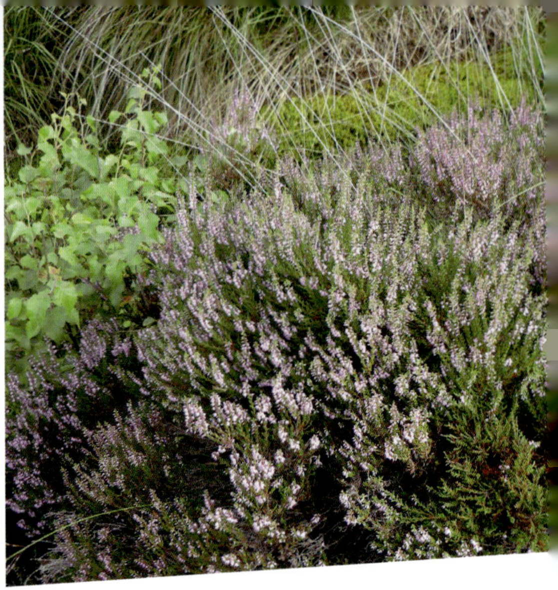

Wer genau hinschaut, entdeckt Wollgras, eine typische Moorpflanze – aber auch das hübsch blühende Heidekraut findet man in der Gegend

Mitten im Teufelsmoor liegt das **Ausflugslokal Schamaika**, das besonders zu empfehlen ist. Hier gibt es neben dem Gasthof auch Hühner und Gemüsegärten, eine Konditorei, eine Apfelmosterei und eine Schreinerei. Der Hof ist ein Ort der Inklusion, denn hier arbeiten Menschen mit und ohne Behinderungen. Warum der Name Schamaika nicht zufällig an die Insel in der Karibik erinnert, kann man sich bei einem leckeren Stück Kuchen erzählen lassen. Für alle, die Lust auf Wassersport haben und ein paar Schläge auf der Hamme paddeln möchten, gibt es im Gasthaus Kanus zu leihen.

Weiter zur Ortschaft Teufelsmoor lohnt ein Abstecher rechts in die Straße „Zur kleinen Reihe" – dort gibt es ein großteils wiedervernässtes Moor, das Günnemoor, zu sehen. Auf einem kleinen Randweg kann man typische Moorpflanzen wie Sonnentau, Wollgras, Röhrichte oder seltene Zugvögel wie Kraniche beobachten. In dem heutigen Naturschutzgebiet sind mittlerweile bis 10 000 rastende Kraniche gesichtet worden. Das hier ansässige Torfwerk wurde 2012 geschlossen. Etwa 15 Millionen Kubikmeter Torf wurden in über 90 Jahren im Günnemoor abgebaut!

Zurück auf der L 153 geht es ein Stück hinter der Brücke über die Beek links ab. Der Weg führt in die schönen Hammewiesen und zum **Breiten Wasser**,

Torfkahnfahrten
Auf historischen Torfkähnen (Nachbauten) die Moorlandschaft erleben. An- und Abfahrtstellen befinden sich bei der Gaststätte Neu Helgoland, am Gasthof Zur Kreuzkuhle und nach Absprache. Buchbar über die Tourist-Information für Worpswede und das Teufelsmoor.

Bergstraße 13
27726 Worpswede
www.worpswede-touristik.de

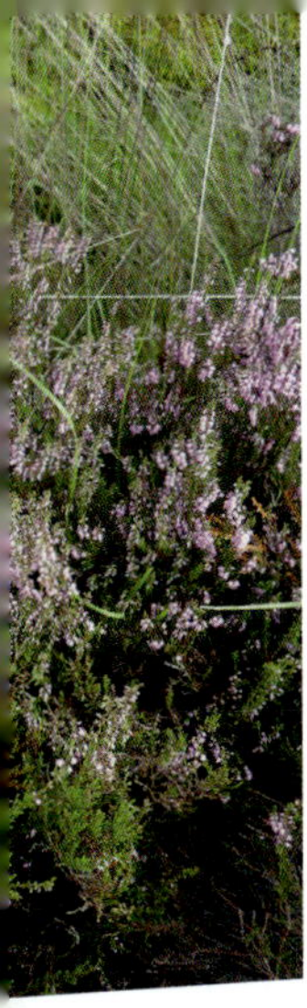

einem großflächigen und natürlichen See, der als einzigartiges Großgewässer im Bereich des Zusammenflusses von Hamme und Beek unter Naturschutz steht.

Wer noch Lust auf etwas Kultur hat, kommt in Osterholz-Scharmbeck am Ende der Tour noch auf seine Kosten. Hier kann man die schöne, über 800 Jahre alte St. Marien-Klosterkirche bewundern oder die **Museumsanlage Osterholz-Scharmbeck** besichtigen. Die Museumsanlage der Kulturstiftung Landkreis Osterholz befindet sich auf einem parkähnlichen Gelände, wo im 12. Jahrhundert der Wirtschaftshof eines ehemaligen Benediktinerklosters stand. Sie vereint in sechs historischen Gebäuden und einem modernen Anbau vier Einrichtungen: das Heimatmuseum, ein Mitmachmuseum, das Norddeutsche Vogelmuseum und das Museum für Schifffahrt und Torfabbau. Besonders das Vogelmuseum ist einen Besuch wert. Es beherbergt eine große Sammlung von Vogelpräparaten und zeigt die gesamte Vogelwelt Mitteleuropas.

Melkhus zum Brinkhof
Leckere selbst gebackene Torten und erfrischende Milchprodukte

Teufelsmoorstraße 4
27711 Osterholz-Scharmbeck

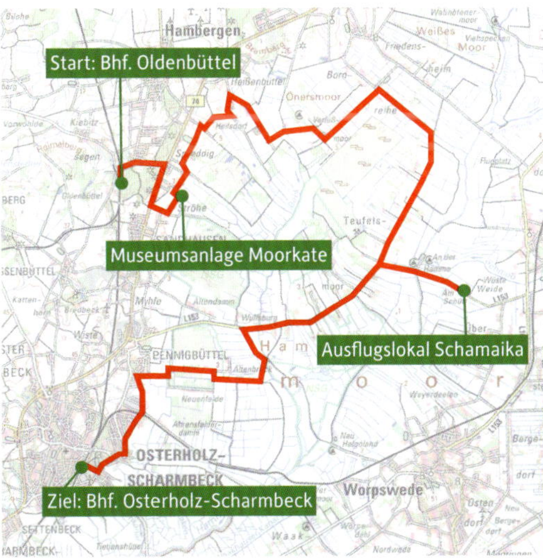

Radtour: 33 km
Start: Bhf. Oldenbüttel
RS 2 alle 60 Minuten
Ziel: Bhf. Osterholz-Scharmbeck
RS 2/RE 8/RE 9 zweimal stündlich

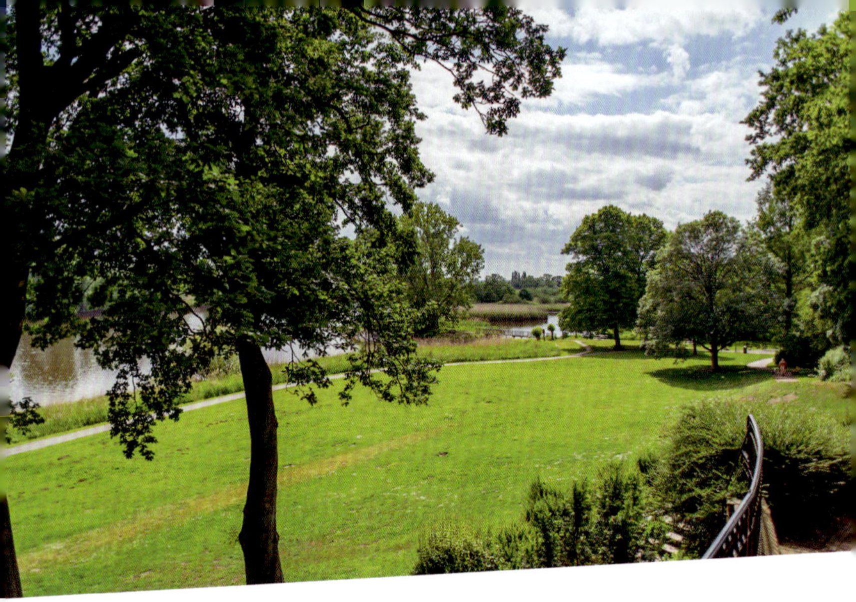

Lustwandeln an Lesum und Weser

6

Knoops Park

Die gemütliche 10-Kilometer-Wanderung führt durch die schönsten Parks und Gärten im Bremer Norden. Vorbei an der Vegesacker Weserpromenade tun sich immer neue grüne Oasen auf. Am Ende kann man noch die älteste Burg Bremens bestaunen.

Los geht's am Bahnhof **Lesum**: Von hier gelangt man in 10 Minuten zum grünen Uferstreifen des Flusses Lesum. Etwas vor dem Ufer rechts in den Admiral-Brommy-Weg eingebogen, passiert man herrschaftliche Villen, von denen sich manche in ausgedehnten Gärten verstecken. Bald führt der Weg direkt am Ufer der Lesum entlang.

Hier öffnet sich die Landschaft zum ersten Highlight der Tour, **Knoops Park**. Einst hatte an dieser Stelle der Bremer Kaufmann Ludwig Knoop (1821–1894), der durch Firmengründungen in der russischen Baumwollindustrie zu Reichtum gekommen war, mit seiner Familie die Sommermonate verbracht. 1871 ließ Knoop hier ein Schloss im englischen Tudor-Stil bauen, das heute allerdings nicht mehr existiert. Rund um das Schloss legte der Landschaftsarchitekt Wilhelm Benque einen englischen Landschaftspark an, der bis heute verzaubert. Große Freiflächen eröffnen reizvolle Durchblicke und Fernsichten, wobei einheimische und exotische Gehölze spannungsvoll anordnet sind. Das steil zur Lesum abfallende Ufer ist mit steinernen Treppen und Aussichtsplattformen im Stil italienischer Renaissance-Gärten gestaltet und mit geschwungenen Wegen verbunden. 1936 ging der Park und das Gut in den Besitz der Gemeinde Lesum über und nach Plänen des Gartenarchitekten Christian H. Roselius entstand der öffentliche Knoops Park.

Vom Aussichtspunkt Jünglingshöhe genießt man einen herrlichen Blick über die Flusslandschaft. Von hier aus geht's mit Sicht auf die Lesum weiter an romantischen Grotten und Wasserbecken entlang. An der Büste von Magdalene Pauli vorbei, die 1951 unter Pseudonym ihren Briefroman *Sommer in Lesmona* mit großem Erfolg veröffentlichte, stößt man wieder auf den Admiral-Brommy-Weg, der weiter Richtung Vegesack führt.

Immer am Fluss entlang, wird der Weg bald zur Straße „Am Wasser". Man passiert das Lesumsperrwerk, einen Sportboothafen und ein Einkaufszentrum, bis schließlich eine Fußgängerbrücke über das langgestreckte **Vegesacker Hafenbecken** führt. Auf der anderen Seite, an der Spitze des Hafenbeckens, befindet sich die berühmte Skulptur **Walkiefer am Utkiek**. Weiter auf der Vegesacker Weserpromenade gelangt man gleich zur nächsten Parkanlage. Der

Kränholm
Besucher erwartet ein Restaurant und Kunstcafé im außergewöhnlichen Ambiente eines unter Denkmalschutz stehenden Gutes aus dem ausgehenden 19. Jahrhundert mit gehobener Speisekarte

Auf dem Hohen Ufer 35
28759 Bremen
www.kraenholm.de

Die Autorin von „Sommer in Lesmona": Magdalene Pauli

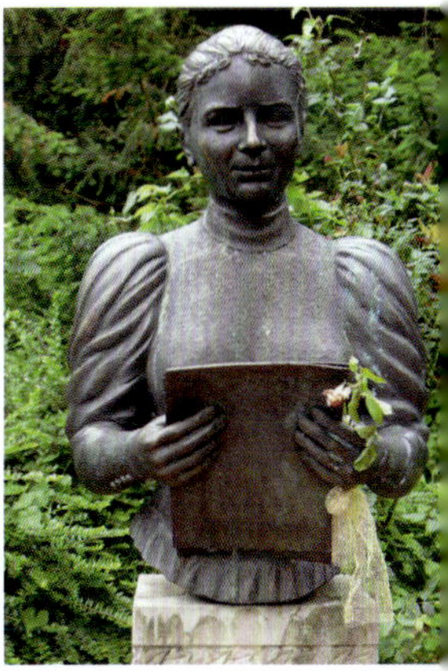

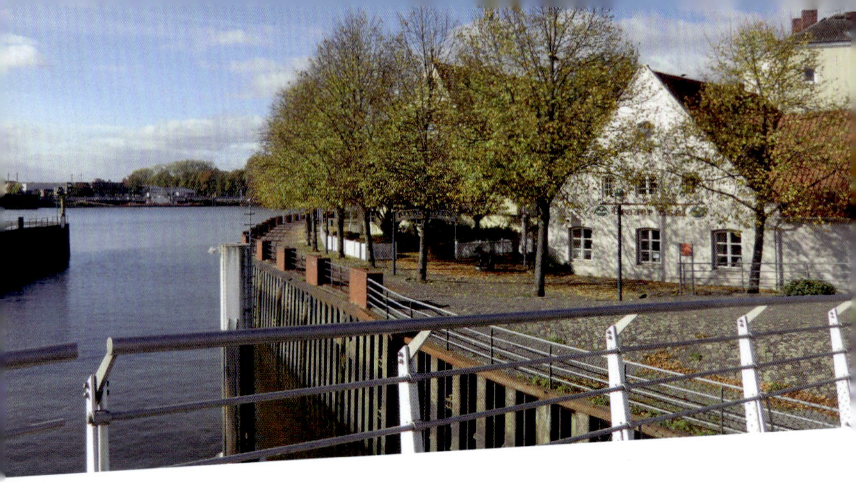

Wunderbar zum Flanieren: die Vegesacker Uferpromenade

Stadtgarten Vegesack säumt mit seltenen Bäumen und Sträuchern eine Abbruchkante. 1787 hatte hier der Arzt und Botaniker Albrecht Wilhelm Roth ein Sommerhaus in den Hang gebaut und den Hügel bepflanzt. Später siedelten sich weitere wohlhabende Persönlichkeiten, Kaufleute und Kapitäne an. Heute kann man exotische Baumarten wie die Himalaja-Mahonie sowie ein Rosarium mit seltenen Rosensorten bewundern.

Am Ende der Vegesacker Weserpromenade ist die ehemalige Gläserne Werft erreicht, wo der Schlepper Regina vor Anker liegt, der als technisches Denkmal von Frühjahr bis Herbst besichtigt werden kann.

Von der Schulkenstraße links abgebogen, gelangt man über die ruhige Fröbelstraße in den **Wätjens Park**. Wie auch bei Knoops Park ist die Entstehung auf ein Landhaus und späteres Schloss zurückzuführen. Nach englischem Vorbild entstand Mitte des 19. Jahrhunderts ein großer Landschaftspark, der von dem Gartenarchitekten Isaak Albert Hermann Altmann entworfen wurde und eine Größe von bis zu 50 Hektar erreichte. Für die Parkgestaltung verwendete Christian Wätjen viele ungewöhnliche Gehölze, die er sich zum Teil aus Übersee besorgen ließ. Ein Wohnhaus im damals beliebten Schweizerstil und ein weiteres Landhaus, die Villa Magdalena, ließ Wätjen für seine beiden Kinder bauen. Der einladende Park enthielt neben den genannten Gebäuden auch viele Schmuckelemente, die durch verschlungene Wege miteinander verbunden waren.

Vegesacker Geschichtenhaus/Galerie im Alten Speicher
Im ältesten Hafenspeicher von Vegesack kann man Geschichtstheater, Kleinkunstbühne und Galerie unter einem Dach erleben

Zum Alten Speicher 5a
28759 Bremen
www.vegesacker-geschichtenhaus.de

Quer durch den Park geht es zum spätklassizistischen Gedächtnistempel, der für den Firmengründer D. H. Wätjen und seinen Sohn Christian geschaffen wurde. Von hier aus gelangt man zu einem Rondell, das zu dem mit Rosen bepflanzten Schweizer Hausgarten führt. An der Landrat-Christian-Straße verlässt man den Park wieder, um an der Friedhofsmauer in Richtung Blumenthaler Bahnhof zu gehen.

Doch vor der Rückfahrt lockt ein weiteres Highlight: Hinter dem historischen Bahnhofsgebäude liegt die **Burg Blomendal**, zu der man durch einen kleinen Eisenbahntunnel gelangt.

Die Anlage wurde 1354 erbaut und war damals mit Befestigungsanlagen, Wehrturm und Zugbrücke über dem Burggraben ausgestattet, die heute nicht mehr da sind. Gut erhalten sind aber der Hauptbau und die Torflügel. Spätere Bauten sind das Amtshaus (heute Kindergarten), Kutscherhaus und Scheune. Im Haupthaus befinden sich Archiv- und Ausstellungsräume des Burg- und Stadtteilmuseums, das sehr anschaulich die Entwicklung Blumenthals und der Burg zeigt. Sehenswert ist besonders der historische Gerichtssaal mit den 1618 gemalten Tugendmedaillons an der Decke.

Bootshaus Blumenthal
Regionale und saisonale Gerichte, mit herrlichem Blick auf die Weser an der Fähre Motzen-Blumenthal

Weserstrandstr. 19–21
28779 Bremen
www.bootshaus-blumenthal.net

Spaziergang: 10 km
Start: Bhf. Bremen-Lesum
RS 1 alle 15–30 Minuten
Ziel: Bhf. Bremen-Blumenthal
RS 1 alle 30 Minuten

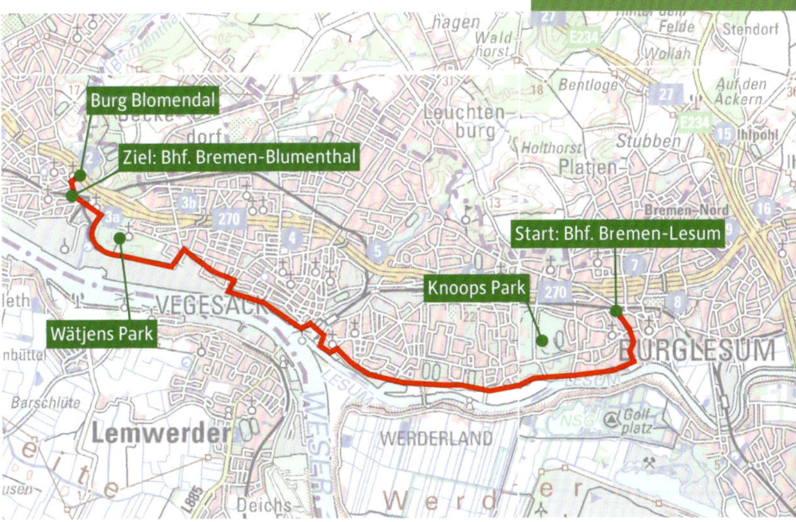

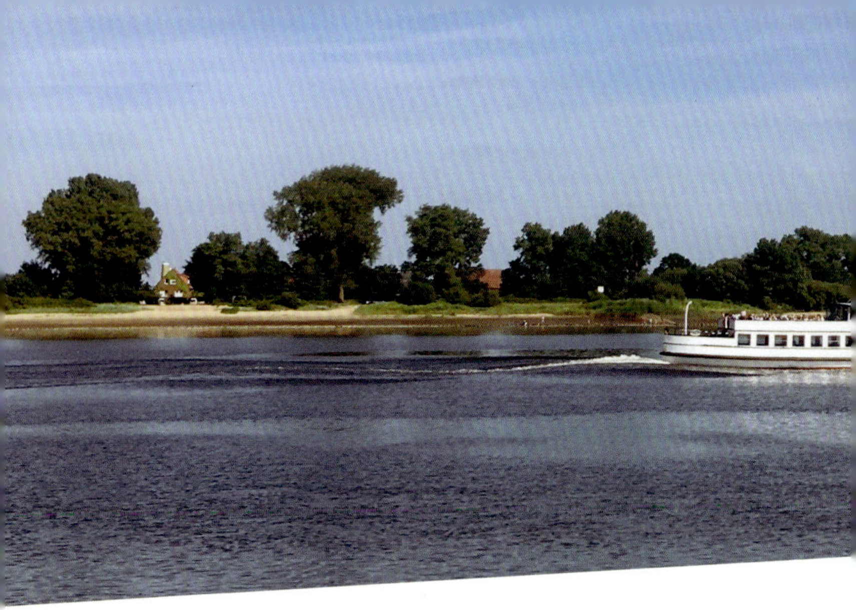

Die traumhafte Unterweser entlang

7

Vegesack – Juliusplate

Die Unterweser gehört zu den schönsten Regionen im Bremer Umland – mit dem Rad oder zu Fuß führt die Tour 13 Kilometer auf ruhigen Straßen durch schöne Orte und vorbei an uralten Kirchen. Das Naturschutzgebiet Juliusplate bietet vor allem im Frühling eine tolle Aussicht.

Am Bahnhof **Vegesack** angekommen, kann man sich das Warten auf die nächste Fähre wunderbar mit einem kleinen Spaziergang an der Vegesacker Weserpromenade vertreiben. Hier hat man einen schönen Blick auf den Fluss und vorbeifahrende Schiffe.

Mit der Fähre ist man in zehn Minuten auf der anderen Weserseite, um die Wanderung oder Radtour in **Lemwerder** zu starten. Hier ist der Schiffsbau noch allgegenwärtig. Die großen Hallen, die man vom Hafen aus sieht, gehören zu Deutschlands größten Werften.

In Lemwerder folgt man der Sielroute, die hier auf dem Grünen Ring (H6 Wasser und Weite) verläuft, Richtung Westen entlang der Weser. Der Weg führt über die hübsche **Kapelle am Deich**. Die Kanzel von 1586 zeigt Reliefdarstellungen der vier Tugenden Gerechtigkeit, Tapferkeit, Klugheit und Hoffnung. 1697 wurde hier eine dänische Gräfin bestattet, die aus ungeklärten Gründen erschossen wurde und als Wohltäterin der Kirche galt.

Der Beschilderung folgend, gelangt man bald in den kleinen Ort Bardenfleth. Rechter Hand ist auf dem alten Weserarm am Ritzenbüttler Sand ein großes Segel aus Stahl mit einem eingelassenen Kreuz zu sehen. Die Skulptur markiert die erste Station des Pilgerwegs „Ochtum, Marsch & Moor“ und verbin-

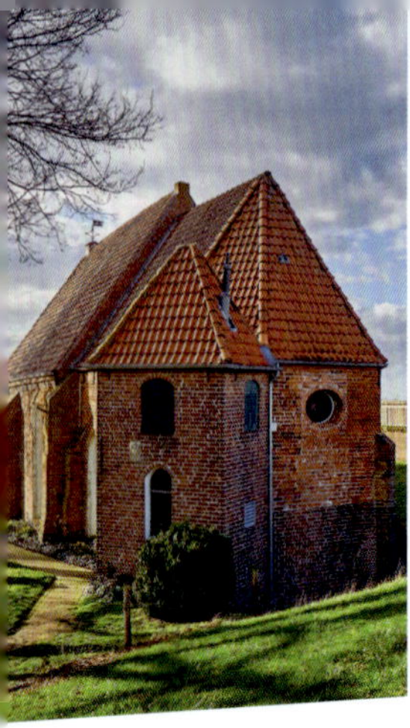

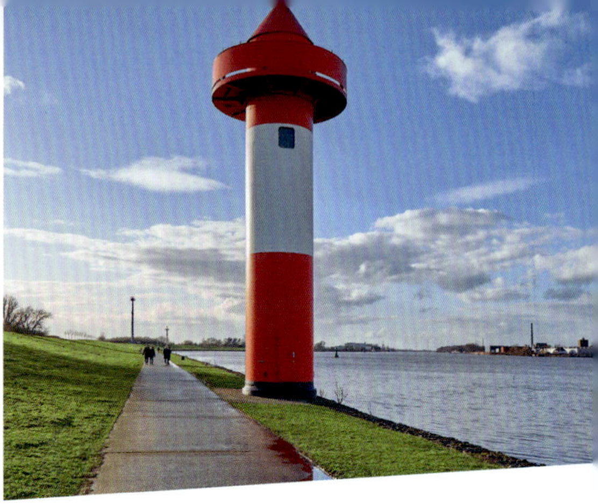

Die alte Schifferkirche St. Marien und der Leuchtturm in Lemwerder

det maritime und christliche Symbolik: Durch das offene Kreuz wird der Blick auf die Weser frei.

Von Bardenfleth gelangt man schnell nach Motzen, ein durch seinen Fährhafen stark frequentiertes Dörfchen. Weiter geht es nach **Ganspe**, wo alle Hungrigen in den Gasthof „Zur alten Schänke“ einkehren können. Ein kleiner Schlenker von Ganspe auf die **Halbinsel Warflether Sand** lohnt sich! Hier kann man in der abwechslungsreichen Natur aus Auwald und offenem Sandmagerrasen seltene Tier- und Pflanzenarten entdecken.

Wer die Natur ganz nah erleben möchte, sollte zwischen Ganspe und Warfleth statt auf der Deichstraße am wunderschönen Warflether Arm, einem Überbleibsel der historischen Weseraue, entlangradeln oder -laufen. Eingerahmt wird er von dichten Schilfröhrichten. Den Röhrichten vorgelagert, wachsen bis in die Wattflächen Strand- und Salzteichsimse. Bei Ebbe lassen sich Graureiher und andere Vögel bei der Nahrungssuche auf dem Schlickwatt beobachten.

Die kleine maritime **Schifferkirche St. Marien** aus dem 15. Jahrhundert eignet sich gut für eine kleine Pause. Seit der Sturmflut von 1962 wird sie durch eine Spundwand vor weiteren Weserfluten geschützt. Sie ist außen schlicht und innen liebevoll geschmückt, besonders sehenswert ist die reich verzierte Kanzel und ein Schiffsmodell der Dreimastbark „August“.

Von der Kirche aus führt eine Treppe auf den Deich. Hier hat man eine beeindruckende Sicht auf die weiten Vordeichwiesen des Warflether Altarms.

Bischoffs Gasthof „Zur alten Schänke“
Traditioneller Gasthof mit gemütlicher Gaststube und einem Kaminzimmer

Deichstraße 183
27804 Berne
www.bischoffs-gasthof.de

Im Nordwesten des Warflether Sands weist der **schwarze Leuchtturm** auf das Naturschutzgebiet **Juliusplate** hin. Der schwarze Leuchtturm wurde 1898 in Betrieb genommen und diente bis 1985 als Schifffahrtszeichen in der Richtfeuerlinie der Unterweser.

Der tidebeeinflusste Bereich der Juliusplate an der unteren Weser hat ein weites Landschaftsbild mit Grünland, Röhrichten und vegetationsfreien Flusswattflächen. Warflether Sand und Warflether Arm, die Juliusplate und weitere Vordeichs- und Wasserflächen der Weser sind Bestandteil des Schutzgebietsnetzes Natura 2000 – und damit von europäischer Bedeutung für den Naturschutz.

Im Frühling ist es hier besonders schön: Dann stehen die Wiesen voller blühender Schachbrettblumen. Doch bitte nicht pflücken! Die Blumen stehen unter Schutz. Der Campingplatz „Juliusplate" lockt mit weißem Sand an der Weser manche zu einem Kurzurlaub.

Um von der Juliusplate die Rückkehr nach Bremen anzutreten, kann man die Fähre nach Farge nehmen, die direkt an der Juliusplate ablegt. Oder man hält sich links und fährt die Weserstraße immer geradeaus bis zum Bahnhof in Berne.

Hotel-Restaurant Weserblick
Lokale und internationale Küche, selbst gebackene Kuchen und Torten, mit Blick von der Terrasse oder vom Wintergarten auf die Weser

Juliusplate 6–7
27804 Berne
www.hotel-weserblick.de

Radtour oder Wanderung: 13 km
Start: Bhf. Bremen-Vegesack
RS 1 alle 15–30 Minuten
Ziel: Bhf. Berne
RS 4 alle 60 Minuten

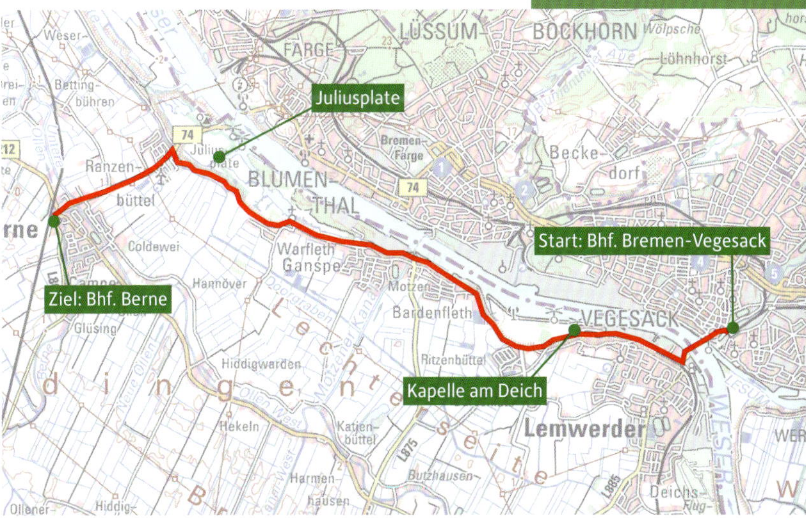

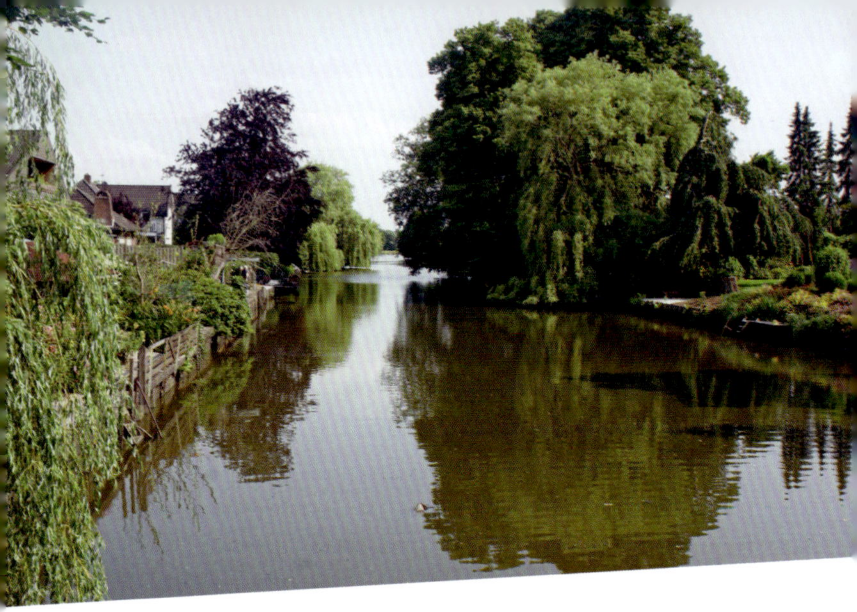

Geschichtstour an der Ollen

8

Berne – Vegesack

Wer sich für Natur, Geschichte und alte Kirchen begeistert, kommt hier auf seine Kosten! 24 Kilometer geht es ab Berne entlang des Flüsschens Ollen durch das geschichtsträchtige Stedinger Land. Auch die kürzere Route über das hübsche Örtchen Ritzenbüttel lohnt sich!

Startpunkt der Tour ist die Stadt **Berne**. Sie wird wegen ihrer vielen Brücken auch als das „Venedig der Wesermarsch“ bezeichnet. Historisch kreuzte hier der Handelsweg Oldenburg–Bremen die Nord-Süd-Route. Berne war als Zollstation ein bedeutender Marktflecken und die Stedinger Bauern waren bis zu ihrer blutigen Unterwerfung lange Zeit frei und selbstverwaltet.

Mit der Errichtung des Weserdeichs um 1100 begann durch die Friesen die eigentliche Besiedlung des Landes am Gestade – daher der Name Stedingen. Anfang des 13. Jahrhunderts gab es wegen der unklaren Herrschaftsverhältnisse fortwährende Unstimmigkeiten zwischen den Stedingern und dem Bremer Erzbischof Gerhard II. Die Stedinger Friesenfamilien weigerten sich, das prunkvolles Leben des Bischofs mit ihren Steuern zu finanzieren, da ihnen für die Urbarmachung der Wesermarsch in Stedingen Steuerfreiheit zugesagt worden war. Daraufhin ließen die Oldenburger Grafen, Verbündete des Erzbischofs, Burgen im Stedinger Land bauen, von denen aus Übergriffe gegen die Stedinger Bauern verübt wurden. Es kam zu einer Rebellion. Die Stedinger wurden vom Bischof exkommuniziert und ab 1231 als Ketzer verfolgt. Die Lage spitzte sich zu und gipfelte in einem Kreuzzug gegen die Stedinger. Dieser nahm im Jahr 1234 während der Schlacht bei Altenesch sein blutiges Ende. Die Stedinger, die mit dem Leitspruch „Lewer dod as Sklav“ (Lieber tot als Sklave) in die Schlacht zogen, wurden vernichtend geschlagen. 6000 Stedinger Bauern fielen, die anderen verloren ihre Freiheit. Auf dem ehemaligen Schlachtfeld erinnert heute die St. Gallus Kirche in Altenesch an die Gefallenen.

In der Berner St.-Aegidius-Kirche befindet sich ein Wandgemälde zum Auszug der Stedinger Bauern, die für ihren Mut und Stolz immer sehr bewundert wurden. In der gotischen Hallenkirche aus dem 13. Jahrhundert kann man außerdem die wertvolle Orgel von Meister Reinhard Lampeler aus Brabant, den wunderschönen Altar und die Kanzel aus der Holzwerkstatt Ludwig Münstermanns besichtigen.

Von Berne geht es auf der gut ausgeschilderten Sielroute und dem Grünen Ring (H6 Wasser und Weite) an der Ollen entlang bis **Bardewisch**. Hier gibt es eine weitere sehenswerte Kirche zu bewun-

Aussichtsturm „Weitblick“ Lemwerder
Herrlicher Rundblick auf Vegesack und die ganze Region an der Weser

Lage: Südlich von der Werft Abeking & Rasmussen

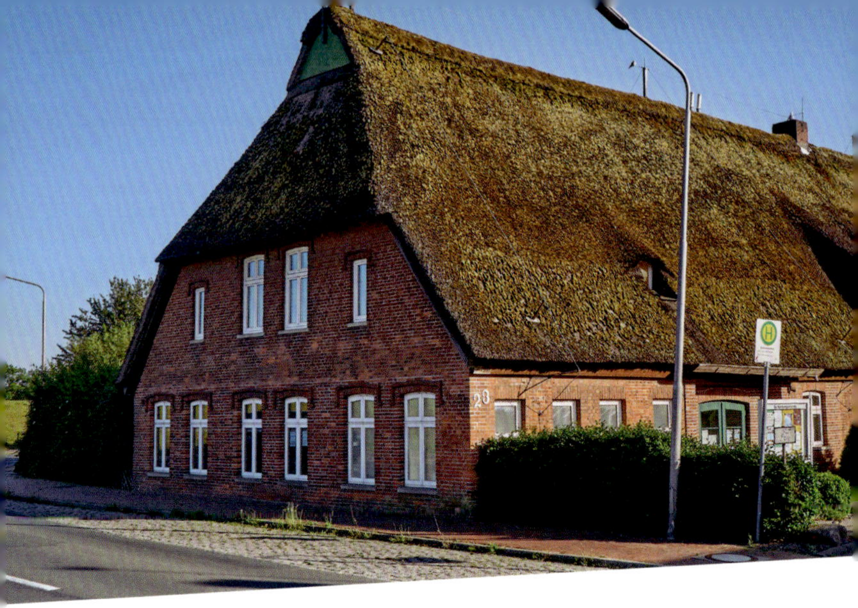

Traditionell reetgedeckt: das alte Pfarrhaus in Altenesch

dern. Die Heilig-Kreuz-Kirche, die 2017 aufwendig renoviert wurde, ist eine mittelalterliche westfälische Hallenkirche. Sie wurde 1245 vom Zisterzienserorden im Ortsteil Bardewisch der Gemeinde Lemwerder erbaut. Die fünf mittelalterlichen Fresken an den Gewölben der in gotischen Formen erbauten Kirche sind sehr sehenswert. Ebenso die Empore, die Anfang des 18. Jahrhunderts mit kunstvollen Malereien verziert wurde.

Wer zu Fuß ist und die Tour etwas abkürzen möchte, kann an der Ollenbrücke links abbiegen, um nach Ritzenbüttel/Lemwerder zu gelangen, wo die Fähre nach Vegesack ablegt. Das Dörfchen **Ritzenbüttel** ist für sein Drachenfest bekannt – ein buntes Spektakel, das bereits seit 25 Jahren immer im August am Ritzenbütteler Sand stattfindet.

Die längere Route folgt weiter dem Grünen Ring. Entlang der Ollen geht es zum hübschen, geschichtsträchtigen Ort **Altenesch**.

Von Altenensch nach Braake lohnt bei gutem Wetter ein Zwischenstopp an dem kleinen Badesee **Nobiskuhle**. Eine Bremer Legende erzählt von der Entstehung der Nobiskuhle: Im Jahr 1478 ließ sich ein Mann namens Nobis von ein paar Bauern auf der rechten Weserseite bestechen. Sie boten ihm eine Kuh und einen roten Rock, dafür sollte er einen Anschlag auf den Weserdeich bei Altenesch ver-

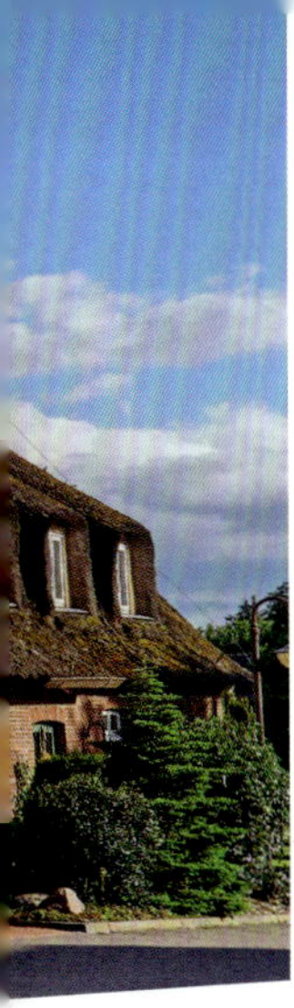

üben. Während einer außerordentlich hohen Sturmflut sabotierte Nobis den Deich, was eine Überflutung des Hinterlandes zur Folge hatte. Der Täter wurde jedoch gestellt und von einem Spatengericht dazu verurteilt, in einer mit nach innen geschlagenen Nägeln bewehrten Tonne in das durch seine Schuld entstandene Wasserloch zu rollen. In einer Ballade sind die letzten Worte des Deichschänders Nobis festgehalten: „De rode Rock, de bunte Koh, de deckt mi armen Sünner to!“

Trotz dieser etwas gruseligen Geschichte lädt der fast kreisrunde See heute zum Baden ein und verspricht an heißen Sommertagen eine angenehme Abkühlung nach dem Wandern oder Radfahren.

Von hier geht es nach der kleinen Pause zurück auf die Delmenhorster Straße und dann links in die Hafenstraße, die in Richtung Ochtum-Sperrwerk wunderschön an der Weser entlang zum Fähranleger führt. Von hier geht es mit dem Schiff zurück nach Vegesack.

Fährhaus
Gemütliches Lokal mit Außenterrasse

Am Vegesacker Hafen 14
28757 Bremen
www.faehrhaus-vegesack.de

Radtour: 24 km (17 km)
Start: Bhf. Berne
RS 4 alle 60 Minuten
Ziel: Bhf. Bremen-Vegesack
RS 1 alle 15–30 Minuten

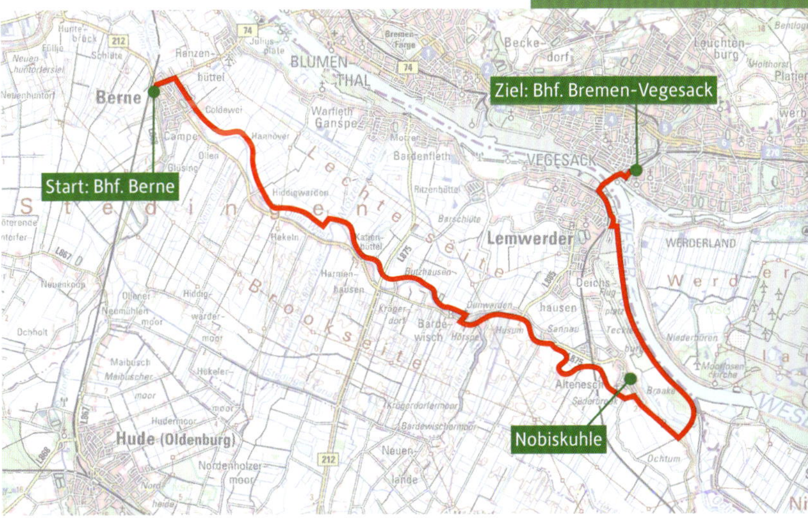

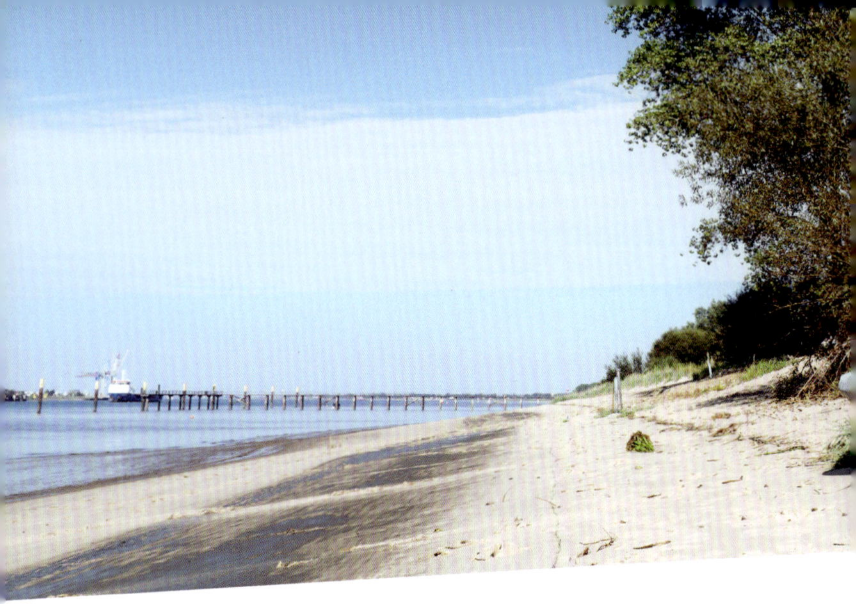

Ein Tag am Strand

9

Harriersand

Hohe Pappeln, weiße Sandstrände, sauberes Weserwasser: Auf der Insel Harriersand kann man sich ganz dem maritimen Urlaubsfeeling hingeben. Vom Bahnhof Farge sind es nur 20 Kilometer mit dem Rad die Weser entlang. Wer nach dem Sonnenbaden noch ein bisschen flanieren möchte, erreicht per Fähre die Stadt Brake mit ihrer hübschen Uferpromenade.

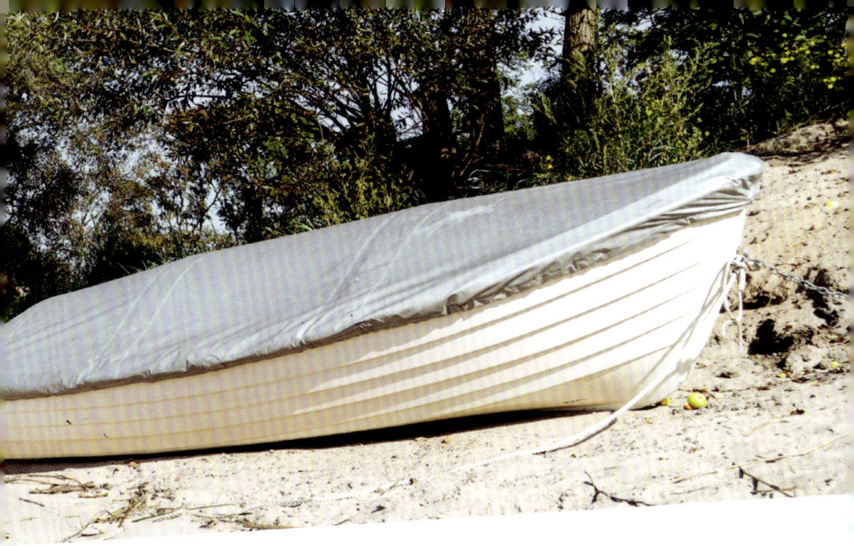

Die Radtour zum Strand der schönen Insel Harriersand beginnt am Farger Bahnhof. Richtung Norden gelangt man über die Straße Unterm Berg auf einen leicht erhöhten Deichweg.

Fernab lauter Straßen, an kleinen reetgedeckten Häusern, Vereinsclubs und Schafweiden vorbei, taucht rechter Hand bald der riesige **Bunker „Valentin"** auf (▶ Tour 3, Seite 20). Die ehemalige U-Boot-Werft wurde während des Zweiten Weltkriegs von Zwangsarbeitern aus ganz Europa und Nordafrika errichtet, viele verloren dabei ihr Leben. Heute erinnert die Ruine als „Denkort" an die Verbrechen des Nationalsozialismus.

Weiter am Fluss entlang hält man sich an der kleinen Kreuzung am Nedderwarder Weg links und dann gleich wieder rechts, um noch eine Weile am Deich entlang zu radeln und die schöne Aussicht auf die Weser zu genießen.

Bei Rade erreicht man schließlich die einzige Brücke, die nach **Harriersand** führt. Ein ganzes Stück noch folgt man der einzigen Straße auf der Insel. Sie führt entlang des Sommerdeichs, vorbei an schönen alten Höfen, die zumeist auf erhöhten Warften stehen. Die größte Flussinsel Europas wird landwirtschaftlich genutzt und auf den Weiden sieht man Pferde und Kühe grasen. Hohe Pappeln entlang der Straße, die vom Westwind geschoren

Strandhalle Harriersand
Restaurant/Café direkt am Strandbad von Harriersand

Inselstraße 18
28790 Schwanewede
www.strandhalle-harriersand.de

Auf der Insel Harriersand kann man Urlaubsfeeling pur im Strandkorb genießen

wurden, geben der Landschaft ihren ganz besonderen Reiz.

Am Weserstrand mit seinen Gehölzsäumen und dem feinen Sand lassen sich wunderbar ausgedehnte Spaziergänge machen. Wer sich lieber ein bisschen ausruhen möchte, kann sich für ein Sonnenbad ans Wasser setzen. Am großen Strandbad mit Blick auf Brake gibt es einen Campingplatz, einen Spielplatz, Wochenendhäuser und ein Gasthaus mit Café.

Der Strand hier ist auch deshalb sehr beliebt, weil man bequem und gemütlich im Café direkt am Wasser und ganz ohne Stress auf die Fähre nach Brake warten kann.

Trotz guter Wasserqualität sollte in der Weser nur an den erlaubten Stellen gebadet werden. Vorsicht ist auch deshalb geboten, weil die Weser als Schifffahrtsstraße genutzt wird und es dadurch zu starkem Sog und Wellenschlag kommen kann.

Radtour: 20 km

Start: Bhf. Bremen-Farge
RS 1 alle 30 Minuten

Ziel: Bhf. Brake
RS 4 alle 60 Minuten

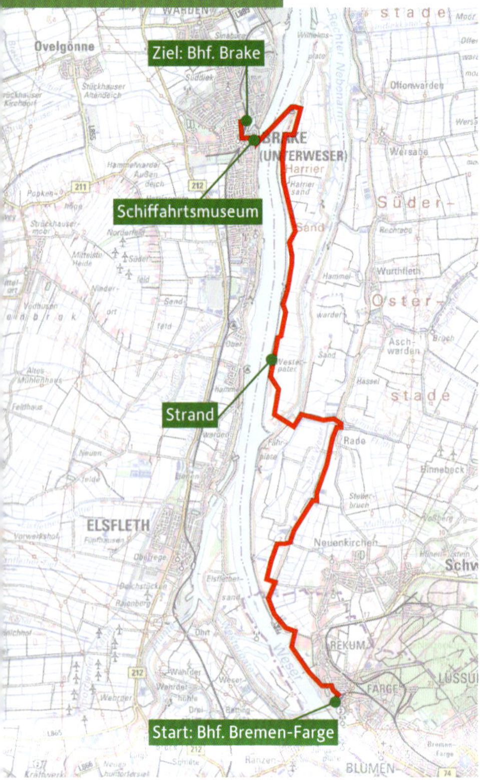

Nach dem Inselbesuch kann man mit der „Guntsiet“ nach **Brake** übersetzen. Hier lässt es sich gut noch eine Weile entlang des Piers und durch die Fußgängerzone – die Breite Straße – bummeln. Wer es eilig hat, kommt vom Anleger durch die Unterführung aber auch in wenigen Minuten zum Bahnhof. Noch schöner ist im Sommer die Rückfahrt per Schiff.

Eine abenteuerliche Entdeckungsreise an Land verspricht das **Schiffahrtsmuseum Unterweser**, das an zwei Standorten untergebracht ist und verschiedene Führungen für Kinder, Jugendliche und Erwachsene anbietet. Wer lieber an der frischen Luft bleiben möchte, kann die „maritimen Wege“ entlangspazieren. Wegweiser im Pflaster weisen auf wichtige und interessante Sehenswürdigkeiten in der Stadt hin.

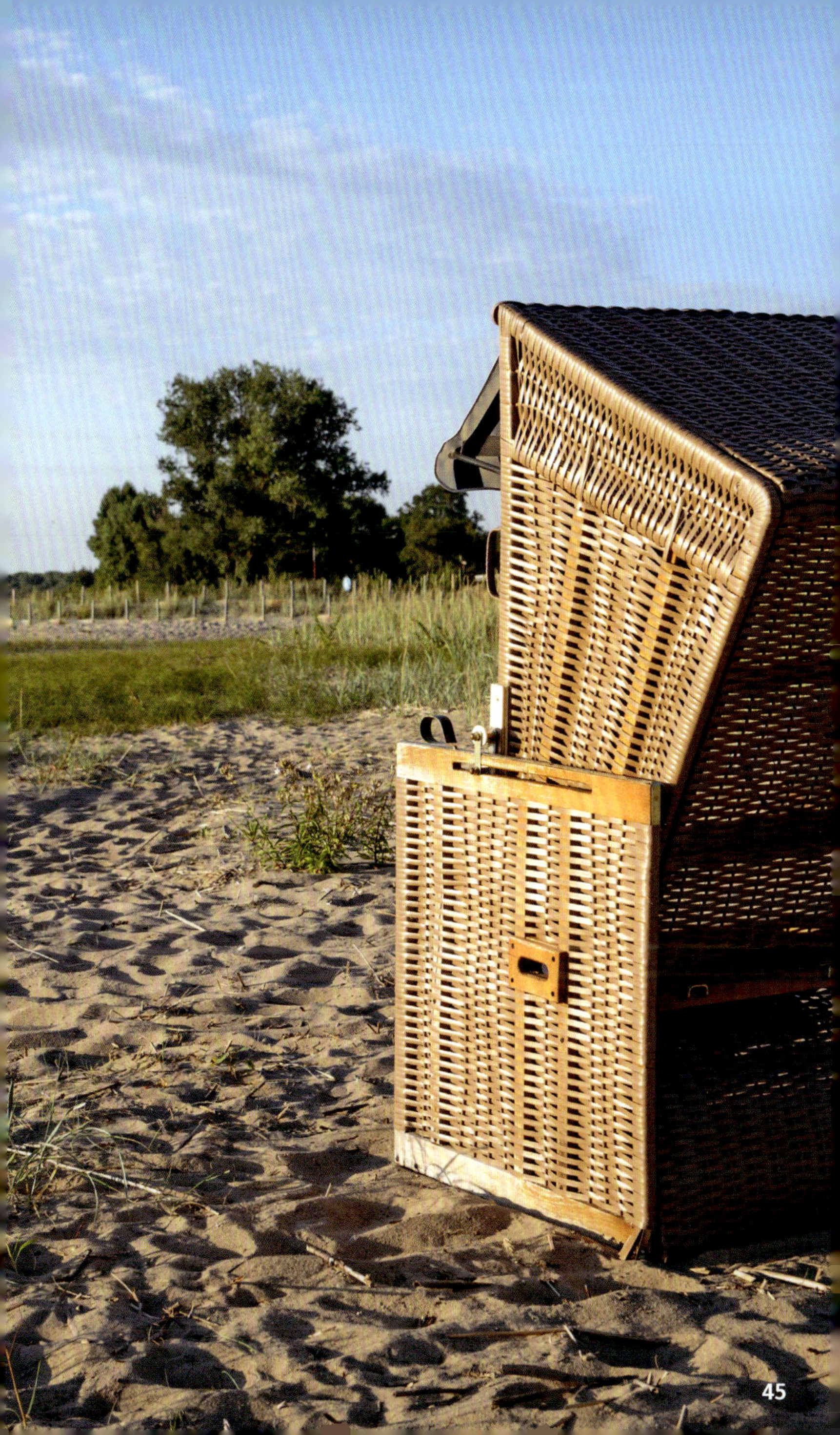

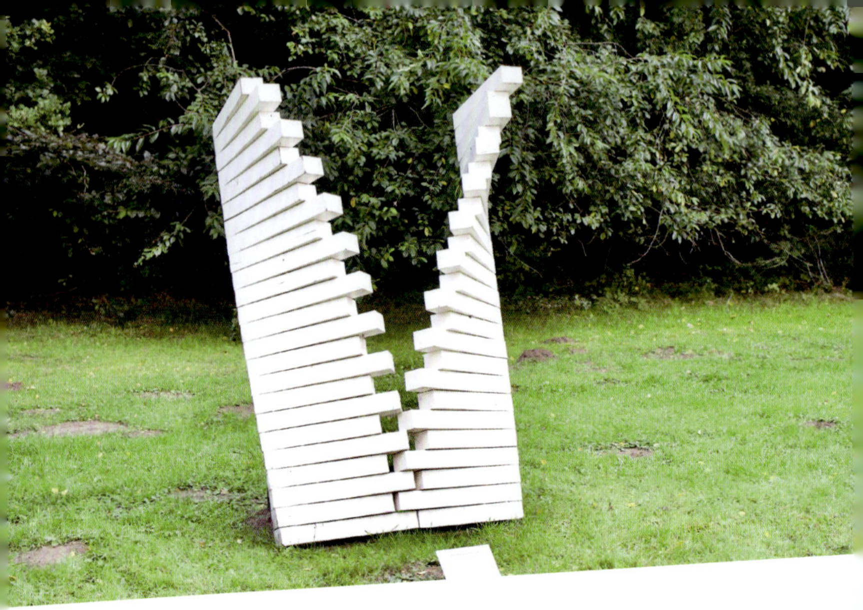

Otterbiotop und Skulpturenpark

10

Lunestedt – Lübberstedt

Wer hat schon mal einen Fischotter gesehen? Im Lunestedter Otterbiotop stehen die Chancen dafür nicht schlecht. Von dort führt die ausgedehnte 23-Kilometer-Radtour auf naturbelassenen Wegen über das hübsche Städtchen Beverstedt und den Skulpturenpark Kramelheide bis nach Lübberstedt.

Los geht's am Bahnhof **Lunestedt**, den man bequem mit der Regionalbahn aus Bremen erreicht. Der Ort Lunestedt wurde bereits vor über 1150 Jahren zum ersten Mal urkundlich erwähnt – damals war die Siedlung noch in die beiden Ortschaften Freschluneberg und Westbeverstedt unterteilt. Eigentlich reicht die Geschichte Lunestedts jedoch bedeutend länger zurück. Alte Funde belegen, dass das Gebiet an der Lune schon vor der frühen Eiszeit besiedelt war. Die gut vor Hochwasser geschützte Lage mag ein Grund für die frühe Besiedlung gewesen sein.

Wer sich heute in Lunestedt besonders wohl fühlt, sind Fischotter. Deshalb empfiehlt sich auch unbedingt der Besuch des **Otterbiotops**, das 2004 angelegt wurde. Otter sind klug, haben dickes Fell und wurden leider lange Zeit intensiv gejagt. Bis heute stehen sie in Deutschland auf der Liste bedrohter Tierarten. Das Otterbiotop liegt in der Freschluneberger Straße, die man über den Lunebogen erreicht.

Nach dem kleinen Abstecher geht es die schöne, baumgesäumte Lindenstraße entlang. Wer Lust hat, kann nach ein paar Metern links abbiegen, um eine Pause beim **Dorphuus** oder Freibad einzulegen. Bleibt man auf der Allee, erreicht man einen alten Ortsteil von Lunestedt, der mit urigen Backsteingehöften und traditionellen Bauernhöfen einen sehr beschaulichen Eindruck macht. Nach rechts in die kopfsteingepflasterte Dorfstraße eingebogen, führt der Weg weiter durchs Dorf. Aus den Ställen und am Straßenrand schauen einem viele Kühe entgegen, deren Anblick sehr zum bäuerlichen Bild des Örtchens beiträgt.

Dem Straßenverlauf folgend verlässt man die Ortschaft und biegt links in den Bardelweg ein. An der Kreuzung Zum Waldblick geht es rechts in den etwas holprigen, aber ruhigen Waldweg, der schließlich auf eine asphaltierte Straße trifft, in die man links einbiegt, um sie gleich wieder auf der Bundesstraße zu verlassen. Hier führt ein gut ausgebauter Fahrradweg die Straße entlang. Mit Kindern lohnt ein Abstecher zum kleinen **Tierpark**, der linker Hand über die Straße Wachholz erreicht werden kann.

Bleibt man auf der Bundesstraße, ist hinter der nächsten Kreuzung ist die **Deelbrügger Wassermühle** erreicht. Die Mühlengruppe des Heimatvereins

Dorphuus Natureum
Im Obergeschoss des Dorphuuses werden anschaulich Phänomene und Veränderungen in der Natur dargestellt

Am Dorphuus
27616 Beverstedt
Öffnungszeiten und Führungen nach Vereinbarung mit Hermann Kück:
Tel. 01 71 6 01 14 29

Fischotter gelten als besonders kluge Tiere, im Otterbiotop Lunestedt haben sie wieder ein Zuhause gefunden

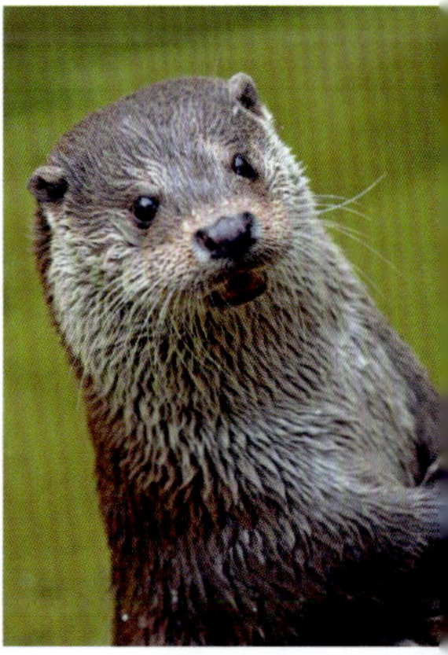

Vittoria – Hotel Restaurant Eiscafé
Mediterrane und regionale Küche sowie leckeres Eis

Logestraße 8
27616 Beverstedt
www.hotel-beverstedt.de

Beverstedt hat sich der Instandhaltung der 1496 erstmals urkundlich erwähnten Wassermühle angenommen. Seit 2019 ist nun wieder das Mahlen mit Wasserkraft aus der Lune mit einer Pumpe möglich.

Entlang der Stubbener Landstraße erreicht man bald **Beverstedt**. In der Mitte der Stadt befindet sich die Kirche Beverstedts. Eine Besichtigung der spätklassizistischen zweitürmigen Fabian-und-Sebastian-Kirche lohnt sich schon allein wegen des imposanten dreiflügeligen, spätgotischen Altarbilds. Beverstedts Stadtbild ist vor allem durch seine denkmalgeschützten Gebäude geprägt. Ein besonderer Blickfang ist das **Wintjenhaus** mit seiner farbenfrohen Fachwerkfassade in der Logestraße.

Von Beverstedt aus geht es weiter nach **Kramelheide**, wo mit dem **Skulpturenpark** ein weiteres Highlight der Tour wartet. Zurück zum Ortsausgang biegt man links in die Beverstedter Mühlenstraße ein und folgt ihr immer geradeaus. Hat man die Lune überquert, biegt man links in die Straße Kramelheide ein und fährt geradeaus bis zum Skulpturenpark. In dem verwunschenen weitläufigen Gelände stehen skurrile Gebilde mit bis zu zehn Metern Höhe und verschmelzen mit der Landschaft aus alten Baumbeständen, Wiesen und Teichen. Die aus unterschiedlichsten Materialien gefertigten Kunst-

Das Heimathaus Beverstedt ist das Herz des Ortes

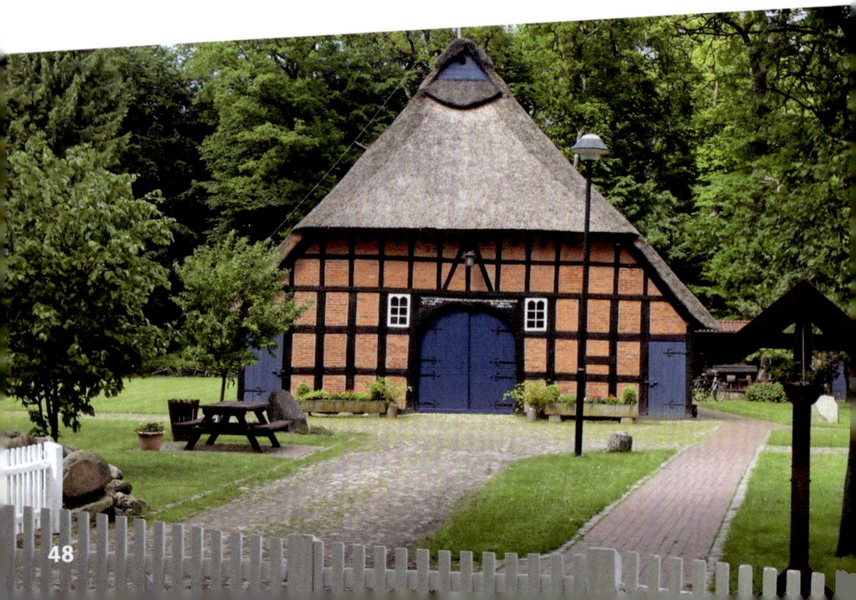

werke bieten spannende Sichtweisen und Einblicke. Der Park ist ganzjährig frei zugänglich.

Von Kramelheide aus gibt es die Möglichkeit, die Tour abzukürzen und zu dem nur drei Kilometer entfernten Bahnhof im Ort Stubben zu radeln.

Entscheidet man sich für die etwas ausgedehntere Radtour, hält man sich vom Skulpturenpark Kramelheide aus links und folgt den Wegweisern über Oldendorf zum Bahnhof nach Lübberstedt. Die Strecke bietet einen weiten Blick über das Land, bevor man auf eine größere Straße stößt und das letzte Stück nach Oldendorf auf einer Landstraße zurücklegen muss, die jedoch nicht stark befahren ist.

In **Oldendorf** gibt es eine Hofgemeinschaft, die sich aus dem Gärtnerhof und dem Sophienhof zusammensetzt. Das Hauptstandbein der beiden Demeterhöfe ist die Solidarische Landwirtschaft. Auf dem **Sophienhof** gibt es einen öffentlich zugänglichen Verkaufsraum, wo saisonales, biologisch angebautes Gemüse und Wurst gekauft werden können. Die letzten Kilometer zum Lübberstedter Bahnhof führen von Oldendorf nach rechts über Axstedt auf einer kleinen Landstraße.

Beverstedter Tierpark „Cux-Art“
Kleiner privater Wildtierpark, der regulär sonntags geöffnet ist

Heerstedter Mühlenweg 1
27616 Beverstedt
www.cux-art.de

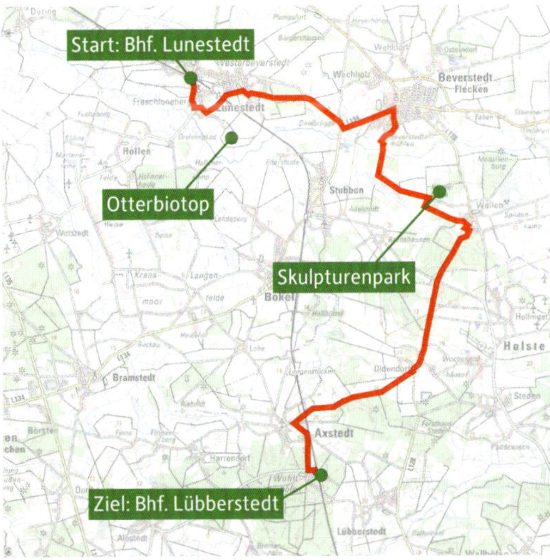

Radtour: 23 km
Start: Bhf. Lunestedt
RS 2 alle 60 Minuten
Ziel: Bhf. Lübberstedt
RS 2 alle 60 Minuten

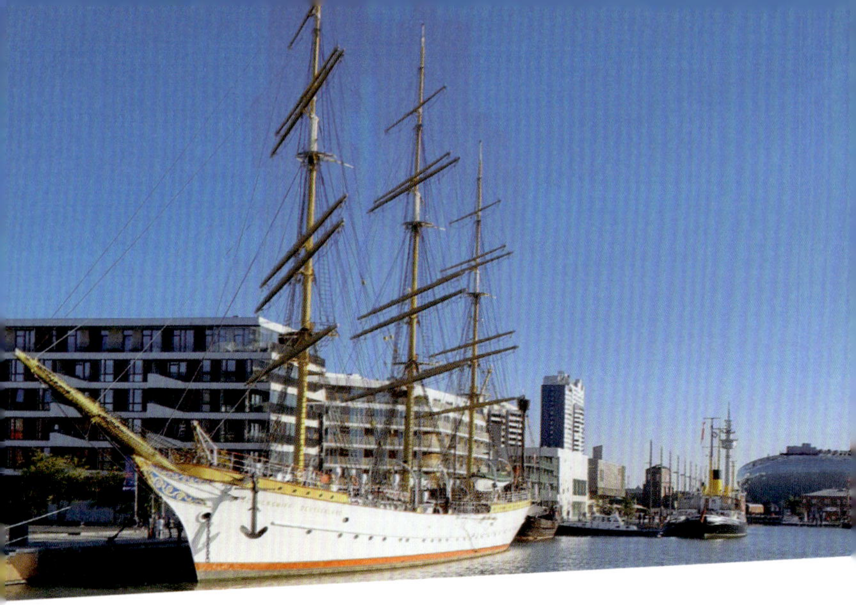

Museumstag und Hafenflair

11

Bremerhaven

Ob Klimahaus, Museumsschiff, Shoppingcenter oder Auswandererhaus: In Bremerhaven ist für jeden und jede was dabei! Der Stadtspaziergang führt durch den Alten und Neuen Hafen der Stadt und wer am Ende Lust auf ein leckeres Fischgericht bekommen hat, kann noch einen Abstecher zum Fischereihafen machen.

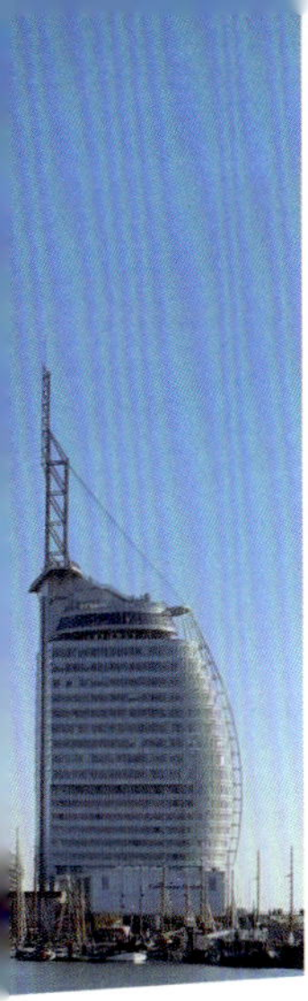

Am Hauptbahnhof Bremerhaven angekommen, nimmt man am besten den Bus in Richtung Innenstadt bis zur Haltestelle „Hochschule Bremerhaven“ am weitläufigen Theodor-Heuss-Platz. Wer lieber zu Fuß gehen möchte, läuft die Friedrich-Ebert-Straße entlang, überquert die Geeste und landet ebenfalls am Theodor-Heuss-Platz.

Hier lohnt zunächst ein Abstecher in Bremerhavens Fußgängerzone, die **Bürgermeister-Smidt-Straße**, an der auch die nach dem Stadtgründer benannte Kirche aus dem Jahr 1855 liegt. Über die Kirchenstraße geht es weiter in Richtung Hafen bis zum **Columbus-Center**, einem Wahrzeichen Bremerhavens aus den 1970er-Jahren. Dieses schiffsförmige, mehrteilige Hochhaus-Ensemble prägte lange Zeit das Image der Stadt und galt damals als das moderne Geschäfts- und Bürocenter schlechthin.

Ein Fußweg führt durch das Columbus-Center hindurch, sodass man direkt zum **Alten Hafen** gelangt. Hier befindet sich das Schifffahrtsmuseum, das eine spannende Reise in die maritime Welt verspricht und tolle Angebote für Kinder und Familien bereithält. Auch die Museumsschiffe, die im Alten Hafen liegen, lohnen einen Besuch. Das **U-Boot „Wilhelm Bauer“** aus dem Zweiten Weltkrieg vermittelt einen guten Eindruck davon, wie sich eine Unterwasser-Fahrt anfühlen kann. Ein wichtiges Wahrzeichen Bremerhavens, der größte hölzerne Frachtsegler der Welt, die „Seute Deern“ aus dem Jahr 1919 lag ebenfalls hier. Leider konnte das marode Schiff 2019 nicht mehr instandgehalten werden und wurde im Frühjahr 2021 abgewrackt.

Im **Neuen Hafen** liegt das 1927 gebaute und 86 Meter lange **Schulschiff Deutschland**. Das originale Schiffsinventar sorgt für eine besondere Atmosphäre und an Deck hat man einen schönen Blick auf die von moderner Architektur geprägten **Havenwelten**. Von hier sieht man das segelförmige Atlantic Hotel Sail City, von dessen Terrasse man übrigens einen hervorragenden Blick auf die Stadt und bis zur

Schulschiff Deutschland
Historischer Großsegler und Schulschiff der deutschen Handelsschifffahrt von 1927

Barkhausenstraße 4
27568 Bremerhaven
www.schulschiff-deutschland.de

Strandhalle Bremerhaven
Speisen in der historischen Wartehalle von 1913 mit Aussicht auf die Weser

H.-H.-Meier-Straße
27568 Bremerhaven
www.strandhalle-bremerhaven.de

Wesermündung hat, das ehemalige Mediterraneo (heute „Mein-Outlet-Shoppingcenter") mit seiner markanten Glaskuppel, das beeindruckend futuristisch wirkende Klimahaus und das Deutsche Auswandererhaus.

Es empfiehlt sich, nicht alle kulturellen Highlights der Havenwelten an einem Tag zu besuchen, sondern für jedes einzelne genügend Zeit einzuplanen.

Auf dem Weg zum Klimahaus kann man für einen Kaffee unter der Glaskuppel ins Mediterraneo gehen, das mittlerweile „Mein Outlet & Shopping-Center" heißt. Die in Pastelltönen gehaltenen Fassaden der Geschäfts- und Altstadthäuser, die Piazza und die Arkadengärten mit Wasserspielen vermitteln – da überdacht – auch bei schlechtem Wetter ein angenehmes Ambiente.

Entlang des achten östlichen Längengrades werden die Besucherinnen und Besucher im **Klimahaus** durch die verschiedenen Klimazonen der Erde geführt. Von der erfrischenden Kühle auf einer Alm in der Schweiz über die Gluthitze der Sahelzone bis zur Eiseskälte der Antarktis, dem paradiesischen Südseeklima und der wechselhaften Witterung in Norddeutschland lässt sich hautnah erleben, wie Menschen in den unterschiedlichen Klimazonen der Erde leben. Eindrucksvoll wird außerdem gezeigt,

Am Fischereihafen lassen sich wunderbar Schiffe beobachten

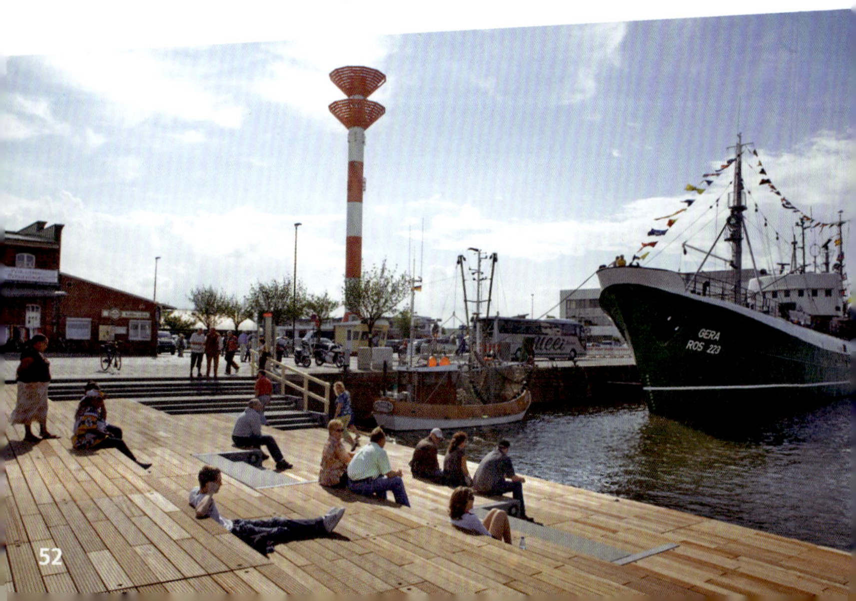

welche Veränderungen durch den Klimawandel bevorstehen. Im „Offshore Center" kann die Entstehung von Windanlagen nachempfunden werden. Viele Experimente in der Ausstellung vermitteln spielerisch Klimawissen und geben Anregungen. So kann zum Beispiel getestet werden, wie man im Alltag einen Beitrag zur Reduzierung des CO_2-Ausstoßes leisten könnte. Neue Sonderausstellungen wie „Wetterextreme" (ab 2024) erweitern regelmäßig das Angebot des Museums.

Gegenüber vom Klimahaus befindet sich das **Deutsche Auswandererhaus**. Hier folgt man den Spuren der mehr als sieben Millionen Menschen, die von Bremerhaven aus nach Übersee auswanderten. Rauminszenierungen, Klanginstallationen und modernste Museumstechnik führen durch eine Zeitreise der deutschen Emigrationsgeschichte. Im zweiten Teil der Ausstellung erfährt man, wie Deutschland mit den Augen von Einwandernden seit 1945 erlebt wird und wie Migration die Gesellschaft neu gestaltet.

Auf der Hermann-Heinrich-Meier-Straße lässt es sich gemütlich am **Neuen Hafen** entlangschlendern, bis man zur Strandhalle und zum beliebten **Zoo am Meer** gelangt. Faszinierende Einblicke in die Unterwasserwelt mit ihren schwimmenden und jagenden Meeressäugern sind hier eine besondere Attraktion.

Am altehrwürdigen **Simon-Loschen-Leuchtturm**, gebaut im Stil norddeutscher Backsteingotik, überquert man die begehbare Schleuse zur Einfahrt in den Neuen Hafen. Hier kann man Eindrücke in die Schleusentechnik bekommen und viele Sport- und Segelschiffe bewundern. Entlang der Hafenpromenade kommt man an einigen schicken Wohngebäuden vorbei und hat einen wunderbaren Überblick über den Neuen Hafen und die Weser, bis man schließlich vor der Kaiserschleuse steht.

Hier ist ein guter Punkt, um umzukehren. Man kann direkt an der Wasserkante bis zum **Pingelturm** laufen, ein Leuchtturm mit Nebelglocke, der im Jahr 1900 gebaut wurde. Am **Auswandererdenkmal** hat man einen guten Blick auf die **Columbuskaje**, die Kaianlage von der aus ab 1827 viele Millionen Menschen in die Neue Welt aufbrachen. Heute legen hier Kreuzfahrtschiffe ab.

Weiter geht es an der Weser in Richtung Seebäderkaje und Zoo am Meer zurück zur **Strandhalle**,

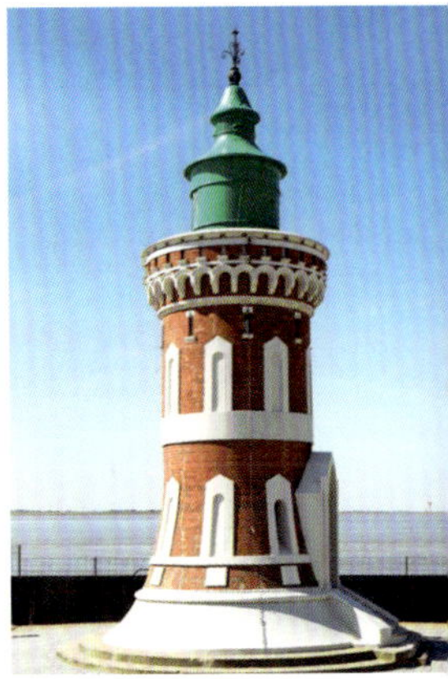

Die Nebelglocke des Pingelturms schlägt auch heute noch

Museumsschiff FMS „Gera"
1961 gebauter Trawler als schwimmendes Hochseefischerei-Museum am „Schaufenster Fischereihafen"

Fischkai
27572 Bremerhaven
www.museumsschiff-gera.de

Der Fischereihafen im Abendlicht und das architektonisch einzigartige Klimahaus

einem traditionellen Lokal aus der Jahrhundertwendezeit. Gleich um die Ecke liegt das **Weser-Strandbad**. Hier kann man bei schönem Wetter ein Sonnenbad im Strandkorb nehmen und die vorbeifahrenden Schiffe beobachten. Für die Kleinen gibt es sogar ein Planschbecken.

Wer gerne noch zünftig Fisch essen und weitere maritime Attraktionen erkunden möchte, dem sei ein Ausflug in den sechs Kilometer entfernten **Fischereihafen** wärmstens ans Herz gelegt (gut erreichbar über die Buslinien 504 bis 506 ab der Haltestelle Havenwelten). Dort angekommen, lädt die Flaniermeile **Schaufenster Fischereihafen** an der ehemaligen Fischpackhalle mit hübschen, gemütlichen Läden und Restaurants zum Bummeln und Einkehren ein.

Im Fischereihafen liegt auch das **Museumsschiff Gera**, das ein anschauliches Bild vom Leben und Arbeiten auf einem Hochseefischereischiff bietet. Ganz in der Nähe befindet sich das Wissenschafts-Erlebnis-Zentrum **Phänomenta**. Hier können Kinder mit der ganzen Familie auf über 80 Experimentierstationen den Geheimnissen der Naturwissenschaften und Technik auf die Spur kommen.

Abelmann Käptn's Dinner
Fisch-Feinkostladen mit Delikatessen aus eigener Manufaktur. Nettes Bistro mit Sommerterrasse.

An der Packhalle 4
27572 Bremerhaven
www.abelmann.de/filialen/schaufenster-fischereihafen

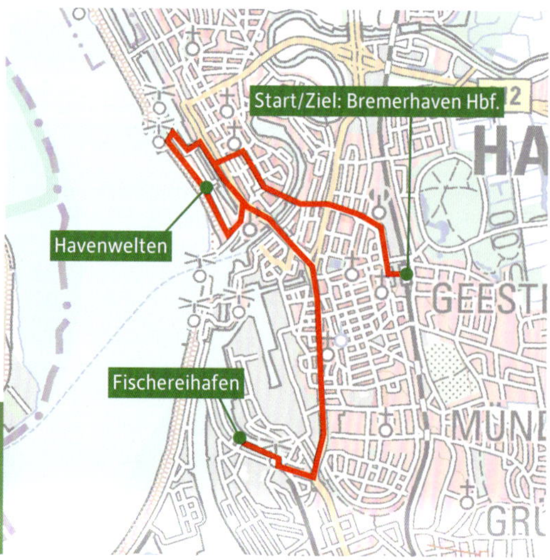

Spaziergang: 9 km

Hin und weg: Bremerhaven Hbf.
RS 2/RE 8/RE 9 zweimal stündlich

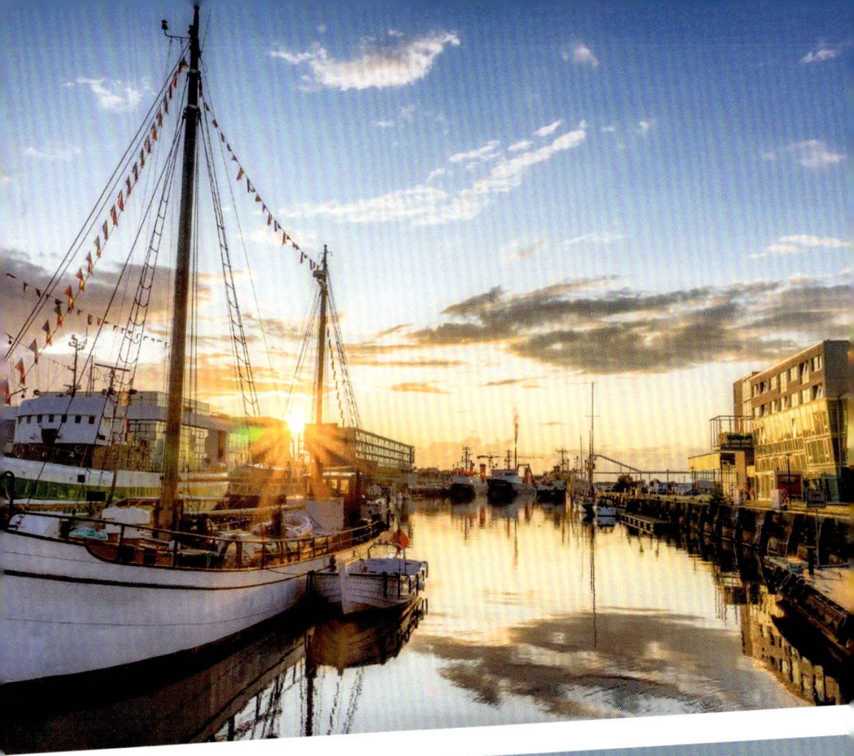

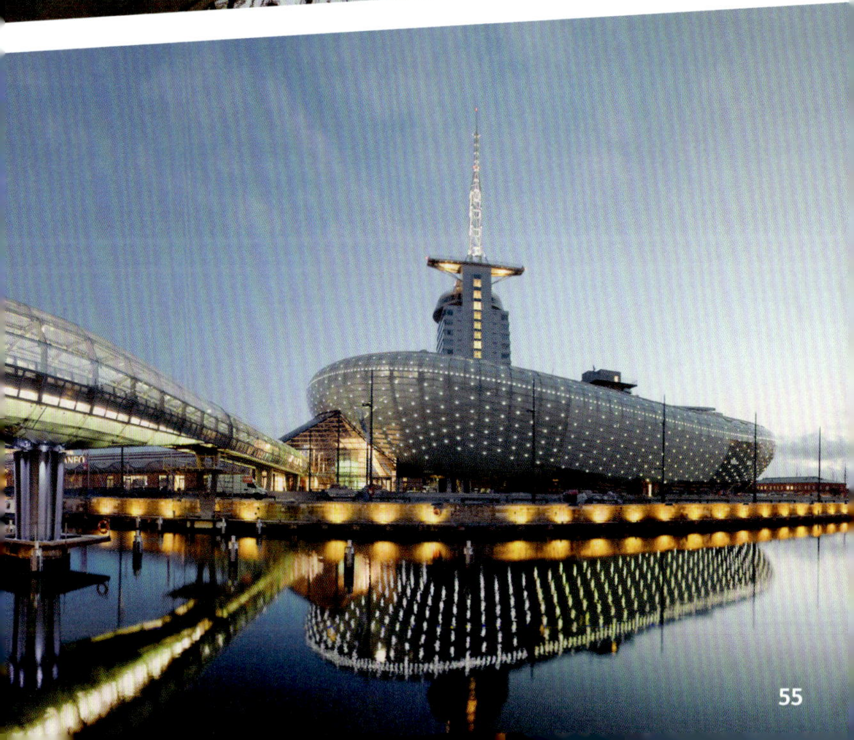

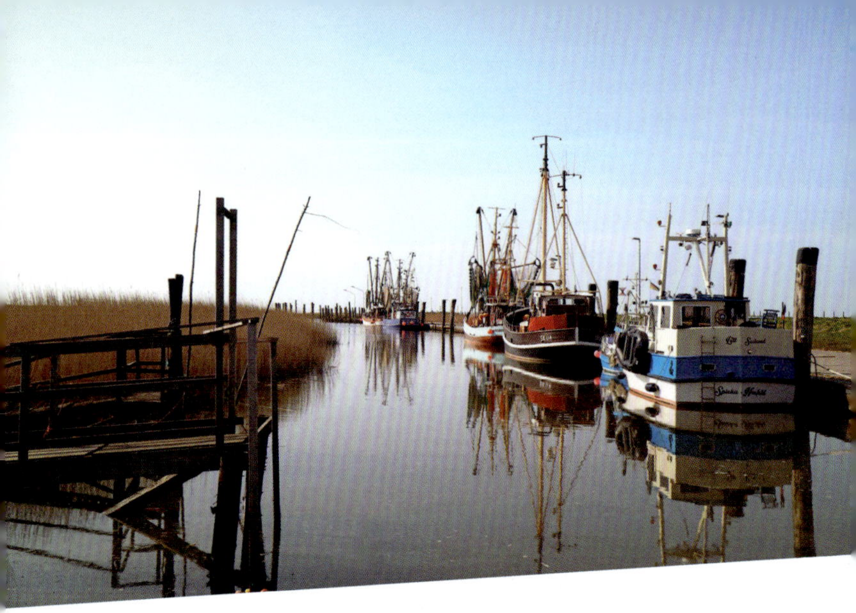

Auf zur Wurster Nordseeküste!

12

Wremen

Auf dem historischen Postweg führt die 28-Kilometer-Radtour durch die flache Marschlandschaft zum Wremer Tief. Bevor man dort Nordseeluft schnuppert, kann man auf dem Weg noch die Befestigungsanlage Pipinsburg besichtigen oder einen Sprung in den Sieverner Badesee wagen.

Los geht's am Bahnhof **Bremerhaven-Lehe**. Hat man die Stresemannstraße überquert, gelangt man über die Lange Straße, Bernhard-Krause-Straße, Brookstraße und Hafenstraße schließlich in die Batteriestraße, von der die mit einem schwarzen Posthorn beschilderte Radroute Alter Postweg rechts abbiegt.

Auf ruhigen Wegen fährt man jetzt durch ein Kleingartengebiet mit Gräben, Ponyweiden und Wäldchen bis an den westlichen Rand des **Speckenbütteler Parks**, einem der grünen Schmuckstücke Bremerhavens. Wer nachvollziehen möchte, wie das bäuerliche Leben vergangener Zeiten aussah, kann dem volkskundlichen **Freilichtmuseum** im Südosten des Parks einen kleinen Besuch abstatten. Die Geesthofanlage verfügt über ein Rauchhaus von 1625 und das Marschenhaus ist eine Kopie eines Originalhauses aus dem 17. Jahrhundert mit bäuerlichen Geräten aus den Marschen.

Weiter geht's auf dem Alten Postweg in Richtung Langen/Speckenbüttel bis zum Eisenbahntunnel. Kurz danach ist der Ort Langen erreicht. Auf der Straße „Im Gandersefeld" fährt man so lange geradeaus, bis der Südstellenweg rechts abbiegt. Über die Eisenbahnschienen gelangt man zur Leher Landstraße. Hat man die Hauptstraße überquert, kann man ab der Straße Am Dolmen wieder der Radwegweisung folgen. Ein Stück später wird es autofrei.

In die Wohnstraße Alter Postweg West links eingebogen, gelangt man nach kurzer Fahrt durch eine ruhige Wohnsiedlung zu einer Absperrung und kann jetzt völlig unbehelligt vom Autoverkehr weiterradeln. Hinter der Brücke, die über die Bahnschienen führt, geht es rechts in die Straße „Im Steinviertel". Über die Debstedter Straße kommt man schließlich auf den Alten Postweg Ost. Die Wohnstraße endet hinter den Schulen bald als Sackgasse. Das ist umso besser, denn jetzt geht es auf einem kleinen Weg ohne Autos durch die mit Hügelgräbern durchsetzte Geestlandschaft.

Ackerflächen, Weiden und kleine Waldstücke wechseln sich auf dem Weg zum **Bullmersberg** ab, der schon von Weitem deutlich sichtbar ist. Dieser Berg liegt auf einem historisch sowie strategisch wichtigen Punkt und ist von einem bewaldeten Ringwall umgeben. Der Alte Postweg wird hier

Hof Icken
Biohof mit Hofcafé (frisch gebackener Kuchen) und Hofladen mit eigenen Hofprodukten (Käse, Mettwurst, Schweine-/Rindfleisch, Konfitüre und mehr)

Hörn 4
27607 Geestland-Sievern
www.hof-icken.de

Auch der Große Brachvogel schnabuliert gerne Seafood

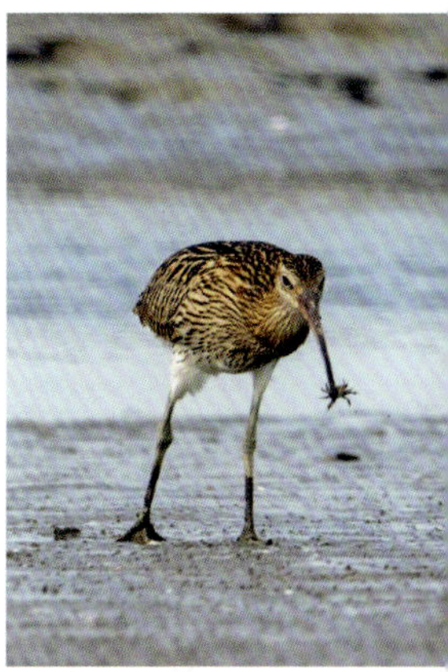

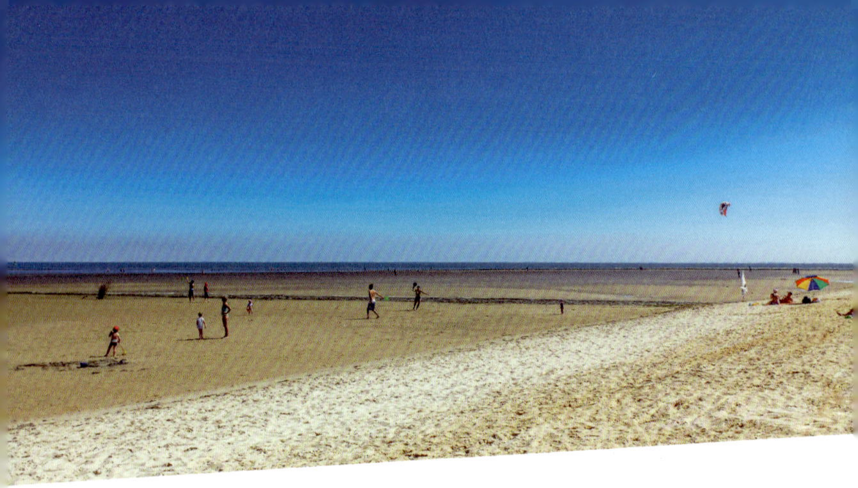

Strandvergnügen bei Ebbe an der Wurster Nordseeküste

hauptsächlich landwirtschaftlich genutzt und kann streckenweise auch etwas verschlammt sein, so dass man das Fahrrad manchmal schieben muss. Nach etwa 500 Metern ist die Strecke wieder asphaltiert und nach einem kleinen Anstieg geht es wieder bergab zu den Wiesen und Kuhweiden des Wremer Moors.

Der Wegweisung zum Debstedter Kirchweg (K 66) folgend biegt man erst rechts und dann hinter dem Friedhof links ab. Am Wald entlang führt der Weg über den Grapenberg zum **Sieverner See**. Hier kann man an dem öffentlich ausgewiesenen Badestrand mit DLRG-Station ein kühles Bad nehmen und eine Ruhepause einlegen. Nach einem weiteren kleinen Anstieg ist das Ziel erreicht.

Obwohl die Gemäuer der **Pipinsburg** nicht mehr vorhanden sind, kann man sich die Festung sehr gut vorstellen. Sie wurde um das Jahr 1000 errichtet. Hier auf dem Geestrücken verliefen die einzigen befestigten Straßen, da das Marschland noch nicht eingedeicht war. Kaiser Otto III. sicherte an diesem Ort sein Territorium gegen die Normannen und Wikinger und ließ mehrere Ringwallanlagen mit einer Turmburg und Palisaden errichten.

Von der Pipinsburg aus fährt man auf der Landstraße etwa 200 Meter nach Norden, biegt links in Richtung Dreilindenhof ab und verlässt den Alten Postweg. In einer Rechtskurve geht es in den Mulsumer Weg, der in südlicher Richtung an den Gehöften „Sachsendingen" vorbeiführt. Am Weg Misselwarder Specken hält man sich rechts in Richtung

Kurioses Muschel-Museum
Mit viel Humor entführt einen das kleine Museum in die Welt der Muscheln

Zur alten Schule 3
27639 Wurster Nordseeküste
www.museum-wremen.de

Wremen/Mulsum und hat eine freie Sicht bis an die Wurster Nordseeküste.

Am Horizont erscheinen hinter der großen Windparkanlage die imposanten Containerbrücken des Containerterminals von Bremerhaven. Das vor einem liegende Küstengebiet der Weser, die Wurster Marsch, ist ein wichtiges Vogelgebiet. Mit etwas Glück gibt es seltene Vögel wie Schilfrohrsänger und Blaukehlchen zu sehen oder man kann Zugvögel wie Graugänse und Lachmöwen bei ihrer Rast beobachten. Ist der Grauwall-Kanal überquert, fährt man in die offene Marsch und immer weiter bis nach Twendamm. An der Wurster Landstraße geht's links ab und schon ist man beim **Nordseebad Wremen**.

Zur Küste ist es jetzt nicht mehr weit. Rechts in die Strandstraße eingebogen, ist wenig später schon der Wremer **Leuchtturm Kleiner Preuße** und der hübsche Hafen zu sehen, an dem man frische Krabben kaufen kann. Wer im Sommer baden will, sollte bei der Planung unbedingt auf die Tidezeiten achten, da sonst das Wasser weg sein könnte …

Aber auch für Wasserscheue gibt es in Wremen einiges zu entdecken, etwa den **Kurgarten** im Dorfzentrum oder die sehenswerte Wehrkirche St. Willehadi aus dem 13. Jahrhundert. Auch das **Museum für Wattenfischerei** und das **Kuriose Muschelmuseum**, das eine weltweit einmalige Sammlung von über 3 000 Meeresmuscheln und Seeschnecken beherbergt, versprechen Abwechslung. Wer noch etwas mehr Bewegung braucht, kann einen Abstecher zum ca. 12 Kilometer nördlich gelegenen Leuchtturm Obereversand machen, bevor es vom Bahnhof Wremen mit dem Zug zurückgeht.

Radtour: 28 km

Start: Bhf. Bremerhaven-Lehe
RS 2/RE 8/RE9 zweimal stündlich

Ziel: Bhf. Wremen
RB 33 alle 60 Minuten nach Bremerhaven

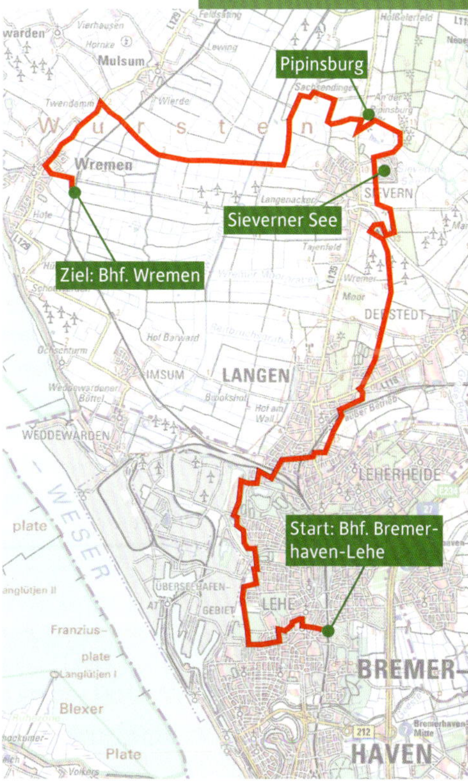

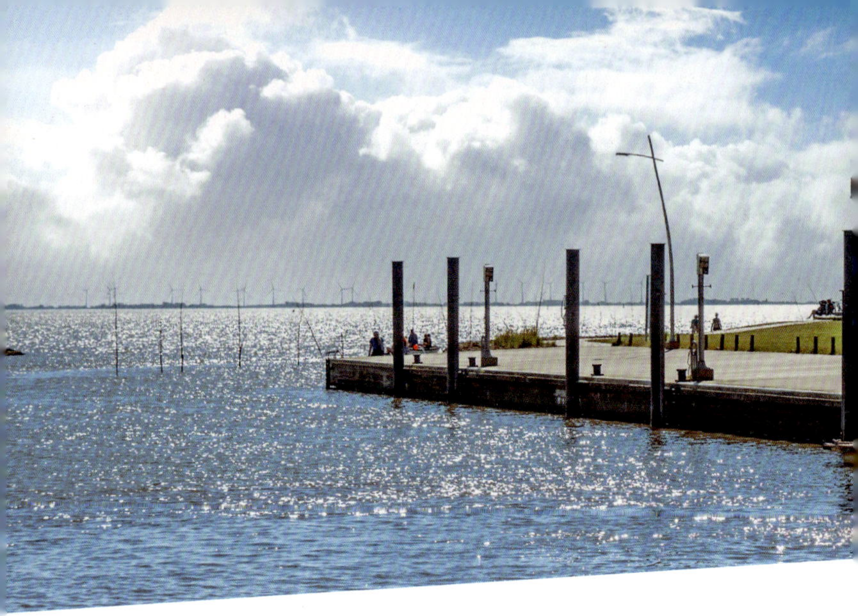

Eine Tour am Meer

13

Wurster Nordseeküste

Immer an der Wurster Nordseeküste und der Weser entlang führt diese schöne 20-Kilometer-Wanderung, die sich auch prima als Radtour eignet. Wer sich für Geschichte interessiert, kann in Weddewarden etwas über die freiheitsliebenden Wurt-Friesen lernen, und der Containerhafen von Bremerhaven verspricht eine einzigartige Industrieromantik.

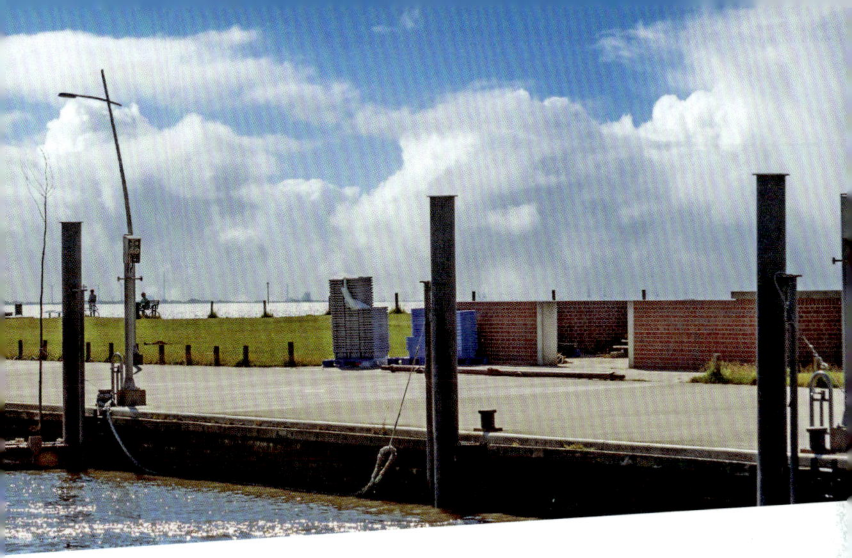

Die Route beginnt am kleinen Bahnhof **Wremen**. Von dort geht es nach Westen Richtung **Wurster Nordseeküste**, die man am besten über die Strandstraße erreicht. Wenn nicht gerade Ebbe ist, kann hier im Sommer gleich ein Sprung in die kühle Nordsee gewagt werden.

Auf den ausgewiesenen Radrouten hinter oder auf dem Deich geht es jetzt Richtung Süden am Meer entlang. Nach etwa 6 Kilometern ist der hohe und merkwürdig aussehende **Ochsenturm**, das Wahrzeichen von Imsum, zu sehen. Als einziger erhaltener Teil der ehemaligen „Ochsenkirche" aus dem 13. Jahrhundert, die durch die Weihnachtsflut 1717 zerstört wurde, ist er als Landmarke und Seezeichen genutzt worden. Heute ist er ein Aussichtsturm, von dem aus man einen herrlichen Blick auf die Küste und vorbeifahrende Schiffe hat. Seinen eigentümlichen Namen erklärt eine Legende: Weil sich die Orte Imsum, Weddewarden und Lebstedt nicht auf einen Standort für ihre Kirche einigen konnten, überließen sie die Entscheidung drei Ochsen. Die Tiere wurden zusammengebunden und dort, wo sie sich gemeinsam zum Wiederkäuen niederließen, erbaute man die Kirche.

Auf kurzer Strecke am Deich entlang geht's weiter nach Weddewarden, dem nördlichsten und ältesten Stadtteil Bremerhavens. Dieser Ort mit dörf-

Siebhaus
Schank- und Imbisswirtschaft, von den 1970er-Jahren bis 2002 als Krabbensiebgebäude genutzt

Flur 7/am Wremer Hafen
27639 Wurster Nordseeküste
www.siebhaus.de

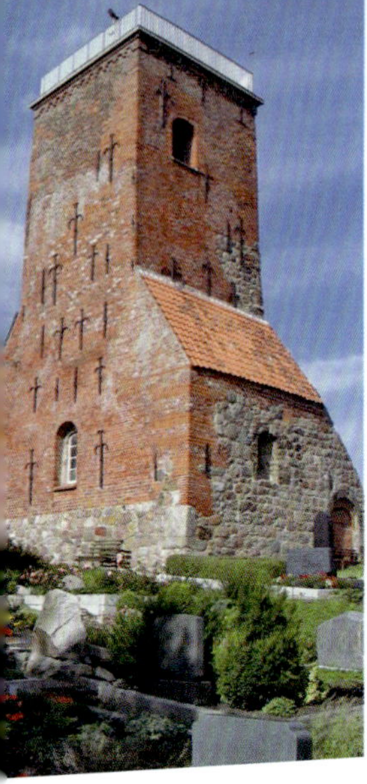

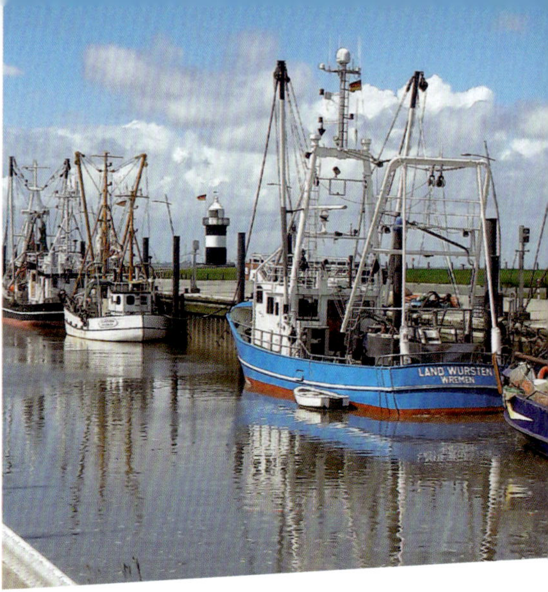

Der Ochsenturm, das Imsumer Wahrzeichen, und Fischkutter bei Wremen

lichem Ambiente hat eine spannende Geschichte. Weddewarden gehörte im Mittelalter zum Land der Wurt-Friesen, einem besonders freiheitsliebenden Völkchen. Den umliegenden Landesherren war der Wurster Bauernfreistaat ein Dorn im Auge. Um die Eigenständigkeit der Wurster zu brechen, errichteten die Bremer Landesherren im 16. Jahrhundert die **Zwingburg Morgenstern**. Die Bevölkerung erhob sich erbittert gegen die Unterdrückung und schaffte es, die Besatzung der Morgenstern-Burg in die Flucht zu schlagen und die Festung zu zerstören. Doch die Truppen von Erzbischof Christoph nahmen blutige Rache. 1524 wurde der Aufstand niedergeschlagen und die Wurster verloren ihre Eigenständigkeit.

Im 19. Jahrhundert wurde an der Stelle der ehemaligen Burg eine Friesenstube gegründet. Seit 2012 wird das grundsanierte historische Gebäude interessierten Bewohnerinnen und Bewohnern für regionale Geschichts- und Kulturforschung zur Verfügung gestellt.

Durch die Expansion der Containerterminals Bremerhaven und den Bau des 2006 fertiggestellten 4. Terminals (CT 4) fielen große Weddewardener Wattflächen dem Bau des riesigen Hafens zum Opfer. Heute hat die Seestadt die längste und imposanteste Stromkaje (ein befestigtes Ufer zum Beladen

Schloss Morgenstern
Frühere Zwingburg, später beliebtes Ausflugslokal. Heute Institut und Bibliothek für regionale Geschichts-, Kultur- und Familienforschung. Das denkmalgeschützte Friesenzimmer kann während der Öffnungszeiten der Bibliothek besichtigt werden.

Burgstraße 1
27580 Bremerhaven-Weddewarden
www.m-v-m.de

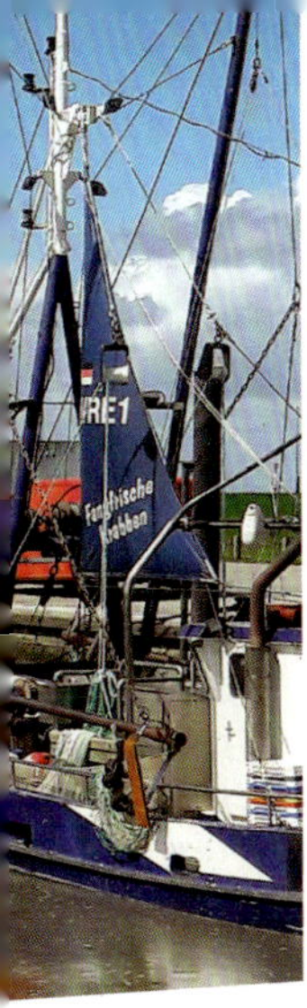

und Löschen von Schiffen) der Welt. Hier ist mit fast fünf Kilometern Länge Platz für viele Großcontainerschiffe. Das riesige Hafengelände hat seine eigene Ästhetik und sein eigenes Flair. Vom **Container-Aussichtsturm** kann man das gesamte Hafengebiet überblicken und die maritime Industrieromantik bewundern. Vorsicht an den zahlreichen Ausfahrten wegen der vielen ein- und ausfahrenden Lastzüge!

Die Tour geht weiter auf der Route des Weserradwegs in Richtung Bremerhaven Weserfähre. Mit etwas Glück lassen sich auf den gegenüberliegenden Sandbänken der Containerterminals Seehunde entdecken! An der Columbuskaje vorbei, wo einst Elvis Presley an Land ging, führen Radwege über Brücken und Schleusen bis zum **Alten** und **Neuen Hafen** (► Tour 11, S 50). Von hier gelangt man über die Kennedybrücke und Bismarckstraße schnell zum Bremerhavener Hauptbahnhof.

Container-Aussichtsturm
Ca. 15 m hoch, Rundblick über den gesamten Container-Terminal

An der Nordschleuse
27568 Bremerhaven

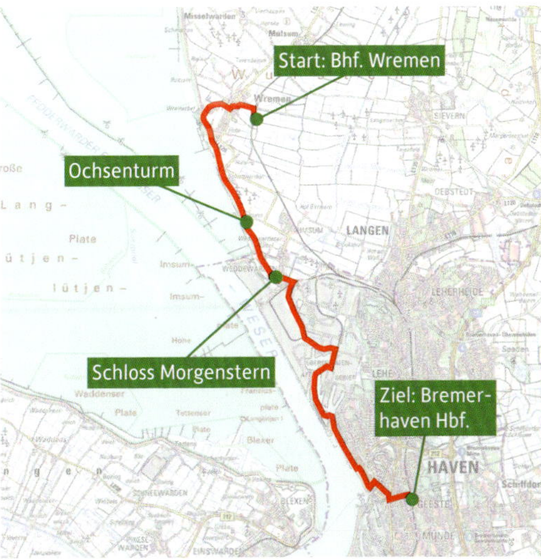

Wanderung oder Radtour:
20 km

Start: Bhf. Wremen
RB 33 alle 60 Minuten ab Bremerhaven Hbf.

Ziel: Bremerhaven Hbf.
RS 2/RE 8/RE 9 zweimal stündlich

Südost

Südöstlich von Bremen an Weser, Aller und Wümme lässt es sich herrlich radeln oder wandern: vorbei an verträumten Städtchen mit alten Fachwerkhäusern, zu Moorgebieten bei Thedinghausen oder durch die hügelige Wildeshauser Geest. Direkt am Fluss gelegen besticht die mittelalterliche Stadt Verden (Aller) mit ihrem beeindruckenden Dom und ihrer geschichtsträchtigen Innenstadt.

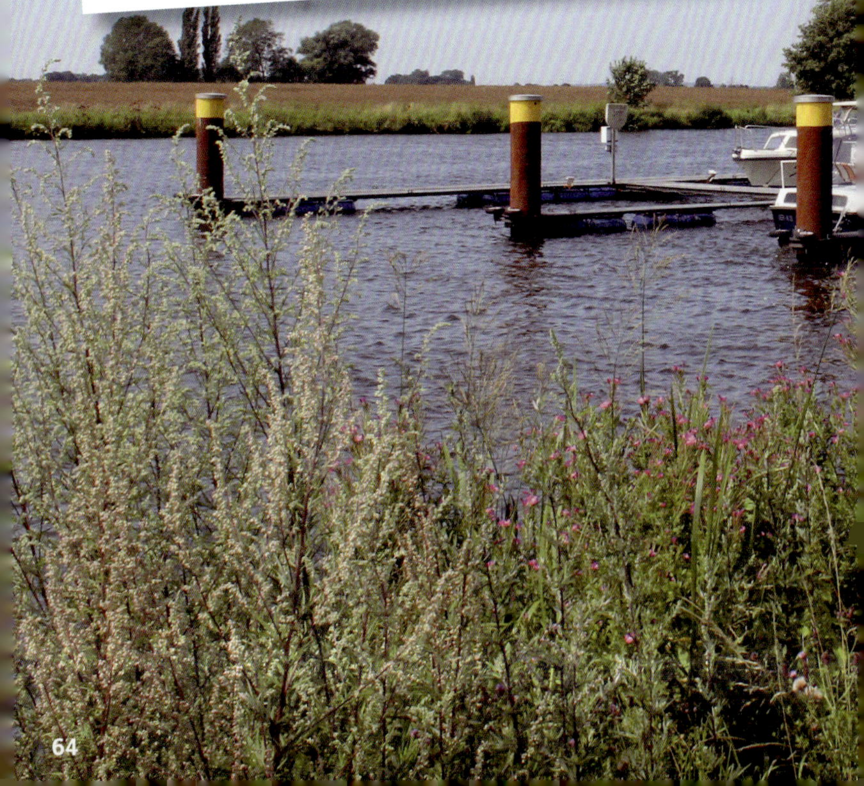

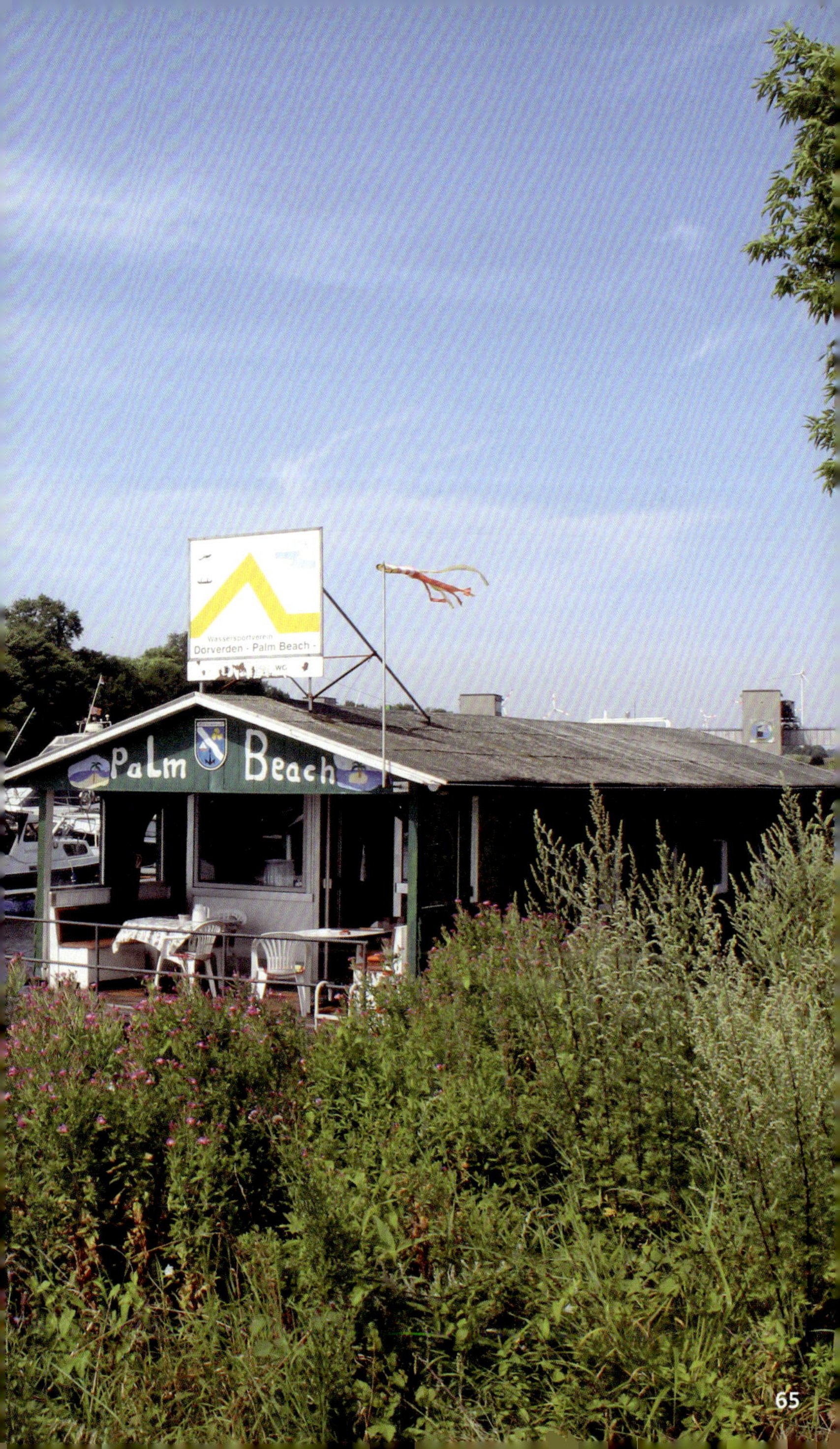
Wassersportverein
Dorverden - Palm Beach -
PaLm Beach

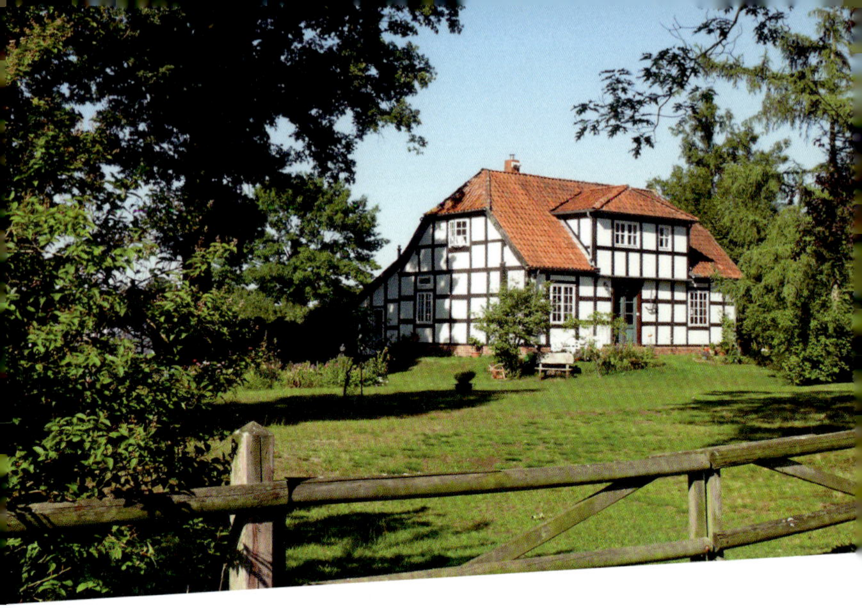

Verträumtes Fischerhude

14

Fischerhude

Die hübsche 26-Kilometer-Radtour führt durchs Blockland nach Fischerhude, das vom Künstlerflair gleich hinter Worpswede kommt. Hier kann man sich in dörflich-romantischem Ambiente von Galerie zu Galerie treiben lassen oder das Otto-Modersohn-Haus besichtigen. Für die Rückfahrt vom Bahnhof in Ottersberg geht's durch die idyllischen Wümmewiesen.

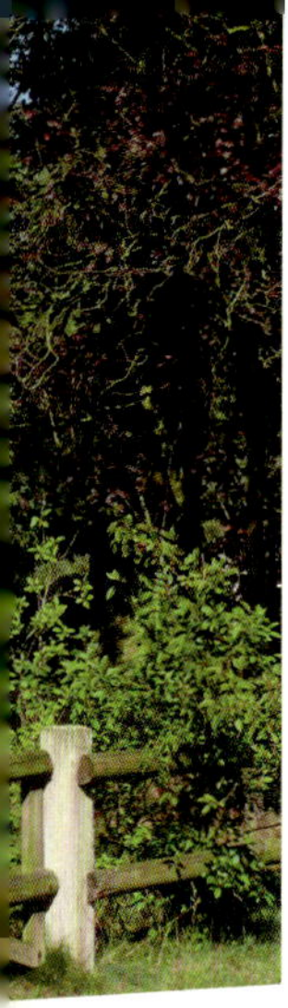

Startpunkt ist die Tramhaltestelle Universität Süd im Bremer Univiertel. Von dort geht es ein kurzes Stück auf der Universitätsallee entlang, die in die Kremserstraße mündet. Links auf einen kleinen asphaltierten Weg eingebogen, fährt man an einem Graben entlang, bis man rechts in die Vorstraße abbiegt, um bald wieder links auf den Jan Reiners Wanderweg zu fahren. Auf dem geht es ganz bequem immer geradeaus und ohne Autoverkehr durchs **Blockland** bis nach Borgfeld.

Unterwegs hat man herrliche Einblicke in die Feuchtwiesenlandschaft des mittlerweile unter Naturschutz stehenden Blocklands, auch Hollerland genannt. Der Name geht wahrscheinlich auf holländische Kolonisten zurück, die die schwer zugängliche Sumpflandschaft im 12. Jahrhundert in Blöcke einteilten und durch Gräben entwässerten. Heute versucht der Naturschutz das Feuchtgrünland mit der seltenen Binnensalzstelle Pannlake und das Grabensystem zu erhalten und weiterzuentwickeln.

Ist das Blockland auf gerader Strecke durchquert, stößt man schließlich an den Borgfelder Deich, der nach rechts Richtung Borgfeld führt. Über die Borgfelder Heerstraße gelangt man auf die Borgfelder Landstraße und kommt durch ein schönes Baumtor zur Wümmebrücke. Dort hat man einen wunderbaren Blick auf den Fluss. Die Wiesenlandschaft wird durch zahlreiche Gräben gegliedert, an deren Rändern Birken, Erlen, Pappeln und Weiden wachsen.

„Am Großen Moordamm" biegt man rechts ab und radelt auf einem leicht erhöhten Damm bis zur Kreuzung Zum Hexenberg. Der Hexenberg ist eine kleine Sanddüne, die sich nach Westen bis Lilienthal entlang der Wümmeniederung zieht. Hält man sich rechts, geht es auf dem Ebbensieker Höhenrücken an einem lang gestreckten Waldrand entlang, wo man einen tollen Blick auf die südlich liegenden Wümmewiesen hat.

In **Fischerhude** angekommen, fährt man nun auf engen Gassen mit altem Findlingspflaster, die

KaFF – Kunst am Fluss Fischerhude und Archiv Werner Zöhl
Das KaFF zeigt zweimal jährlich neue Ausstellungen rund um das Werk des Malers Werner Zöhl (1926–2012). Untergebracht ist das KaFF in einer alten Fischerhuder Fachwerkscheune.

In der Bredenau 83
28870 Fischerhude
www.kaffischerhude.de

Zwei Raku-Keramiken der Künstlerin Claudia Craemer

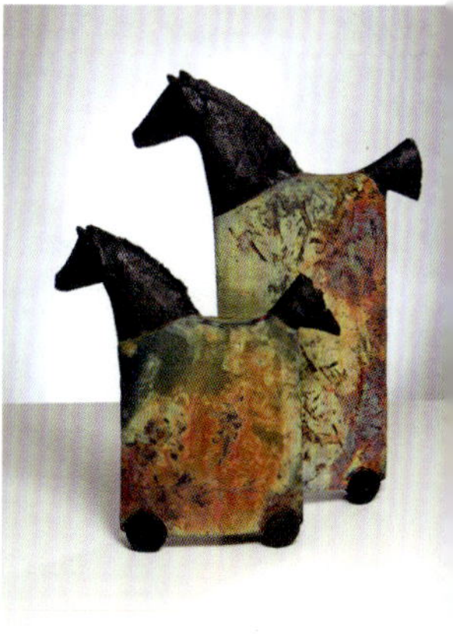

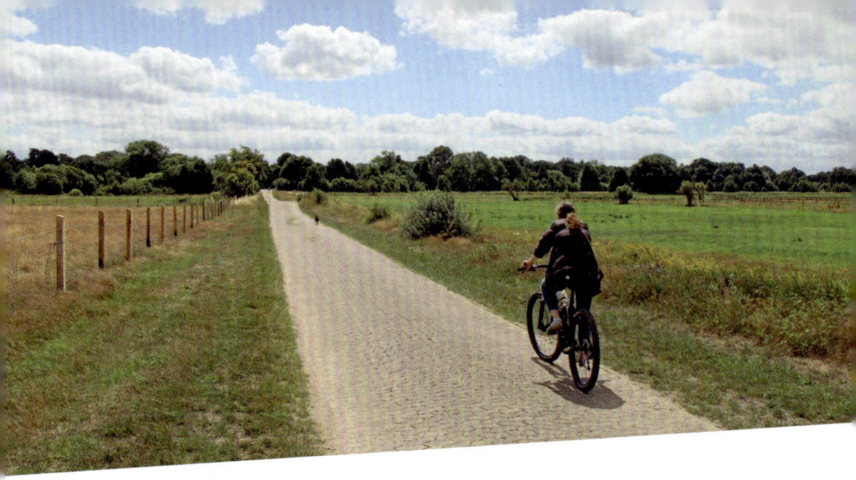

Die Gegend um Fischerhude eignet sich perfekt zum Radfahren und Skaten

durch den romantischen Ortskern Fischerhudes führen. Früher hatte jeder Hof Zugang zum Wasser der Wümmearme und -gräben, die die wichtigsten Verkehrsadern in diesem Überschwemmungsgebiet waren. So erklärt sich auch der Name des Orts, der früh Wasserrechte besaß und neben seinen Zolleinnahmen auch Einkünfte aus dem reichlichen Fischverkauf hatte. Eine besondere Spezialität war der Aal und nicht wenige Bauern brachten es mit dem Fischverkauf zu einigem Wohlstand.

Ein Blickfang in Fischerhude ist die **Dorfweide** mit uralten Eichen, um die herum alte Niedersachsenhöfe und die hübsche, schlichte Kirche **Unserer Lieben Frau** kreisförmig angeordnet stehen. Es lohnt sich, die spätklassizistische Kirche mit ihren lichten, hohen Räumen auch von innen anzuschauen. Sehenswert ist auch die Kirchenmauer mit 39 Stelen, die die Dorfbewohnerinnen und Dorfbewohner 1859 vom Wilstedter Friedhof holten, nachdem sie eine eigenständige Kirchgemeinde wurden. Das **Heimathaus Irmintraut**, das in einem typischen Zweiständerhaus aus dem Jahr 1764 untergebracht ist, bietet Einblicke in das bäuerliche Leben im 19. Jahrhundert. Der „Tietjenhof" gehörte früher zu den bedeutendsten Höfen Fischerhudes.

An der Liebfrauenkirche vorbei kommt man auf die Straße „In der Bredenau". Hier gibt es viele Gaststätten, Cafés und kleine Galerien, die vor allem sonntags sehr gut besucht sind. Wer in Ruhe die Bilder betrachten möchte, ist gut beraten, den Ausflug an einem Werktag zu unternehmen.

Puppen-Café im Eichenhof
Leckere, selbst gebackene Spezialitäten in „Omas guter Stube" mit Mobiliar aus der Biedermeierzeit

Kirchstraße 10
28870 Ottersberg
www.puppencafe.de

Ganz am Ostrand von Fischerhude liegt das **Otto-Modersohn-Museum**. Das Haus, eine 200 Jahre alte Fachwerkscheune, wurde von Otto Modersohns Sohn für den Nachlass seines Vaters eingerichtet, der sich nach dem frühen Tod seiner Frau, der Künstlerin Paula Modersohn-Becker, nach Fischerhude zurückgezogen hatte. Das Museum zeigt in wechselnden Ausstellungen Werke von Otto Modersohn, Paula Modersohn-Becker und anderen Künstlerinnen und Künstlern. In Fischerhude lebten auch der Maler Heinrich Breling sowie Jan und Olga van Beek, die die sogenannte „Fischerhuder Kunstkeramik“ schufen. In dieser Tradition arbeiten auch heute viele Kunstschaffende im Ort.

Zu dem etwas abseits gelegenen Bahnhof in Ottersberg geht es ein kleines Stück auf der Straße „In der Bredenau“ zurück und dann links ab. Nachdem man eine kleine Brücke überquert hat, hält man sich an der kommenden Weggabelung links in Richtung Ottersberg. Durch die schöne Wümme-Auenlandschaft erreicht man nach wenigen Kilometern die Lange Straße. Nach der Wümmeüberquerung hält man sich erneut links und folgt dem Flusslauf. Hinter der Waldorfschule rechts überquert man nochmal die Wümme und erreicht wenig später den Bahnhof.

Café im Rilke-Haus
Wohnhaus und Atelier von Clara Rilke-Westhoff bis zu ihrem Tod 1954, heute gemütliches Café mit originalgetreuer Einrichtung

In der Bredenau 81
28870 Ottersberg
www.cafe-im-rilke-haus.de

Radtour: 26 km
Start: Tram-Haltestelle Bremen-Universität-Süd
Tram 6 alle 10–20 Minuten
Ziel: Bhf. Ottersberg
RB 41 alle 60 Minuten

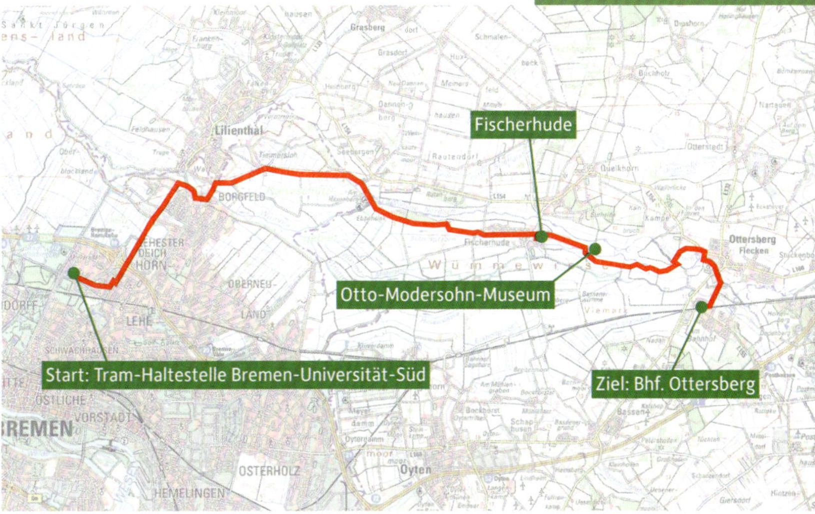

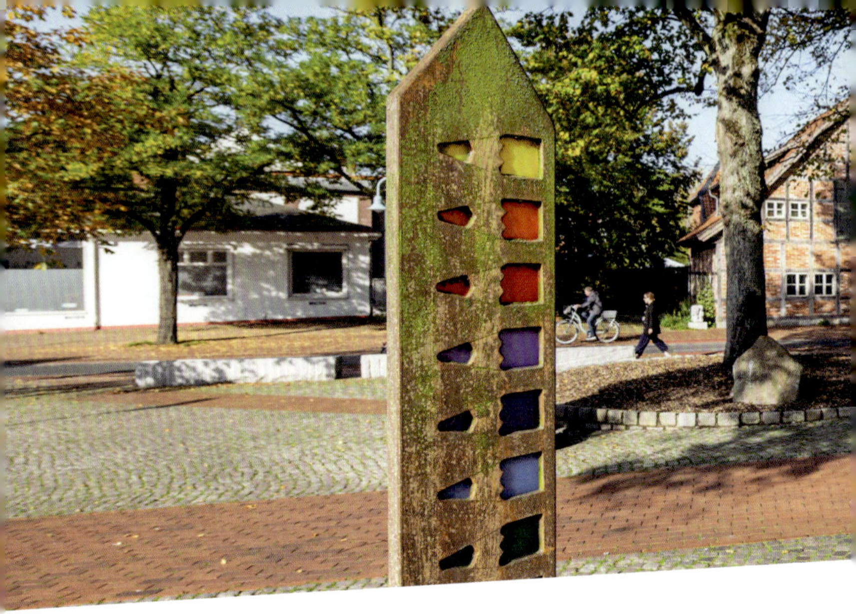

Auf dem Kulturpfad in Rotenburg (Wümme)

15

Rotenburg (Wümme)

Das schöne Städtchen Rotenburg an der Wümme ist jede Reise wert! Ob Flanieren in der mit Fachwerkhäusern gesäumten Fußgängerzone oder Wandeln auf dem Kulturpfad – der Ort eignet sich perfekt für einen Tagesausflug. Wer nach dem Stadtbummel noch Energie hat, kann von hier aus wunderbare Radtouren oder Wanderungen in der schönen Umgebung unternehmen.

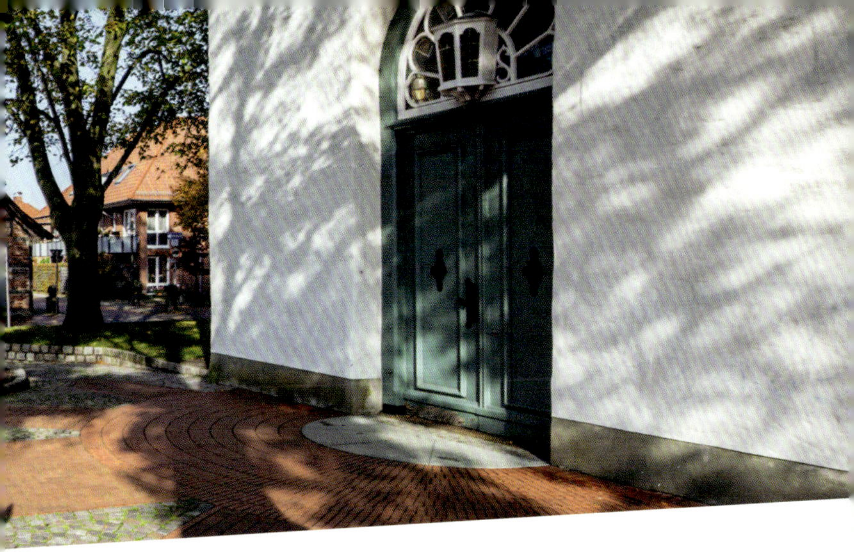

Vom Bahnhof gelangt man schnell in die **Rotenburger Innenstadt**. Gleich hinter der Wümmebrücke sieht man rechter Hand den früheren Schlossberg. Hier war einst der Standort der „Roten Burg“, die der Verdener Bischof Rudolf I. um das Jahr 1195 bauen ließ. Sie sollte sein Herrschaftsgebiet vor Eingriffen seitens der sächsischen Herzöge und der Bremer Erzbischöfe schützen. Die Burg wurde über die Jahrhunderte zu einem wichtigen Militärstützpunkt, weshalb die Einwohnerinnen und Einwohner der Umgebung oft unter Kriegen, Eroberungen und Brandschatzungen leiden mussten. Als nach den napoleonischen Kriegen ein trockenes Fundament für ein Amtsgebäude benötigt wurde, entschied man sich dazu, die Burg abzutragen und das Gelände zu planieren. Heute steht hier das **Heimathaus**, ein niedersächsisches Bauernhaus aus dem Jahr 1779 samt Bauerngarten, das in den 1970er-Jahren wiedererrichtet wurde.

An der Ampel nach der Wümmebrücke links folgt man der Bahnhofstraße. Rechter Hand steht das sieben Meter hohe steinerne **Burgtor**, ein vergoldetes Kunstwerk, das den früheren Eingang in den Marktflecken Rotenburg markiert und in den 1990er-Jahren hier aufgestellt wurde. Rotenburg bekam erst im Jahr 1929 das Stadtrecht, hat sich aber seit den 1970er-Jahren zur Kreisstadt entwickelt.

Kulturpfad Rotenburg
Flyer mit Lageplan und Infotexten zu Geschichte und Sehenswürdigkeiten der Stadt Rotenburg:

www.rotenburg-wuemme.de

In einem alten Fachwerkhaus untergebracht: die alte Apotheke in Rotenburg

Läuft man noch ein Stück weiter, ist der **Pferdemarkt** erreicht, ein modern gestalteter Platz, an dem auch das Rathaus liegt. Von hier aus kann man auf einem acht Kilometer langen **Kulturpfad** die Stadt erkunden. Mit 35 Stationen präsentiert der Pfad Kunst, Kultur und Sehenswertes in der Stadt Rotenburg. So erfährt man Spannendes zur Geschichte der Stadt – zum Beispiel im Jüdischen Museum oder in der Galerie „Frauengeschichte in den Rotenburger Straßennamen" – und lernt die architektonische Vielfalt des Orts zu schätzen.

Ein Blickfang ist die **Fußgängerzone Große Straße** mit ihren sanierten Fachwerkhäusern, Geschäften und Cafés. Sie führt geradewegs zum Neuen Markt. Von dort gelangt, wer mag, zum Wümmeradweg, der raus in die hübsche Umgebung der Stadt führt (► Tour 16, Seite 74).

Auch abseits der Innenstadt bietet Rotenburg Attraktionen: Nördlich der Großen Straße liegt das beliebte **Ronolulu-Erlebnisbad**. Daneben, im ehemaligen Schlauchtrockenturm der Rotenburger Feuerwehr, ist seit 1998 das wohl kleinste Kunstmuseum Deutschlands untergebracht – der **Kunstturm Rotenburg**. Auf vier Ebenen zeigt der Rotenburger Kunstverein in Wechselausstellungen Werke zeitgenössischer Künstlerinnen und Künstler.

Kunstturm
Zeigt als „kleinstes Kunstmuseum Deutschlands" in einem ehemaligen Schlauchturm der Feuerwehr wechselnde Ausstellungen zeitgenössischer Künstlerinnen und Künstler

Nödenstraße 9
27356 Rotenburg
www.kunstverein-row.de

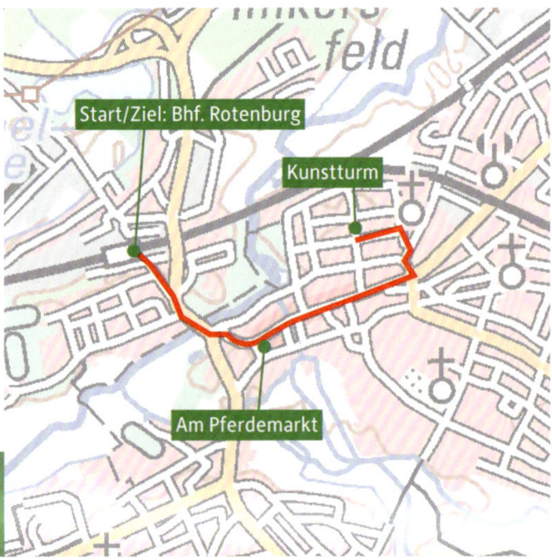

Spaziergang: 4–8 km
Hin und weg: Bhf. Rotenburg
RE 4/RB 41 zweimal stündlich

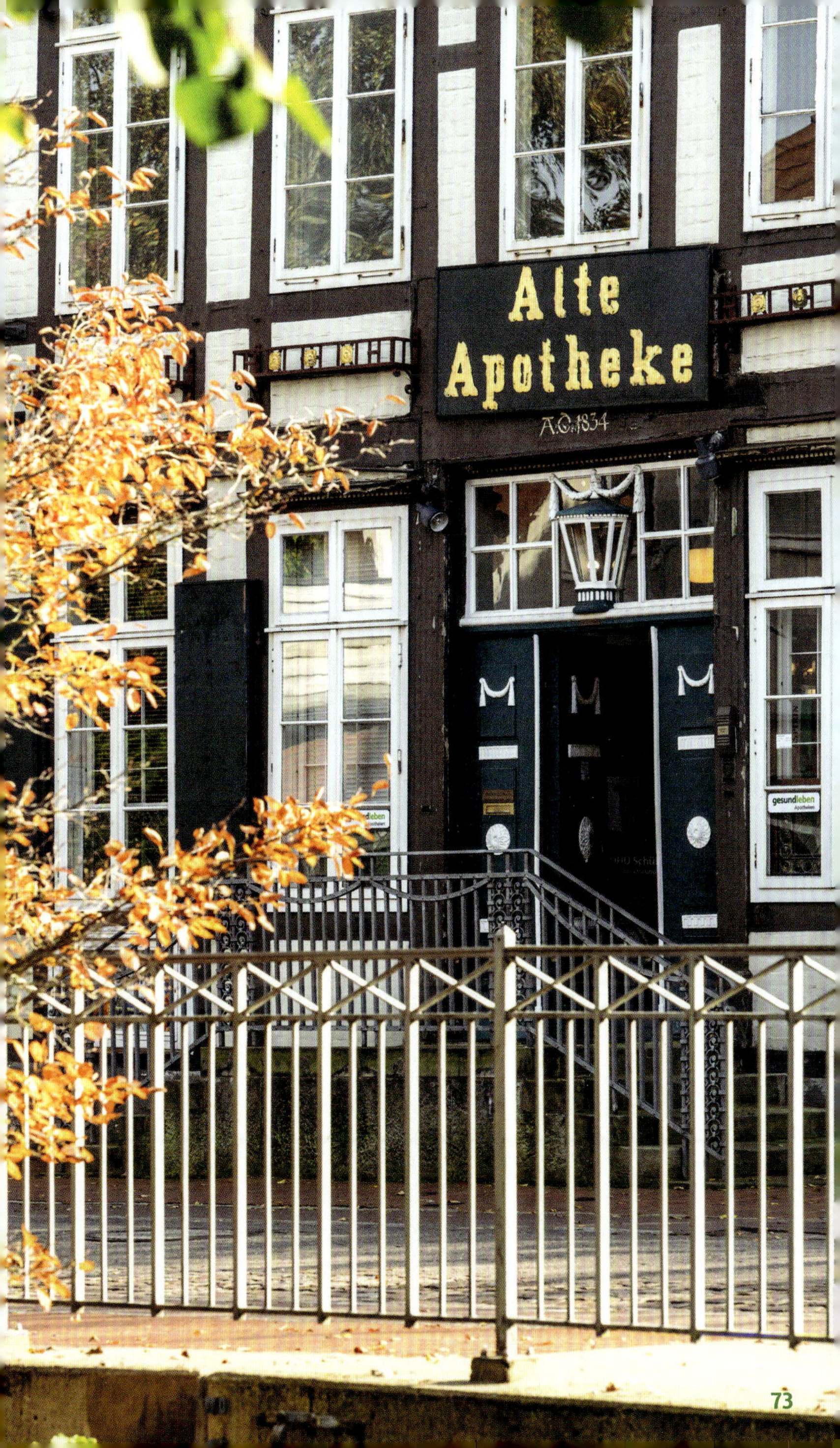
Alte
Apotheke
A.C. 1834
gesundleben

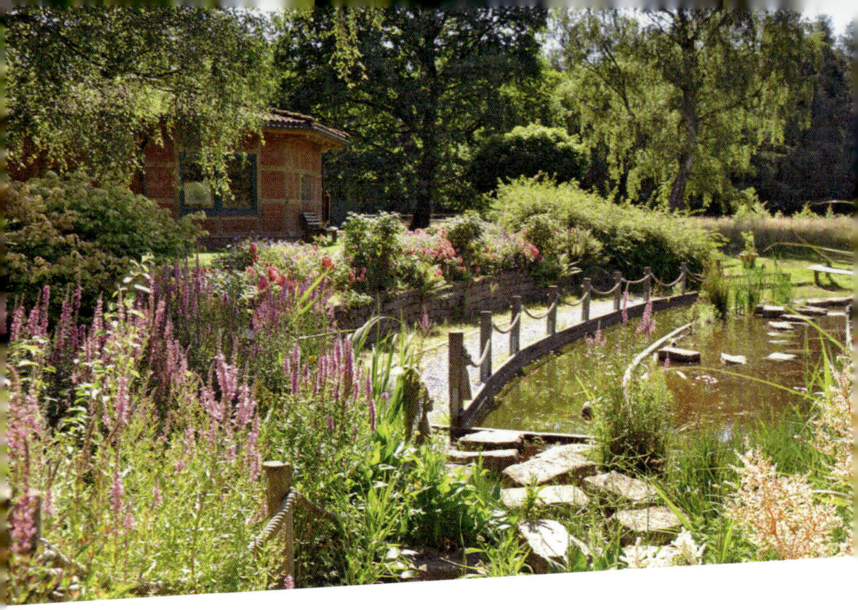

Durch die Wümmewiesen zum LandPark

16

Rotenburg (Wümme) – Lauenbrück

Immer rechts und links an der Wümme entlang führt die 21-Kilometer-Radtour bis zum einzigartigen LandPark bei Lauenbrück. Dort wohnen nicht nur gefährdete Nutztierarten – der Ort ist auch ein wunderbarer Platz, um den Alltag zu vergessen und im malerischen alten Obstgarten oder am See die Seele baumeln zu lassen.

Vom **Rotenburger Bahnhof** zum Wümmeradweg gelangt man nach dem Überqueren der Wümme am schnellsten über die Goethestraße, die parallel zur Fußgängerzone verläuft. Von dort geht's geradeaus an der Stadtkirche vorbei und weiter bis zur Kreuzung Am Sande. Hier biegt man links ab und fährt am Neuen Markt vorbei. Nach einem kurzen Stück geht rechts der Mittelweg ab – hier weisen Schilder den Weg zum Wümmeradweg (Nordroute) in Richtung Scheeßel. Am Ende des Mittelwegs quert man links die Bahnschienen und hat bald den Ortsrand von Rotenburg erreicht.

Nachdem man erst die B 75 und dann die Wümme überquert hat, bietet sich ein herrlicher Blick aufs **Landschaftsschutzgebiet Höhnsmoor** und bis zum **Mühlenbachsee**, der wegen seiner Artenvielfalt als Naturschutzgebiet ausgewiesen ist. Hier gibt es Moorbirken- und Kiefernwälder und wassergefüllte Torfstiche zu sehen, die mit seltenen Moorpflanzen wie Wollgras oder Pfeifengras bewachsen sind. Viele Wiesen und Weiden mit eingestreuten Einzel- und Baumgruppen bereichern das Landschaftsbild.

Drei Kilometer weiter stößt die Radroute auf die Mühlenstraße. Hier hält man sich rechts und quert kurz darauf erneut die Wümme. Gleich ist man bei der **Scheeßeler Wassermühle**, einem Fachwerkbau aus dem 19. Jahrhundert. Die Mühle gehört heute zu einem ökologisch wirtschaftenden Bauernhof. Auf den nahen Wümmeweiden kann man die seltenen rotbraunen, zottigen Salers-Rinder beobachten.

Nun geht es entlang der Mühlenstraße in die historische Ortsmitte von **Scheeßel**. Der 1 200 Jahre alte Ort – vor allem bekannt durch das Openair-Musik-Festival „Hurricane" mit jährlich 80 000 Fans – besticht durch viele alte Fachwerkgehöfte, die wunderbar von Bäumen eingerahmt sind. Besonders schön ist die **ehemalige Amtsvogtei**, eingebettet in einer öffentlich zugänglichen Parkanlage. Das Gebäude wird von dem Energieversorger EWE genutzt. Weiter in Richtung Zentrum ist linker Hand der imposante **Meyerhof** zu entdecken, der heute als Kultur- und Begegnungsstätte dient und zum **Heimatmuseum Scheeßel** gehört. Der andere Teil des Freilichtmuseums, das Heimathaus, befindet sich hinter der Grundschule auf der Zevener Straße.

Scheeßeler Wassermühle
Über 500 Jahre alte wasserbetriebene Mühle

27383 Scheeßel
www.muehlenverein-scheessel.de

Einfach mal abschalten: Bentheimer Schweine im LandPark

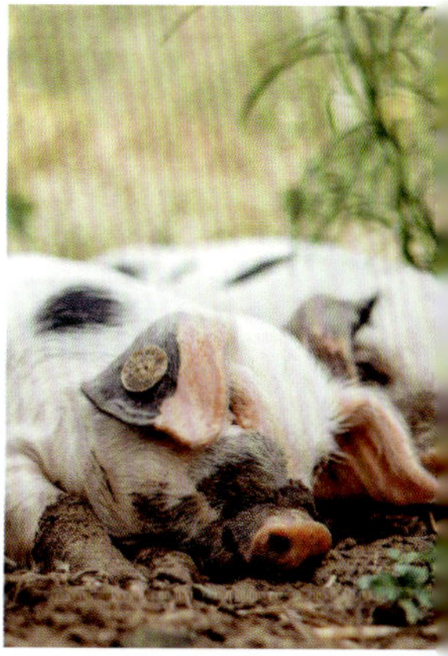

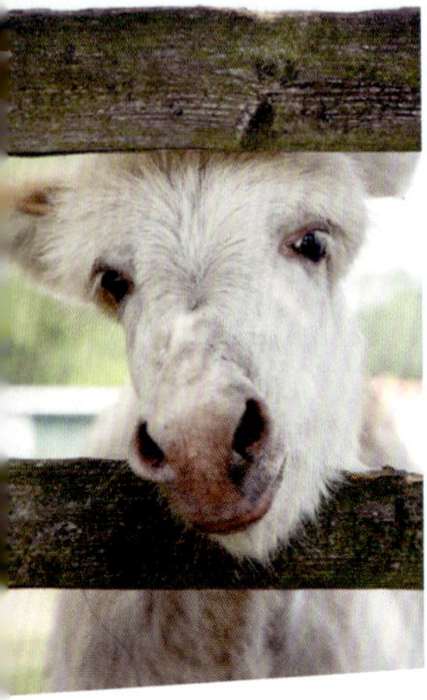

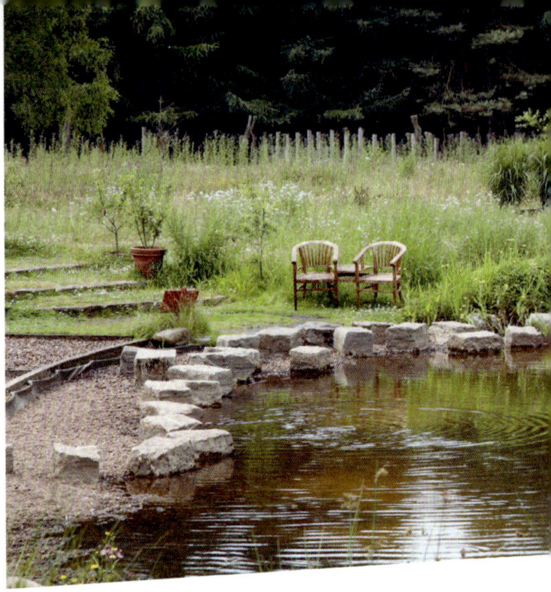

Der schöne LandPark Lauenbrück ist auch als Eselpark bekannt

Biegt man von der Zevener Straße rechts in die Schulstraße ab, führt kurz darauf links der Helvesieker Weg aus dem Ort heraus. Jetzt geht es ein Stück auf dem Radweg neben der Landstraße entlang, bis rechts die Straße Grienshoop und schließlich wieder links die Straße Rehr abbiegt. Kurz bevor man die B 75 überquert, geht links der Weg zum LandPark ab.

Der naturnahe Landschaftspark beherbergt über 200 Huf- und Wildtiere. Hier leben bedrohte Nutztierarten wie Dänische Protestschweine, Bentheimer Landschafe oder Spanische Riesenesel zusammen mit zurückgezüchteten, ausgestorbenen Wildtierrassen wie den Tarpan-Wildpferden.

Auf Rundwegen kommt man an Tiergehegen, Streuobstwiesen und Bauerngärten mit bunten Blumen vorbei. Auch Spielplätze gibt es, einen Schaukelwald, einen Balancier- und Klettergarten und einen Mehrgenerationen-Spielplatz. Am Ende des Spaziergangs lockt die Einkehr in das angegliederte Bistro-Café LandHof. Hier gibt es leckere, selbst gebackene Kuchen und kindgerechte Speisen in lockerer Atmosphäre.

Vom Wildpark ist es nicht mehr weit bis zum Bahnhof Lauenbrück: Man überquert die B 75, folgt der Straßenführung bis zur Bahnhofsstraße und ist am Ziel.

Wümme-Kanuvermietung
Traumhafte Kanutouren ab Lauenbrück bis Scheeßel/Rotenburg

www.wuemmekanu.de

Kanuwelt Kanuverleih
www.kanuwelt.de

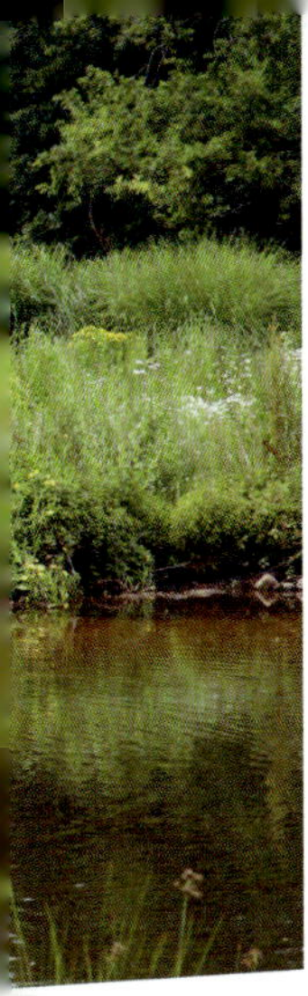

Wer im Frühjahr oder Herbst die Tour unternimmt, hat die Chance auf ein einmaliges Naturschauspiel: Dann durchziehen tausende von Kranichen auf dem Weg zu ihren Brutplätzen in Skandinavien oder den Überwinterungsgebieten in Spanien die Region. Die weiten Flugreisen sind kräftezehrend, deswegen versammeln sie sich hier im Steinbecker Moor für einen Zwischenstopp. Auf den abgeernteten Maisflächen finden die Kraniche hier Futter sowie flache Gewässer und Moore als Schlafplätze.

Der NABU Niedersachsen hat in der Gegend einen **Beobachtungsturm** aufgestellt, von dem aus man einen guten Blick über die weite, offene Steinbecker Moorlandschaft hat, in der die Kraniche ihre Rastplätze einrichten. Zum Aussichtsturm gelangt man am besten über die Ziegeleistraße und den Benkeloher Weg. Nach der Bahnüberquerung scharf rechts erreicht man über einen kleinen Fußpfad den Turm. Fernglas nicht vergessen!

Kranichbeobachtungsturm Lauenbrück im Steinbecker Moor
Schöner Rastplatz, ganzjährig geöffnet

www.kranichbeobachtung.de

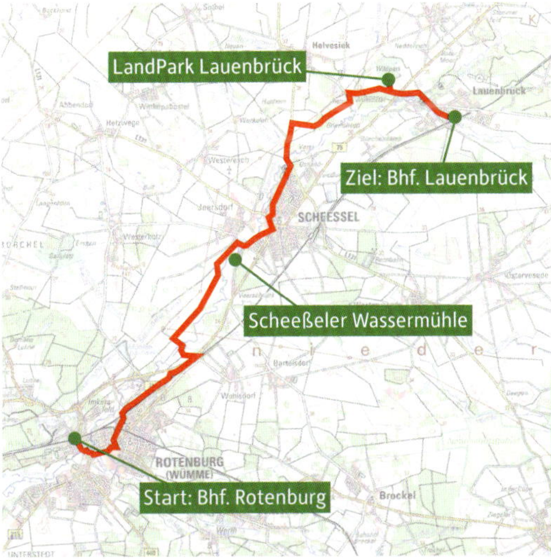

Radtour: 22 km

Start: Bhf. Rotenburg
RE 4/RB 41 zweimal stündlich

Ziel: Bhf. Lauenbrück (nicht im VBN)
RB 41 alle 60 Minuten

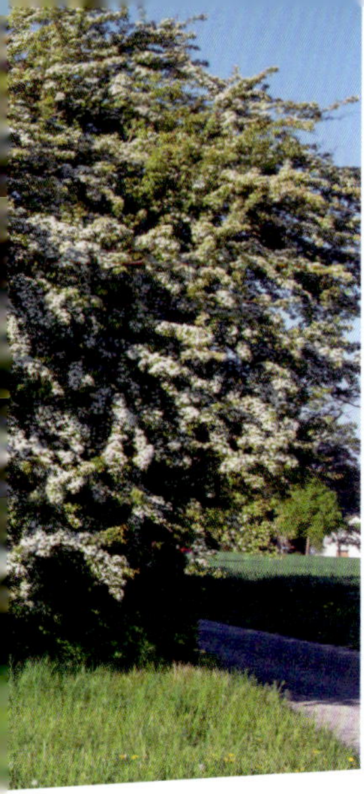

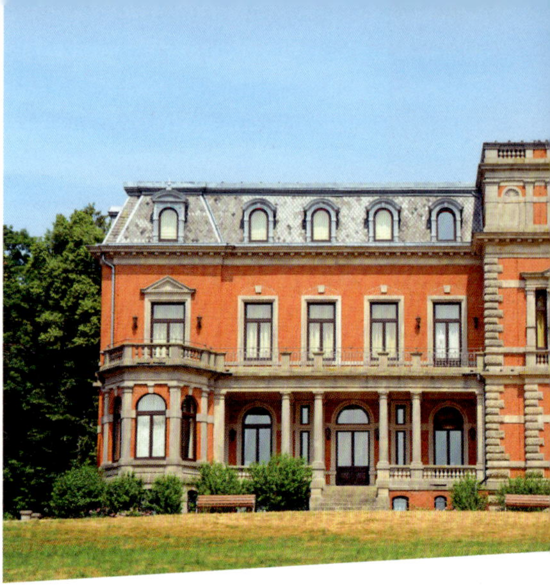

Durch die Geestlandschaft zum Schloss

17

Barrien – Etelsen

Von Barrien führt die 30-Kilometer-Radtour durch die wellige Geestlandschaft bis in die Moorgebiete rund um Thedinghausen. Hier kann man sich auf die Spuren der „Thänhuser“ begeben und den historischen Ortskern besuchen. Mit der Sommerfähre geht’s über die Weser für einen Spaziergang durch den Schlosspark in Etelsen.

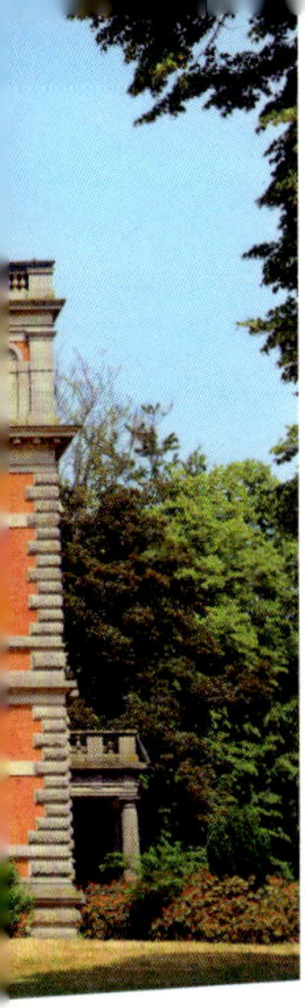

Los geht's am Bahnhof **Barrien**. Hat man die steile Eisenbahnbrücke bewältigt, geht es in flottem Tempo die Bremer Straße bergab. Entlang einer schönen Lindenallee mit Blick auf den Kirchturm St. Bartholomäus ist nach kurzer Zeit der Ort **Barrien** erreicht. Hier biegt man rechts in die Straße „An der Wassermühle" ein.

Die alte **Wassermühle** von 1857 taucht bald auf der rechten Seite auf. Das Wasserrad der Mühle ist an ein E-Werk gekoppelt und liefert beim Drehen sauberen Strom. Auf dem alten Steinboden, der zu einem Café mit Kunsthandwerkausstellung umgebaut wurde, befindet sich noch einer der beiden Mahlgänge.

Wer Lust hat, kann noch die fast 1 000 Jahre alte Kirche **St. Bartholomäus** besichtigen, die etwas versteckt gegenüber vom Mühlteich liegt.

Ein paar Meter geht es zurück auf der Straße An der Wassermühle und hat man die B 6 überquert, radelt man eine ganze Weile auf der Sudweyer Straße am Ortsrand von Barrien entlang. Hier kann man den Blick in das grüne Hachetal mit seinen Wiesen, Weiden und Gehölzgruppen genießen. Bald ist der Jeebeler Kiefernwald erreicht, wo es rechts in den Okeler Weg geht. Der Radwegeausschilderung folgend fährt man Richtung **Riede** und verlässt hinter dem Wald die wellige Geestlandschaft. Ab hier beginnt die flache Marschlandschaft des Okeler und Sudweyer Bruchs. Hat man den Süstedter Bach überquert, kommt wenig später das Zentrum von Riede. Die bekannte **St.-Andreas-Kirche** im Ort, deren älteste Teile aus dem 13. Jahrhundert stammen, gilt als hervorragendes Beispiel niederdeutscher Backsteingotik. Eine Besichtigung lohnt sich unbedingt, denn im Innern kann man farbenprächtige Fresken-Malereien bestaunen.

Folgt man der Radweg-Ausschilderung, geht es aus dem Ort heraus und weiter in Richtung Thedinghausen. Hinter dem Gut Donnerstedt kommt man am „Adligen Holz" vorbei und wenig später ist **Thedinghausen** erreicht. Hier beeindrucken die

Wassermühle Barrien
Gut erhaltene Mühle aus dem 19. Jahrhundert. Café (an Wochenenden) mit selbst gebackenen Kuchen und Außenbewirtschaftung in wunderschönem Ambiente. Mühlenführungen, wechselnde Kulturveranstaltungen und Ausstellungen.

An der Wassermühle 4b
28857 Syke-Barrien
www.wassermuehlebarrien.de

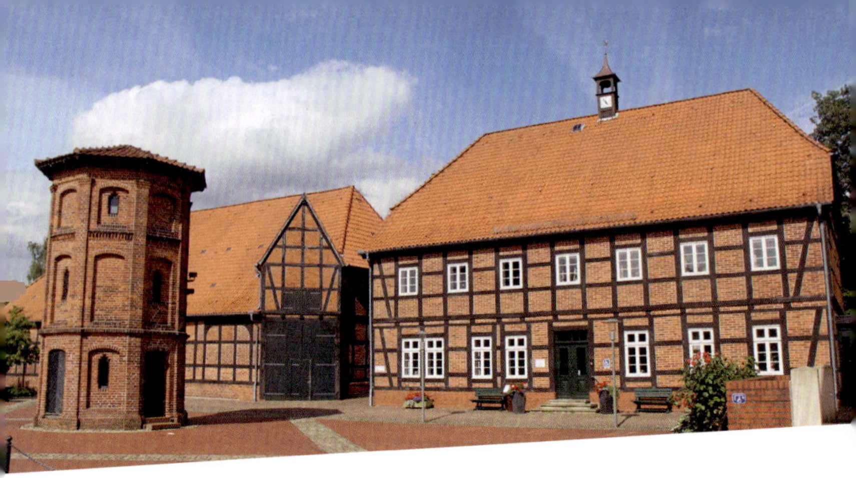

Das Thedinghauser Packhaus mit Taubenturm

prächtigen Fachwerkgebäude, die von ihrer Größe auf die Wichtigkeit des Ortes schließen lassen. Und richtig: Der Ort, der in Plattdeutsch „Thänhusen" heißt, gehörte von 1679 bis 1972 als Amt Thedinghausen zu Braunschweig. Die Braunschweiger Adligen haben dem Ort hier ihren Stempel bzw. Löwen aufgedrückt.

Einiges zur Geschichte der Samtgemeinde Thedinghausen kann man bei einem kleinen Rundgang auf der **Thänhuser Löwenspur** – einem ausgeschilderten Geschichtspfad – erfahren. Vom imposanten **Rathausplatz** mit Rathaus und Packhaus aus dem 18./19. Jahrhundert über die Alte Apotheke von 1814 und das Alte Amtsgericht vom 1846 bis zum ehemaligen Herrensitz und **Erbhof** der Weserrenaissance aus dem Jahre 1620 sieht man herausragende Beispiele historischer Baukunst. Der Erbhof, der damals vom Bremer Erzbischof Johann Friedrich für seine Geliebte gebaut wurde, ist heute in Gemeindeeigentum. Vor einigen Jahren wurde hier ein großer Baumpark angelegt, durch den es jetzt – der Ausschilderung des Grünen Rings (H3 Land und Liebe) folgend – weiter Richtung Morsum geht. Bald beginnt das weite Wesertal und hinter dem Deich bekommt man herrliche Aussichten auf Weißdorn-gesäumte Wiesen, Weiden und Ackerflächen.

In Morsum verlässt man den Grünen Ring schon wieder und fährt über die Tetjenstraße nach Norden Richtung Fähranleger in Ahsen, um über die Weser zu gelangen. Achtung, die Fähre fährt nur während der Saison! Wer zu einer anderen Jahres-

Restaurant Romance
Gehobene Küche, Kaffee und hausgemachter Kuchen auf der Terrasse mit Blick auf den Erbhofgarten in Thedinghausen

Braunschweiger Straße 1
27321 Thedinghausen
www.romance-erbhof.de

zeit unterwegs ist, muss ab Thedinghausen einen anderen Weg nehmen und über die Achimer Landstraße (es gibt einen Radweg) und die Weserbrücke Achim-Uesen fahren.

Nach einer kurzen Bootsfahrt auf der historischen Fähre Hagen-Grinden/Ahsen-Oetzen radelt man durch Grinden geradeaus weiter zur Brücke über den Schleusenkanal. Von hier geht es einfach geradeaus nach **Etelsen**, das zum Flecken Langwedel gehört. An der Dorfstraße entlang und links in die Bremer Straße abgebogen, kommt man zum **Etelser Schlosspark**.

Das große, repräsentative Schloss, das 1885–1887 im Renaissancestil errichtet wurde, ist von einem langgestreckten Park mit schönem, altem Baumbestand und einem Rosengarten umgeben. Leider kann das Schloss nicht besichtigt werden, da es zu einer Eventlocation umgebaut wurde. Der Park steht der Öffentlichkeit zur Verfügung.

Über die Bahnhofstraße erreicht man das Ziel der Tour, den Etelsener Bahnhof, und kommt noch an der **Windmühle Jan Wind** vorbei. Die 1871 gebaute Mühle ist mit knapp 23 Metern der größte Galerieholländer der Umgebung. Sie wurde liebevoll in den 1990er-Jahren renoviert und kann nach Anmeldung besichtigt werden.

Fähre „Gentsiet"
Fähre für Fußgängerinnen und Radfahrer über die Weser zwischen Hagen-Grinden und Ahsen-Oetzen

www.faehrverein.de

Radtour: 30 km

Start: Bhf. Barrien
RS 2 alle 60 Minuten

Ziel: Bhf. Etelsen
RS 1 alle 60 Minuten

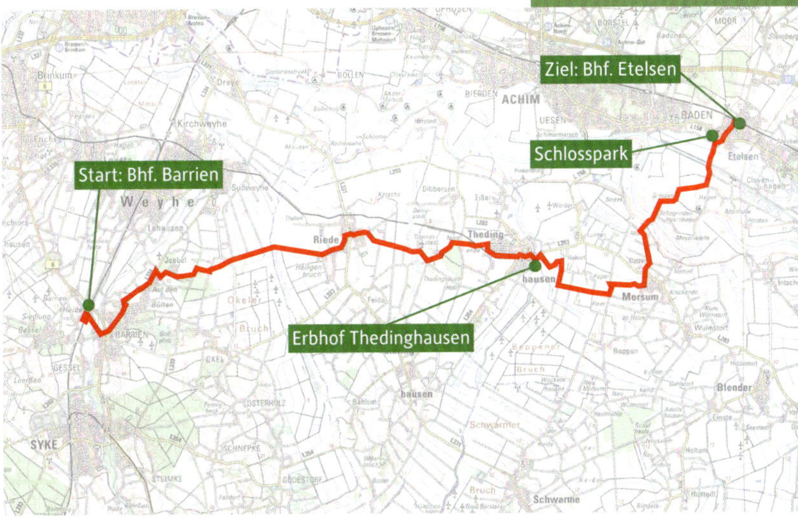

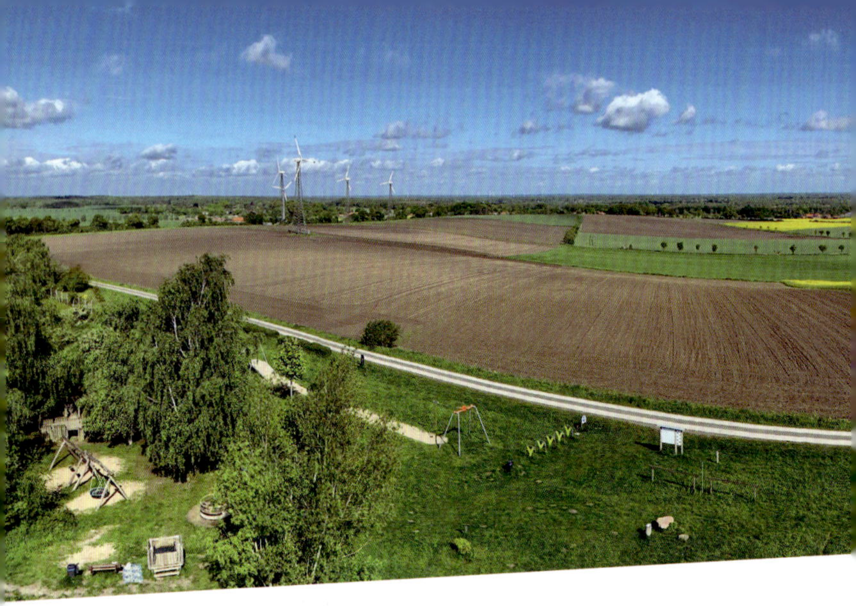

Zum Hohen Berg durch Wald und Feld

18

Syke – Barrien

Auf der 9-Kilometer-Wanderung durch die Geestlandschaft bei Syke wird kein Berg ausgelassen! Hügelige Wiesen und Weiden wechseln sich mit kleinen Wäldern ab. Auf dem Hohen Berg lässt sich der Ausblick bis nach Bremen genießen. Am Ziel angekommen, verspricht ein Hofrestaurant mit regionalen Spezialitäten in Barrien einen gelungenen kulinarischen Abschluss der Tour.

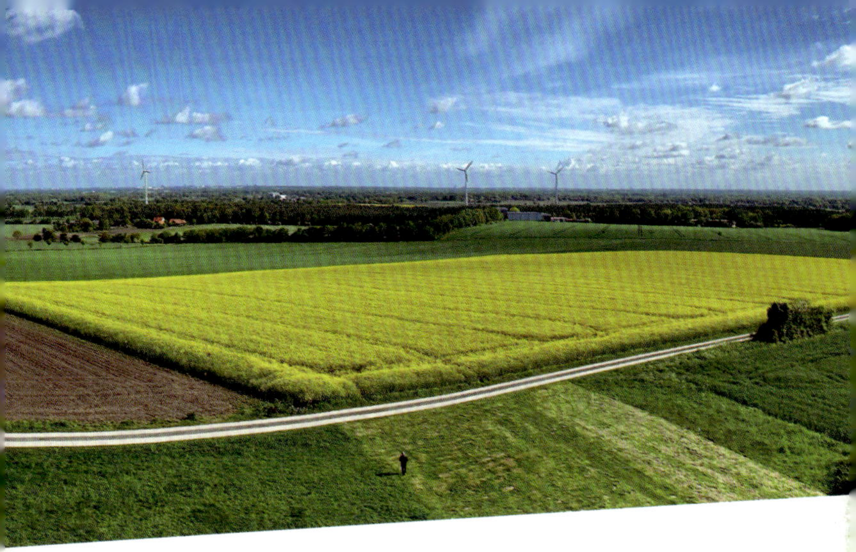

Startpunkt ist der hübsche Ziegelbau des Syker Bahnhofs. Über den Bremer Weg Richtung Norden läuft man durch ein abwechslungsreiches Einfamilienhaus-Gebiet. An kreativen Vorgärten vorbei – in denen zum Beispiel Telefonzellensammlungen bewundert werden können – mündet die Straße schließlich in einen autofreien Fuß- und Radweg. Nach links gewandt unterquert man die Bahnlinie Bremen-Osnabrück und gelangt in einen Wald, dessen wunderbare Ruhe nur manchmal durch einen vorbeisausenden Zug gestört wird.

Dem Vogelgezwitscher lauschend folgt man der „Wilde Geest zu Fuß"-Wegweisung und überquert die L 340. Nach einem kleinen Stück auf dem Ristedter Weg biegt links ein Waldweg Richtung Gesseler Spreeken/Hoher Berg ab. Hält man sich an der Biogasanlage rechts, schweift der Blick über die weite Landschaft mit ihren Wiesen, Feldern und Wäldchen.

Am Waldrand angekommen und rechts an einem Trafohäuschen vorbei führt ein kleiner Pfad über eine Linkskurve zu einem schönen Waldrandweg mit Ausblicken in die freie Landschaft. Am zweiten Abzweig rechts kommt man in das **Waldgebiet Leerßer Berg.**

Dieser kleine Wald besteht aus Laub- und Nadelhölzern, die sich großteils natürlich entwickelt ha-

Hoher Berg
Rundblick vom 13 Meter hohen Turm über die Geestlandschaft bis nach Bremen. Schöner Spiel- und Pausen-/Grillplatz für Wanderinnen und Wanderer.

Zum Hohen Berg
28857 Syke

Bioland Hofrestaurant
Leckere regionale Küche in Bioqualität im Fachwerkhaus aus dem 18. Jahrhundert mit Außengastronomie. Kaffee und hausgebackener Kuchen am Wochenende.

An der Wassermühle 18
28857 Syke
www.bioland-hofrestaurant.de

ben. Die Geestkuppe vom Leerßer Berg weist immerhin eine Höhe von etwa 54 Metern aus und es geht für Flachlandbewohner merklich bergauf.

Die mit Eichen umsäumte Straße Am Heidberg bietet Ausblicke auf Rinderweiden und Höfe. Nachdem man die Leerßer Straße überquert hat, führt ein kleiner, landwirtschaftlich genutzter Weg geradeaus weiter in Richtung **Hoher Berg**. Einen kurzen Moment später fällt schon der Aussichtsturm ins Auge, der aber bald wieder hinter Bäumen verschwindet. Dafür lassen sich große Windräder erspähen, und hält man sich an der nächsten Kreuzung rechts, erreicht man bald hinter einer hochgewachsenen Hecke das große Freizeitgelände mit dem Turm.

Am höchsten Punkt des Hohen Berges angekommen, muss nur noch der 13 Meter hohe Aussichtsturm erklommen werden, der eine wunderbare Sicht auf die Syker Geest bis zur Hansestadt Bremen und das Urstromtal der Weser bietet. Bis Mitte der 1970er-Jahre befand sich auf dem großen Gelände eine von den US-Streitkräften betriebene Flugabwehr-Station. Mitte der 1980er-Jahre verließen die amerikanischen und etwas später auch die deutschen Truppen die Stellung.

2004 wurde das Gelände von der Stadt Syke erworben und mit EU-Mitteln das Projekt Kultur-

Das gemütliche Hofrestaurant in Barrien

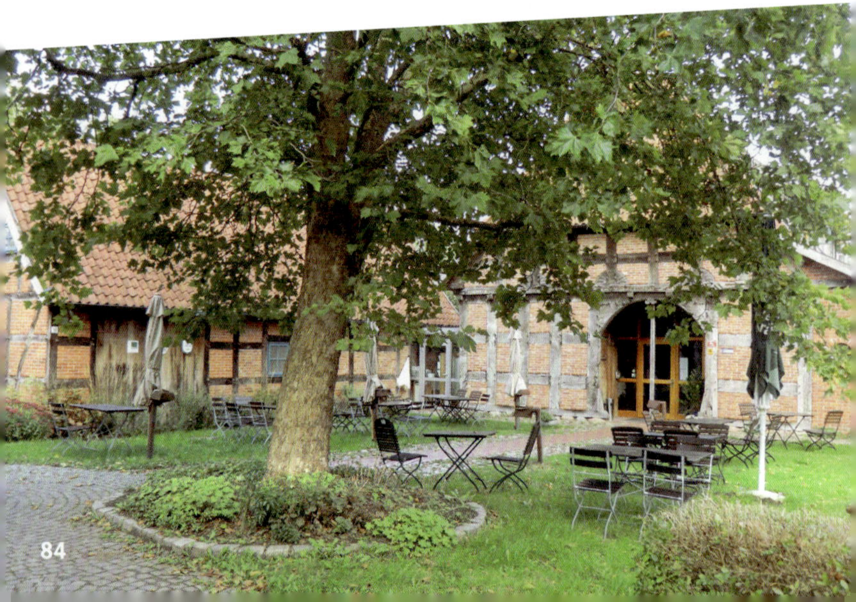

landschaft der Geest entwickelt. 2008–2010 entstand – nach Auslobung eines studentischen Ideenwettbewerbs – dieser Naturerlebnisturm mit einem 360°-Rundblick auf drei Aussichtsplattformen in 4, 8 und 12 Metern Höhe. Neben anderen besonderen Orten gehört der Hohe Berg mit seinem Turm und den ruhigen, naturnahen Grill-, Spiel- und Picknickplätzen zu den „Reisegärten", eine Auszeichnung, die mit EU-Mitteln gefördert wird.

Nach einer gemütlichen Pause geht es weiter Richtung Osten zur Straße Am Spreeken, die man bei der nächsten Möglichkeit rechts in den **Wald Gesseler Spreeken** verlassen kann. Parallel zur Hauptstraße lässt sich eine Weile die Ruhe des Waldes genießen, bis der Pfad wieder auf die große Straße mündet. Biegt man links in die Straße Am Dorfrand und dann wieder rechts in die Straße Am Goldberg ein, erreicht man den Bahnhof Barrien.

Wer von der Wanderung hungrig geworden ist und nur ein kleines Picknick dabeihatte, dem ist vor der Rückfahrt ein Abstecher zum Hofrestaurant wärmstens ans Herz zu legen. Von dort kann außerdem – nach einer kleinen Stärkung – noch die historische Wassermühle in Barrien besucht werden (▶ Tour 17, Seite 78).

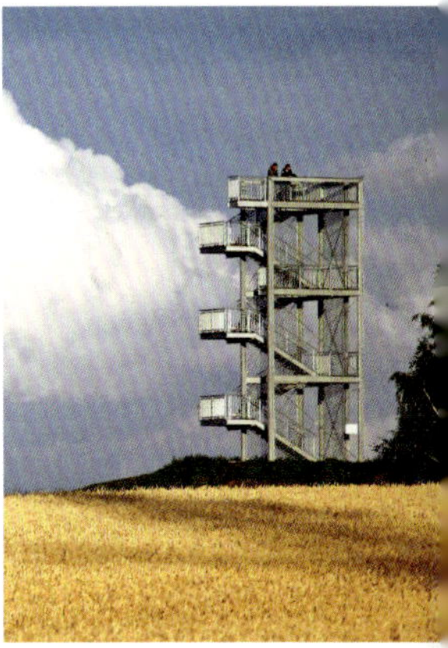

Von hier hat man den Überblick: der Aussichtsturm auf dem Hohen Berg

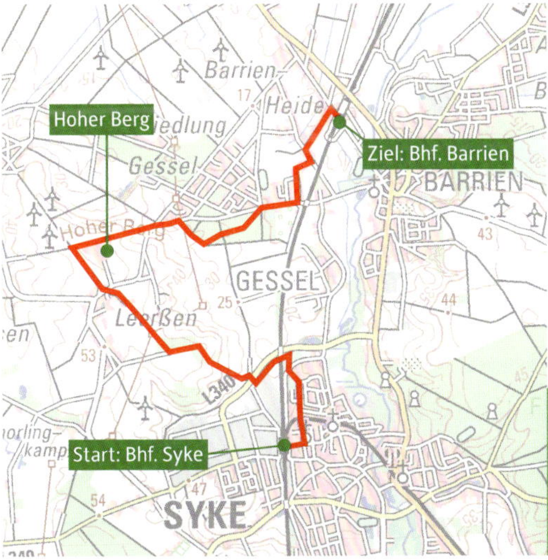

Wanderung: 9 km
Start: Bhf. Syke
RS 2/RE 9 zweimal stündlich
Ziel: Bhf. Barrien
RS 2 alle 60 Minuten

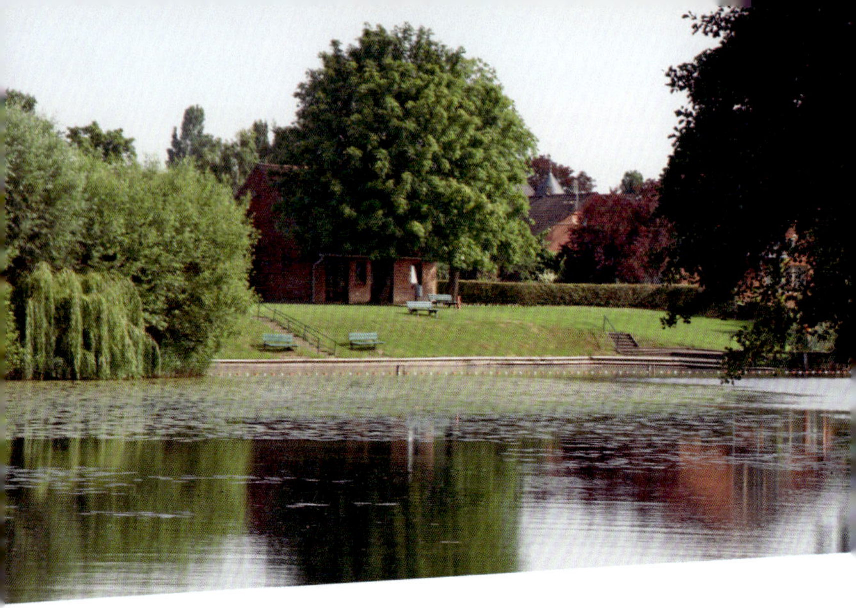

Badetour zum Blender See

19

Syke – Verden (Aller)

Von der hügeligen Wildeshauser Geest geht es in die Eyter-Ebene und die Bruchlandschaft von Schwarme. Eine Erfrischung ist am Blender See mit seiner einladenden Badestelle garantiert. Über Weser und Aller gelangt man schließlich in die Domstadt Verden. Dort kann, wer Lust hat, noch die Stadt erkunden.

Am Bahnhof **Syke** angekommen, fährt man geradeaus Auf den Wührden und quert die Bahnschienen. Links in die Straße Im Hachetal eingebogen, ist man bald am **Kreismuseum** Syke angelangt. In dem 1747 errichteten alten Ackerbürgerhaus und seinen Nebengebäuden wird anschaulich die regionale Geschichte präsentiert.

Es geht weiter auf der „Herrlichkeit" in Richtung Innenstadt, bis kurz nach dem alten Friedhof ein Waldweg links in das Friedeholz abbiegt. Ab hier kann man der Rad-Wegweisung Richtung Schnepke folgen. Der Weg steigt beständig an und man muss ein bisschen kräftiger in die Pedale treten. Nach etwa 300 Metern rechts abgebogen, hat man bald das Waldstadion erreicht.

Das **Friedeholz** gehört zu den beliebtesten Wald- und Erholungsgebieten der Bremer und hat einen wunderschönen Buchen- und Eichenbestand. Hier kann man zwischen Mitte Juli bis Mitte August die wildwachsende Orchidee „Breitblättrige Stendelwurz" (Epipactis helleborine) entdecken.

Auf gut befahrbaren Waldwegen radelt man am Syker Ortsrand an einem Sportplatz vorbei bis zum **Syker Vorwerk**, das sich mit mehreren Fachwerkhäusern präsentiert. Von der „Colonie Syke" aus dem ausgehenden 16. Jahrhundert, die als landwirtschaftlicher Versorgungsbetrieb des Syker Amtshofes genutzt wurde, sind heute noch das 1728 erbaute Landratswohnhaus sowie das Brau- und Kutscherhaus von 1736 erhalten. Heute ist das Vorwerk ein **Zentrum für zeitgenössische Kunst** mit einem hübschen Skulpturengarten.

Auf dem separat geführten Radweg radelt man auf der Waldstraße und der Schnepker Straße (L 354) weiter. Es geht durch einen schönen Buchenwald hindurch bis zum Ortsrand von Schnepke. Hier biegt man links in den Fuhrenweg ab.

Der Blick schweift über eine hügelige Landschaft mit kleinen Feldern, einzelnen Gehölzgruppen und Bäumen. Der landschaftlich bezaubernde Weg erstreckt sich weiter bis nach Gödestorf, wo die letzten Ausläufer der sich sanft wölbenden Geest zu erkennen sind.

Am Mühlenstumpf vorbei kommt man an die K 121, in die man rechts abbiegt und weiter der Radroute in Richtung Schwarme folgt. Von nun an geht's

Syker Vorwerk
Wechselnde Ausstellungen im historischen Gebäude aus dem 18. Jahrhundert, Skulpturenpark und schönes Ambiente

Waldstraße 76
28857 Syke
www.syker-vorwerk.de

Schön und verwunschen: Das Gartenhaus vom Syker Kreismuseum

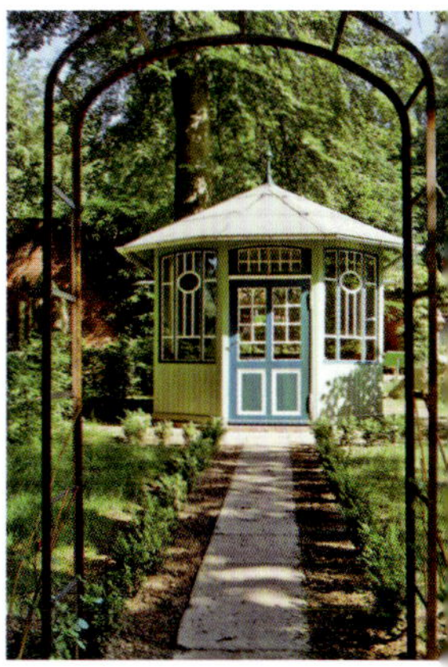

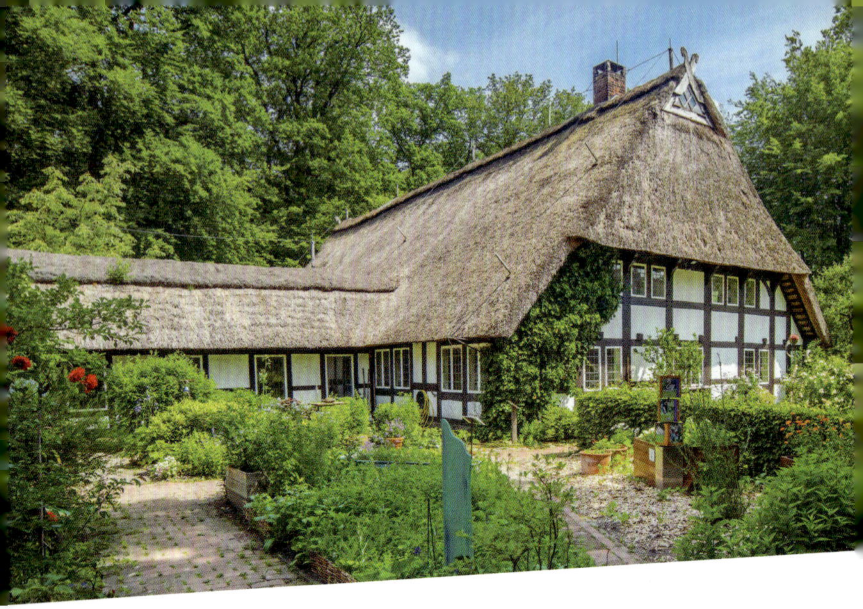

Wer sich für regionale Geschichte interessiert, ist im Kreismuseum Syke genau richtig

auf ebener Strecke weiter, denn die Wesermarsch ist erreicht. Vor einem erstreckt sich das Auengebiet des Süstedter Baches und hinter Emtinghausen/Bahlum breitet sich die Eyterniederung aus.

In dieser weiten Flussmarsch wurden schon kleinste Erhebungen, die Schutz vor hohem Wasser boten, zur Besiedlung genutzt. Heute nimmt man kaum wahr, dass die Ortschaften etwas höher in der Landschaft liegen. So radelt man ohne große Anstrengung in der ebenen Landschaft weiter, die besonders im Frühjahr zur Raps- und Weißdornblüte ihren besonderen Reiz entfaltet. In Schwarme angekommen kann, wer Lust hat, einen Abstecher ins Freibad wagen. An den vielen Fachwerkhöfen vorbei geht es vor der Kirche rechts ab in Richtung Hustedt und Einste. Man fährt durch ein Kiefernwaldgebiet, nimmt die Straße Jerusalem und gelangt über Adolfshausen, Holtum-Marsch und Einste nach Blender.

Es empfiehlt sich, eine Erfrischungspause bei der Badestelle des romantisch gelegenen **Blender Sees**, der einst ein Teil des alten Flussbettes der Weser war, einzulegen. Bevor es nach Verden weitergeht, gibt es am nördlichen Ortsrand von Blender noch eine schön restaurierte und voll funktionsfähige **Galerie-Holländer-Mühle** zu besichtigen. Auch die Kirche zu Blender aus der Zeit der Aufklärung lohnt einen Besuch.

Holschenböhl
Traditionsgaststätte mit Café und Biergarten im Süstedter Bruch. Reservierung grundsätzlich notwendig.

Zum Holschenböhl 2
27321 Emtinghausen-Bahlum
www.holschenboehl.de

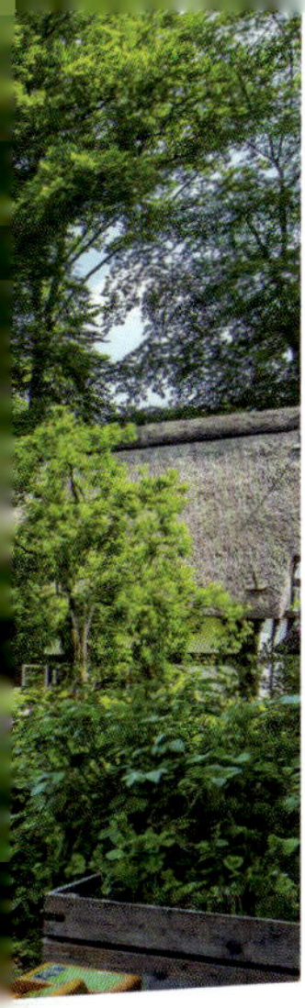

Die Tour führt weiter Richtung Oiste. Nach einem kleinen Stück auf der „Mühlenwiese“, an der schöne alte Höfe und Speicherhäuser liegen, biegt man rechts in die Straße „Am Zaaster“ ein. Nach mehreren scharfen Kurven durch eine Landschaft mit vielen Kopfweiden ist man in Oiste angekommen. Auf ausgeschilderten Radrouten geht es von hier über die Weser. Hat man die Orte Groß Hutbergen und Hönisch passiert, führt die kleine Südbrücke über die Aller nach Verden. Vom unbebauten Allerufer und der Brücke aus hat man einen tollen Panoramablick auf die Stadt Verden mit ihrem berühmten Dom.

Bald ist man im Stadtzentrum und gelangt geradeaus nach Überquerung des Nikolaiwalls schnell zum Bahnhof. Wer Lust hat, kann das Fahrrad abstellen und noch einen Stadtspaziergang durch **Verden** machen (▶ Tour 20, Seite 90).

Radtour: 36 km

Start: Bhf. Syke
RS 2/RE 9 zweimal stündlich

Ziel: Bhf. Verden (Aller)
RS 1/RE 1/RE 8 zweimal stündlich

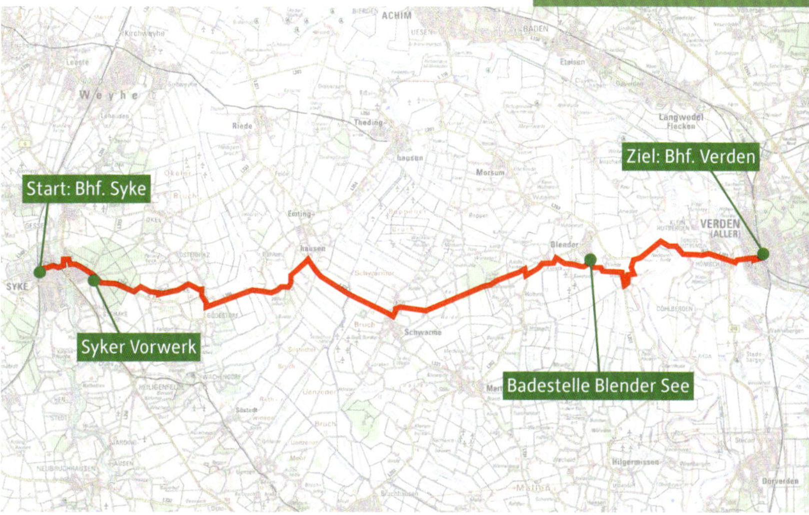

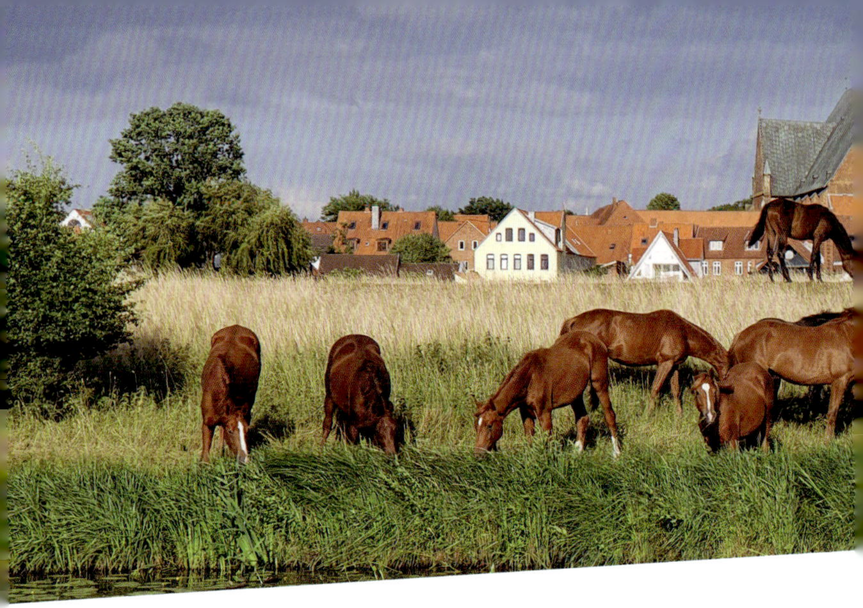

Abenteuer erleben in der Domstadt Verden

20

Verden (Aller)

Ob Dom-Besichtigung, Dünen-Wanderung, Pferdemuseum, Kletterwald, Erlebnisbad oder einfach nur Stadtbummel: In Verden an der Aller kann von Langweile keine Rede sein! Die hübsche Kreisstadt mit ihren alten Fachwerkhäusern ist nicht nur Ausgangspunkt für tolle Radtouren oder Wanderungen – es lohnt sich, hier einen ganzen Tag zu verbringen!

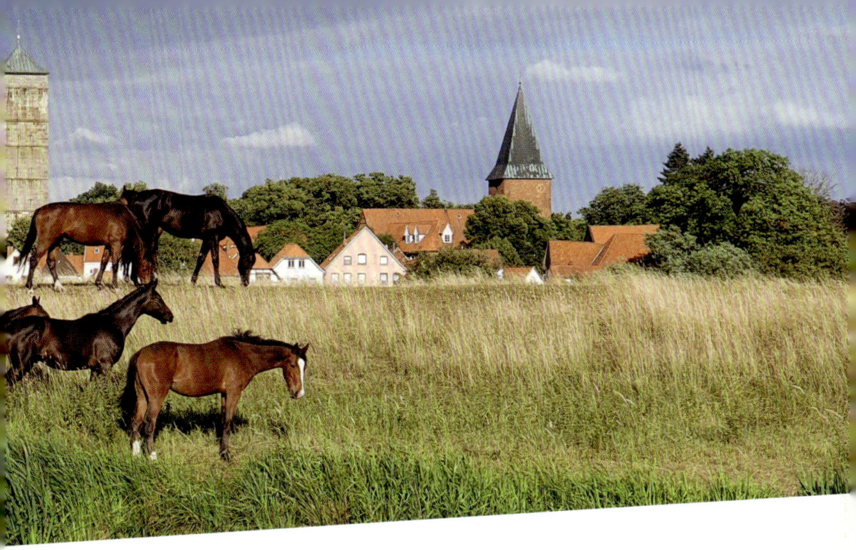

Vom Bahnhof in **Verden** geht es gleich zum gotischen **Dom**, ein Highlight niedersächsischer Kirchenbaukuunst. Seit dem Jahr 849 Bischofssitz, steht die heutige Kathedrale an Stelle früherer Kirchen aus Holz und Stein, die dem Feuer zum Opfer fielen. Der Dom von Verden ist die erste und einzige gotische Bischofskirche Niedersachsens und wurde 1490 fertiggestellt. Der Hallenumgangschor ist vermutlich der älteste auf deutschem Boden. Infolge starker Sturmschäden im Jahre 1737 erhielt der Turm des Doms sein charakteristisches Zeltdach.

Sehr sehenswert sind das Kreuzrippengewölbe im Innern der Kirche, die Krypta, der aus dem 13. Jahrhundert stammende Taufstein und der Kreuzgang des ehemaligen Klosters.

Kirchenbegeisterte finden in Verden noch zwei weitere alte Kirchbauten: die romanische **St. Andreaskirche** direkt neben dem Dom und die **St. Johanniskirche** von 1150, die im Norden der Altstadt steht.

Quer durch die Altstadt führt die **Große Straße**, die mit ihren Gebäuden unter Denkmalschutz steht. Auf tiefen, schmalen Grundstücken reihen sich hier Giebelhäuser aneinander, die meist noch aus altem Fachwerk bestehen. Repräsentativ ist das barocke **Rathaus**, das 1730 anstelle eines baufälligen Fachwerkgebäudes neu errichtet wurde. Ungewöhnlich

Verdener Dom
Der Haupteingang (Domstraße) ist in der Regel geschlossen. Geöffnet ist der Nordeingang:

Lugenstein 10
27283 Verden
www.dom-verden.de

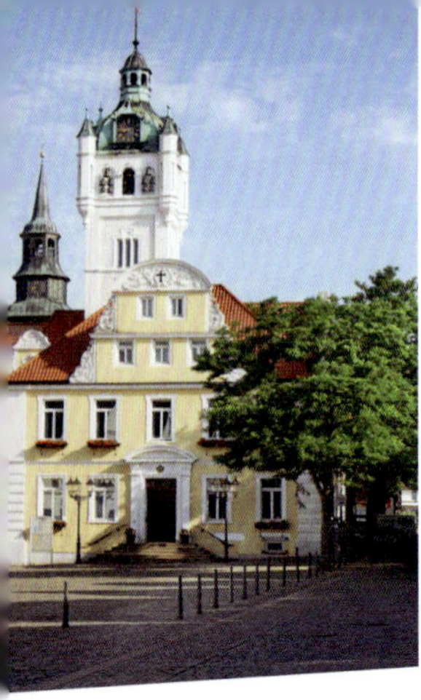

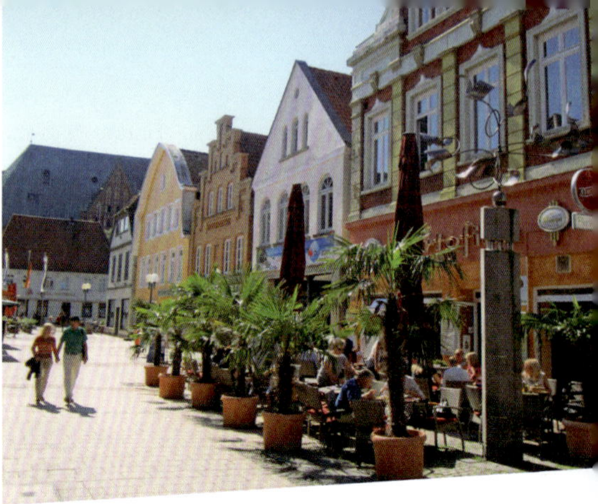

Das alte Rathaus und die Flanier-Straße in Verden

ist der Mix aus Barocker Fassade (1730) und dem Turm im Stil des Historismus aus dem Jahr 1903.

Folgt man den 500 Hufeisen auf den Gehwegplatten der Fußgängerzone, gelangt man zum **Pferdemuseum** am Holzmarkt. Und nicht nur hier – überall trifft man in der Stadt auf Pferdemotive, zum Beispiel auf die zwei Fohlen-Skulpturen im Zentrum. Dabei hat die Reiterei und Pferdezucht zwar dank der guten Weiden in den Flussmarschen in dieser Region Tradition. Großturniere wurden in Verden aber erst nach dem Ersten Weltkrieg durchgeführt. Später kamen Auktionen mit Pferdeschauprogramm und Galaabende dazu. Um 1918 entstand durch den Verdener Heimatbund die erste pferdekundliche Sammlung, die ihre Aufgabe vor allem darin hatte, Erinnerungen an die Pferdezucht als eine aussterbende Kultur aufzubewahren. Seit 2000 ist das Pferdemuseum stilecht in der ehemaligen großen Ulanen- und Garde-Husaren-Kaserne von 1831 am Holzmarkt nahe dem Bahnhof untergebracht.

Das ganze Jahr hindurch herrscht reges Markttreiben in der Stadt Verden, der bereits vor über 1 000 Jahren die Marktrechte verliehen wurden: jeden Dienstag findet der Wochenmarkt vor dem Rathaus statt und samstags gibt es den sehr beliebten Bauernmarkt auf der Großen Straße.

Am nordöstlichen Rand der Stadt liegen die **Verdener Dünen**. Das Naturparadies mit den Binnendünen ist vor 15 000 Jahren nach der letzten Eiszeit entstanden und seitdem in seinem ursprünglichen Zustand nahezu unverändert. Da diese Art von Wanderdünen im Binnenland durch Bewuchs und

Domschänke
Gehobene, regionale Küche, Kaffee und Kuchen sowie Sommerterrasse

Lugenstein 11/13
27283 Verden
https://domschaenke-verden.metro.rest

Sandabbau meist zerstört wurden, findet man sie nur noch sehr selten. Die Dünen bei Verden sind bereits 1930 unter Naturschutz gestellt worden und sind somit eines der ältesten Naturschutzgebiete Niedersachsens. Bis heute sind auf dem 15 Hektar umfassenden Gebiet unterschiedliche Stadien der Sukzession zu beobachten; neben Sandverwehungen und größeren vegetationsfreien Bereichen gibt es Silbergrasfluren, Sandseggenbestände und Pionierwaldstadien.

Wer Lust auf Zauberei und Abenteuer hat, kann bei einem Besuch des **Ritter Rost Magic Parks** in einen abwechslungsreichen Freizeitpark eintauchen. Der Magic Park ist mit einer Zauberschule und zahlreichen Show-Auftritten Deutschlands einziger Freizeitpark der Magie. Neben dieser Besonderheit versprechen auch der Märchenwald, Hüpfburgen, Spielplätze und diverse Fahrgeschäfte einen Tag voller Abenteuer.

Wer schwindelfrei ist, kann Verdens **Kletterpark** erkunden. Fünf Parcours mit verschiedenen Schwierigkeitsgraden bieten ein Klettererlebnis für Jung und Alt. Mit einem Besuch im **Erlebnisbad Verwell**, wo es eine umfangreicher Saunalandschaft gibt, lässt sich der Tag in Verden erholsam ausklingen.

Erasmie Konditorei & Café
Verdener Spezialitäten wie die „Verdener Pferdeäpfel", edle Torten und Gebäck

Große Straße 110
27283 Verden
www.cafe-erasmie.de

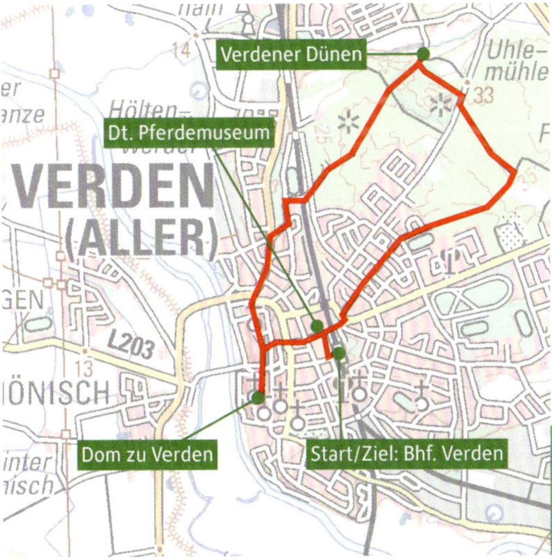

Spaziergang: 8 km

Hin und weg: Bhf. Verden RS 1/RE 1/RE 8 zweimal stündlich

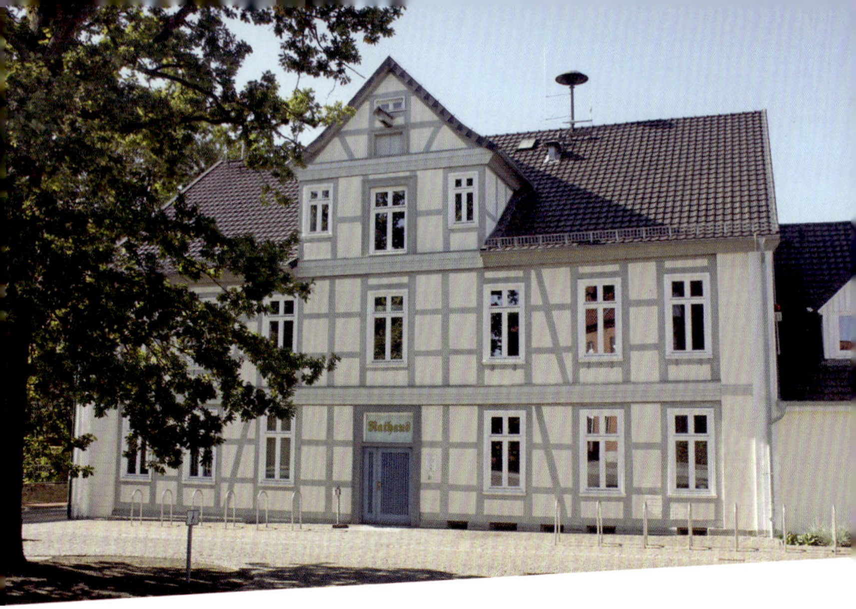

Auf in die Hohe Heide!

21

Verden (Aller) – Visselhövede

Eine Radtour durchs Verdener Moor in die Hohe Heide – auf dieser Tour sind nicht nur Flora und Fauna abwechslungsreich. Neben den Moorseen kann man im Ort Stellichte auch ein altes Rittergut bestaunen. In Visselhövede locken gemütliche Cafés und naturnahe Badestrände im Bürgerpark.

Am Bahnhof in **Verden** angekommen, geht es zunächst in Richtung Altstadt und über die Georgenstraße zum Verdener Dom. Wer Lust hat, kann einen Blick in die wirklich sehenswerte Kirche werfen (► Tour 20, Seite 90).

Vom Dom gelangt man über die **Strukturstraße** schnell an die Aller. Auf dem Weg zum Fluss kommt man an hübsch verzierten Fachwerkhäusern vorbei. Besonders Haus Nr. 7, das zu den ältesten Ziegelfachwerkhäusern Verdens gehört, besticht durch farbiges, ornamentales Schnitzwerk. Am Haus Nr. 16 zeugt eine Erinnerungstafel von den Besuchen des berühmten Dichters und Zeichners **Wilhelm Busch**, der hier von 1900 bis 1919 regelmäßig seinen Neffen besuchte.

Auf dem Alleruferweg in südliche Richtung geht es jetzt wunderbar ruhig vorbei am bewaldeten Hügel der ehemaligen „Alten Burg" aus dem 10. Jahrhundert. Um dem Aller-Radweg in Richtung Eitze/Rethem zu folgen, muss man die Bahnschienen überqueren und auf einem separaten Radweg an der etwas größeren Eitzer Straße entlangradeln, bis links die Straße Am Gohbach abbiegt.

Hier wird es sofort paradiesisch still. Der Weg führt über kleine Brücken entlang des Gohbachs. Man passiert den Ort Weitzmühlen und fährt auf dem Speckener Weg durch ein schönes Waldstück bis nach Specken. Die Radverkehrsführung leitet einen über die Autobahnbrücke und in Richtung Ramelsen.

Bald ist der ausgeschilderte, gut befahrbare Hohe-Heide-Radweg erreicht. Vorbei an abwechslungsreicher Landschaft mit Obstwiesen, Gehöften und Feldern durchquert man die Orte Neuenförde und Goldborn und ist schließlich im **Verdener Moor**.

Am Hinweis zur Hofstelle „Krusenhoff", die um 1800 erbaut wurde, gibt eine Tafel Informationen über das schwierige Leben im Moor. Aus dieser Gegend soll übrigens der Kater „Bartputzer", ein Geselle der Bremer Stadtmusikanten, kommen.

Im Zentrum des Moors befinden sich nicht abgetorfte Flächen, in denen sich **Moorseen** gebildet haben. Um einen Abstecher zum Naturschutzgebiet zu machen, hält man sich Richtung „Krusenhoff" und fährt den Weg weiter an der Waldfläche entlang. Das letzte Stück zum Moorsee ist nur über einen Pfad zu

Treffpunkt Lehrde-Tal e. V.
Inklusiver Treffpunkt, ehrenamtlich betriebener Laden und Café mit Terrasse in wunderschönem Ambiente

Stellichte 15a
29664 Walsrode-Stellichte
www.lehrde-tal.de

Wer kennt sie nicht: die Bremer Stadtmusikanten

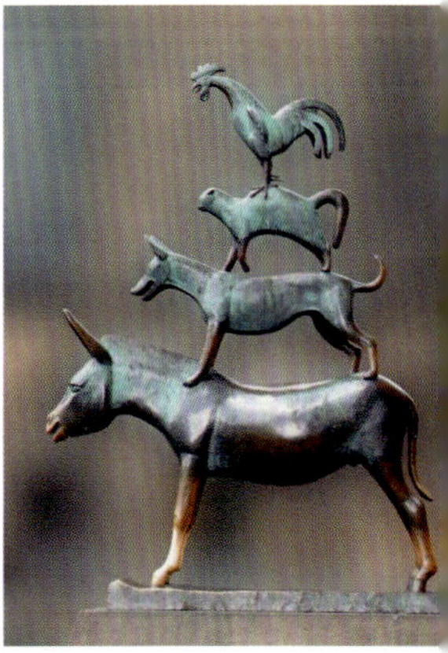

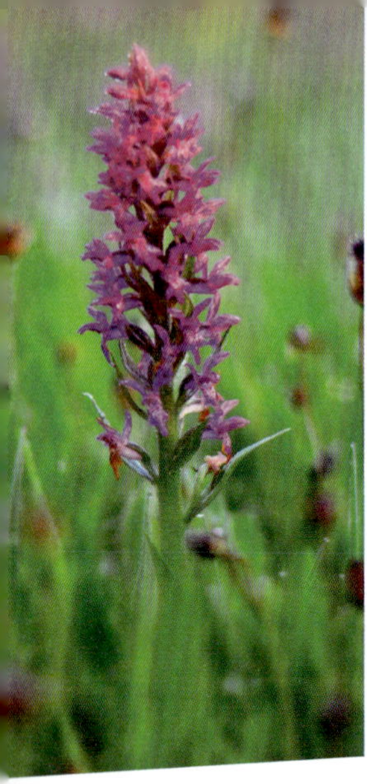

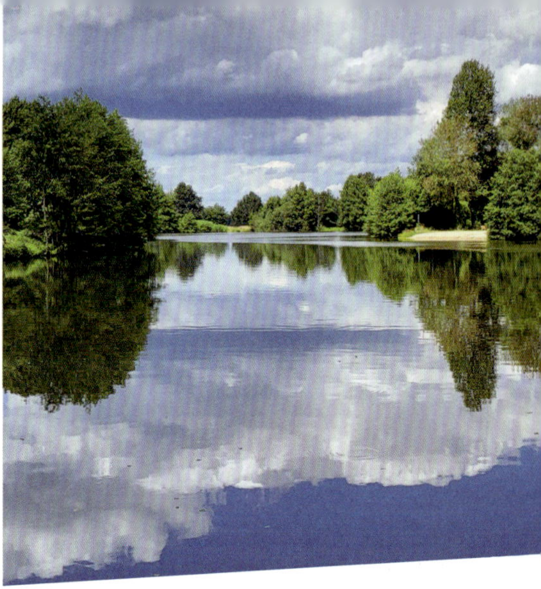

Natur pur am Visselsee

Fuß zu erreichen. Hier zeigt sich die seltene Moorvegetation mit Knabenkraut und Torfmoos und man kann sogar den Moorfrosch quaken hören.

Ist man zurück bei der Hinweistafel an der Kreuzung Krusen-Damm/Goldbornweg, geht es weiter auf dem Hohe-Heide-Radweg in Richtung Stellichte bis zur Ortschaft Groß Heins. Von hier aus folgt man dem Stellichter Weg, der ins Naturschutzgebiet Lehrdetal führt. Die Lehrde ist ein naturnahes Fließgewässer und aus einigen Altarmen haben sich kleine Stillgewässer gebildet, wo Fischotter und Eisvögel zu Hause sind.

Die letzte Wegstrecke bis in den romantischen Ort **Stellichte** mit seiner Wassermühle besteht aus historischem Feldsteinpflaster, das einen ordentlich durchrüttelt. Beim Dorfladen mit Café in einem restaurierten Bauernhaus, der vom Verein **Treffpunkt Lehrde-Tal e. V.** betrieben wird, lässt sich gut eine Pause einlegen.

Bis zum **Rittergut Stellichte** ist es jetzt nicht mehr weit. Im Gut, das seit dem 15. Jahrhundert im Besitz der Familie von Behr ist, sind heute Ferienwohnungen untergebracht. Zum Rittergut gehörte auch die kleine **St.-Georg-Christophorus-Jodokus-Kirche**, die sich gleich gegenüber befindet. Diese Kirche ist eine der kostbarsten und am besten erhaltenen Renaissancekirchen in Deutschland.

Heimathaus Visselhövede mit Visselhof
Restauriertes, über 200 Jahre altes Ackerbürgerhaus, das für Theater-/ Musik-/ Literaturveranstaltungen und Ausstellungen genutzt wird. Dauerausstellung mit historischen Ansichten von Visselhövede.

Burgstr. 3
27374 Visselhövede
www.khv-visselhoevede.de

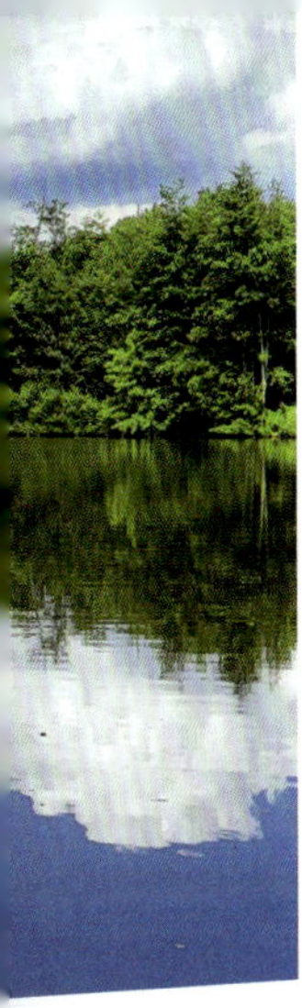

Vom Rittergut sind es nur noch rund 5 Kilometer bis nach Visselhövede. Auf der ruhigen Straße Wehnsen geht es immer geradeaus und nach einer Kreuzung weiter auf einem Schotterweg. Links in die Rosenstraße eingebogen, überquert man die Bahnschienen und schon ist man am Bahnhof Visselhövede angekommen.

In **Visselhövede** lohnt ein kleiner Rundgang durch die Altstadt. Hier gibt es das **Heimathaus**, einen hübschen Marktplatz mit Rathaus und die das Ortsbild prägende **St. Johanniskirche** mit ihrem frei stehenden **Glockenturm** zu sehen.

Wer sich vor der Rückfahrt noch ein bisschen erholen will, kann das im großräumigen und schönen **Bürgerpark Visselseen** tun. Allen Badelustigen sind die naturnahen Strände im Park sehr zu empfehlen. Sollte das Wetter nicht mitspielen, kann ein kurzer Besuch im Hallenbad eine gute Alternative sein.

Tante Steffi
Nostalgisches Kaffeehaus mit Kaffeemühlenausstellung, leckerem, selbst gebackenen Kuchen und Kaffeegarten

Lönsstraße 23
27374 Visselhövede
www.tantesteffivissel.jimdofree.com

Radtour: 34 km

Start: Bhf. Verden (Aller) RS 1/RE 1/RE 8 zweimal stündlich

Ziel: Bhf. Visselhövede RB 37 alle 120 Minuten

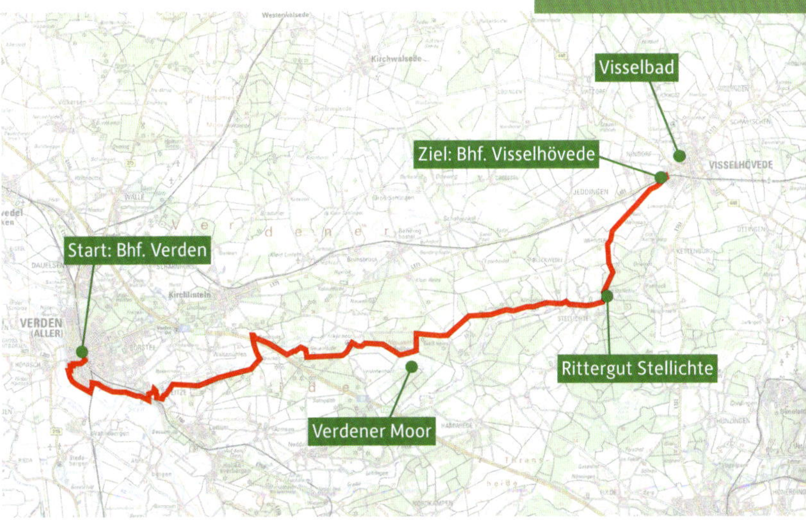

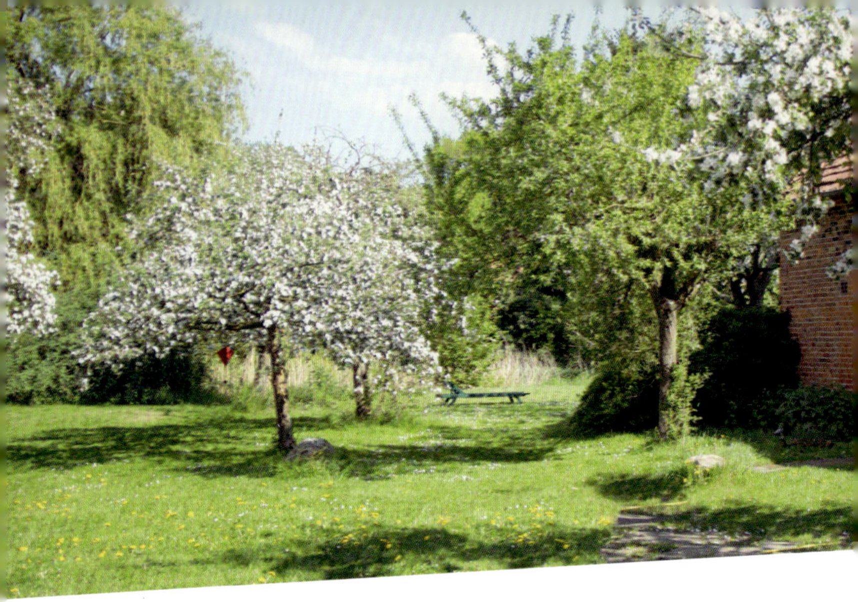

Genussradeln an der Weser

22

Verden (Aller) – Eystrup

Immer an der Weser entlang geht es auf der ruhigen 32-Kilometer-Radtour. Der schöne Garten des alten Adelheidshofs in Magelsen ist der perfekte Ort für eine kleine Rast und ein kaltes Getränk. Alle Badelustigen kommen mit einem Abstecher zum Alveser See auf ihre Kosten – hier gibt es glasklares Wasser und schöne Sandstrände.

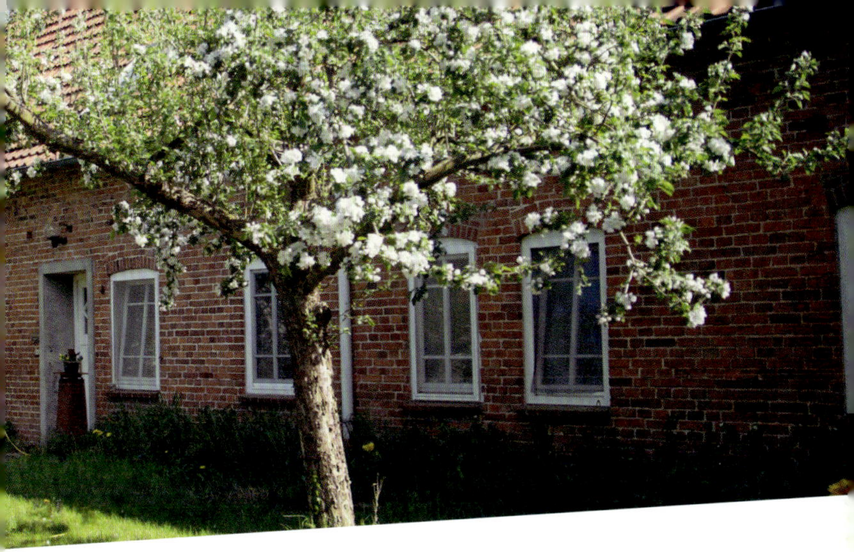

Auch diese Tour startet in der hübschen Kreisstadt **Verden** (▶ Tour 20, Seite 90). Nimmt man die Südbrücke über die Aller, kann man von hier dem gut ausgeschilderten Weser-Radweg folgen.

Von der Brücke bietet sich ein toller Blick auf den Ort mit seinen netten Fachwerkhäuschen und dem romanischen Glockenturm des Verdener Doms, der markant aus dem Stadtbild ragt. Um zur Weser zu gelangen, muss man ein paar Kilometer an der Bundesstraße zurücklegen, die aber zum Glück nicht stark befahren und mit einem Radweg ausgestattet ist. Kurz nach Groß Hutbergen ist die Weserbrücke erreicht, die auf die andere Flussseite führt. Hier ist man bald im kleinen Örtchen Oiste, wo sich Kircheninteressierte die alte Dorfkirche anschauen können. Sie ist im klassizistischen Stil erbaut und besitzt einige außergewöhnliche Grabsteine.

Nach dem Verlassen der Ortschaft Oiste führt die Route nun durch weite Landschaften an der Weser entlang. Abgesehen von einigen Rinderherden trifft man hier nur selten jemanden. Die ideale Fahrt, um die Seele baumeln zu lassen.

Über Dahlhausen und Oberhude gelangt man nach **Magelsen**. Auch dieses kleine Dörfchen hat eine beeindruckende Kirche, die unter dem Namen „Siebenmeierhof" im Jahr 937 als Teil des **Stifts Bücken** das erste Mal erwähnt wurde. Der mächtige

Der Lindenhof
Gutbürgerliche Küche, leckeres italienisches Eis und Außenterrasse

Deichstraße 27
27318 Hoya
www.lindenhof-hoya.de

So idyllisch wie abgelegen: der Adelheidshof bei Magelsen

Kirchturm aus dem 12. Jahrhundert erinnert an die vergangenen prosperierenden Zeiten.

Wer mag, kann in Magelsen im **Adelheidshof** eine Rast einlegen: Der Dreiseitenhof aus rotem Backstein mit seiner Fachwerkscheune bietet von April bis September kalte Getränke an und man kann sich im schön gestalteten, weitläufigen Garten ausruhen.

Im Sommer lohnt sich ein Abstecher von Magelsen zum **Alveser See** (Richtung Eitzendorf). Das natürliche Binnengewässer ist ein Altarm der Weser, der sich idyllisch gelegen über mehrere Kilometer erstreckt und als Landschaftsschutzgebiet ausgewiesen ist. Der See hat eine sehr gute Wasserqualität und die kleinen Sandstrände vermitteln ein sommerliches Gefühl von Strandurlaub.

Wer einen ausgedehnten Badestopp einlegen oder einfach eine Abkürzung machen möchte, kann von Mitte März bis Mitte Oktober über die Wehranlage bei Dörverden die Weser überqueren und von dort den Zug zurück nach Bremen nehmen.

Der längere Teil der Tour führt von Magelsen nach Hoya. Die historische Stadt **Hoya** ist mit ihren kleinen Kopfsteinpflastergässchen, lokalen Läden und Einkehrmöglichkeiten gut geeignet für einen kleinen Stadtbummel.

Für die letzte Strecke bis zum Bahnhof in Eystrup wechselt man in Hoya noch einmal die Weserseite und folgt dem Radweg östlich der Weser, bis eine Ausschilderung links den Weg nach Eystrup weist. Mitten im Ort steht auf einer Anhöhe die Windmühle „Margarete“ aus dem Jahr 1861, die heute noch funktionsfähig ist und besichtigt werden kann.

Radtour: 33 km

Start: Bhf. Verden (Aller)
RS 1/RE 1/RE 8 zweimal stündlich

Ziel: Bhf. Eystrup
RE 1/RE 8 alle 60 Minuten

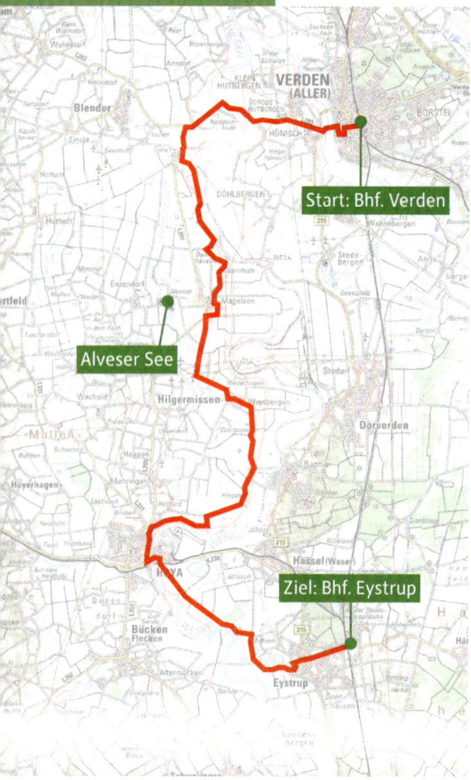

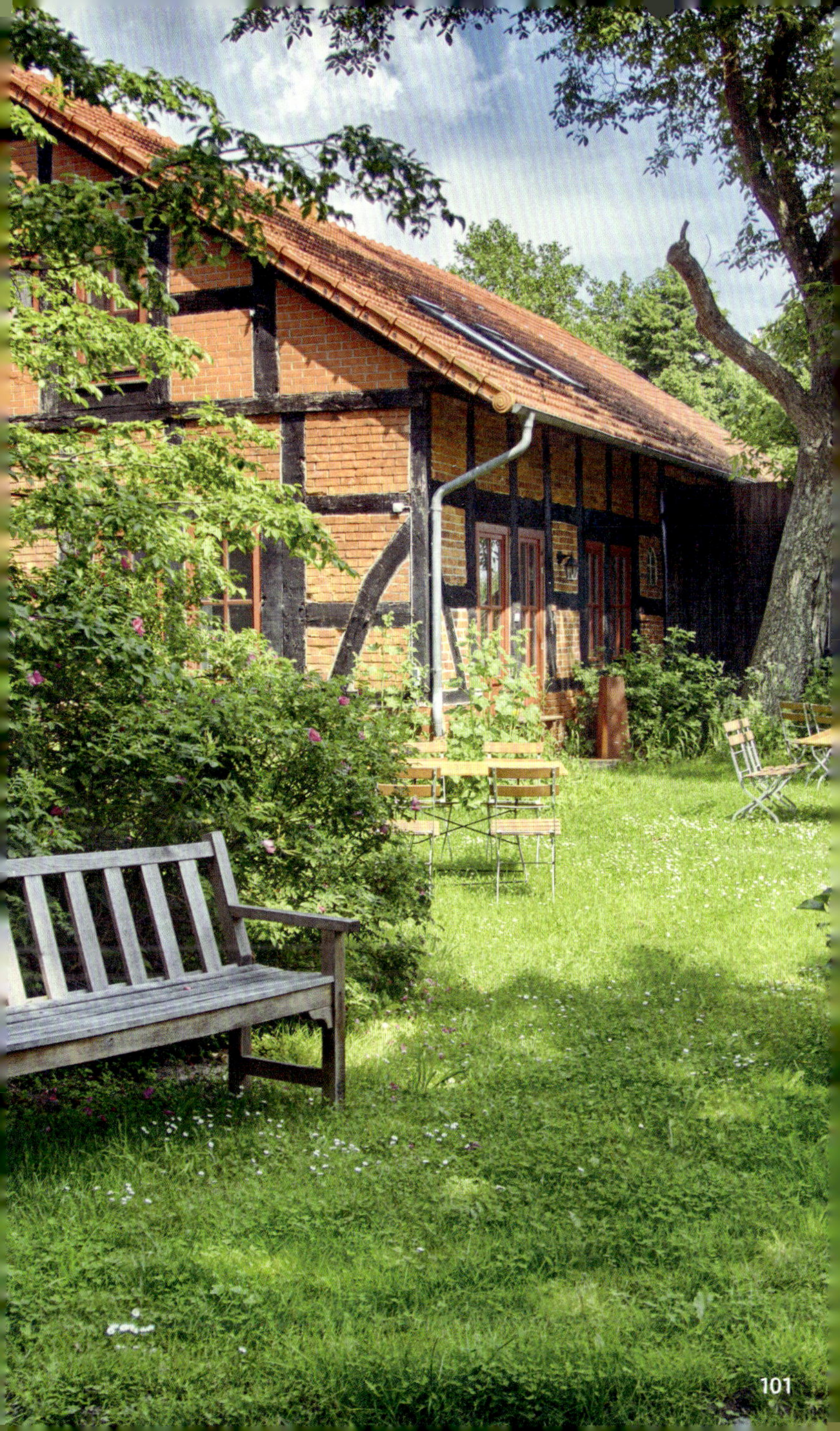

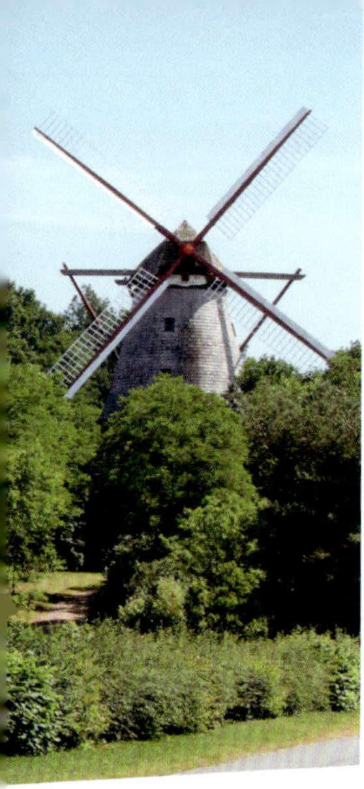

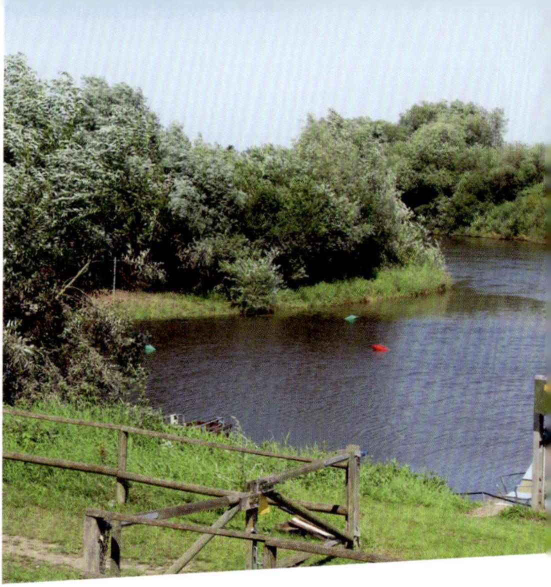

An der Aller entlang

23

Eystrup – Dörverden

Schon mal einen echten Wolf gesehen? Im Wolfscenter bei Dörverden kann man die schönen Raubtiere aus nächster Nähe beobachten. Dorthin geht es zu Fuß oder mit dem Rad von Eystrup an dem hübschen Flüsschen Aller entlang. Im Ort Westen, wo im Sommer eine Solarfähre ablegt, lohnt ein Abstecher zum alten Amtshaus, das heute als Mehrgenerationenhaus genutzt wird.

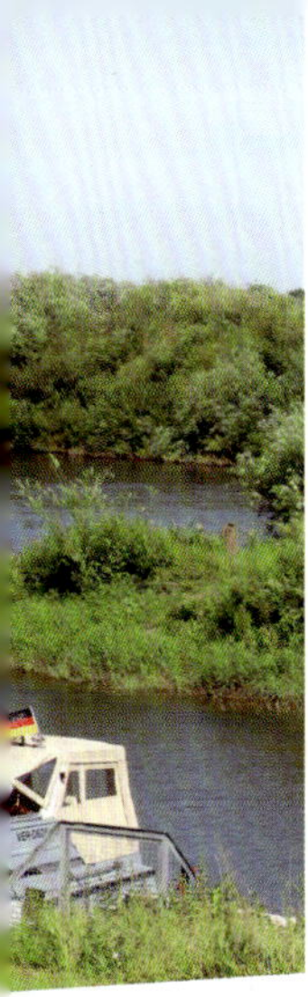

Los geht's am **Eystruper Bahnhof** in nordöstliche Richtung. Von hier folgt man am besten der grün-weißen Radausschilderung nach Hassel und Heidhüsen.

Entlang der Straßen Alter Postweg und Rühmsteweg fährt oder läuft man durch ein kleines Waldgebiet und hat kurz darauf einen freien Blick über die Felder der **Hämelheide**. Ein paar große Windkrafträder fügen sich ins Landschaftsbild ein und für einen Moment kann man hier den Blick ins weite Land genießen.

Es geht weiter der Radbeschilderung nach. Auf der Heidhüser Straße hält man sich nun in Richtung Rethem/Donnerhorst. Sie führt mit einem Linksschwenk auf die Hämelheider Straße, auf der man bald einen Kiefernwald erreicht. Hier ist der Weg nicht mehr asphaltiert und kann durch Forstfahrzeuge und Regen aufgewühlt, sandig und matschig sein. Wer mit dem Fahrrad unterwegs ist, muss auf diesem kurzen Stück eventuell absteigen und schieben.

Nimmt man nach dem Waldstück die zweite Abbiegung nach links, stößt man am Ortseingang von Hülsen auf den Aller-Radweg, der teilweise entlang einer ehemaligen Bahntrasse verläuft. Jetzt geht es bis zum hübschen Fachwerkort **Westen** immer an der Aller entlang.

Dort angekommen fährt oder läuft man auf der Allerstraße durch den Ort. Wer mag, kann einen Blick auf die **St.-Annen-Kirche** erhaschen, die wunderschön am Deich gelegen ist und mit ihrem markanten Rundturm an eine Burg erinnert. Die einschiffige Kirche ist romanischen Ursprungs und der Turm soll als Wehrturm gedient haben. Hier am Deich fährt übrigens auch eine **solarbetriebene Fähre** (in den Sommermonaten) völlig geräuschlos auf die andere Uferseite – ein echtes Highlight!

In unmittelbarer Nachbarschaft der Kirche steht das denkmalgeschützte **Amtshaus** von 1780. Hier sind die Bewohnerinnen und Bewohner des Orts aktiv geworden, um das soziale Leben im Dorf zu bereichern: Seit 2006 gibt es das öffentlich geförderte

Amtshaus Westen
Mehrgenerationenhaus mit (Erzähl-)Café, großer Wasserspielplatz, E-Bike-Ladestelle

Amtsstraße 12
27313 Dörverden/Westen
www.mehrgenerationenhaus-doerverden.de

Die St.-Annen-Kirche in Westen mit ihrem markanten Rundturm

Aller-Erlebnis-Zentrum, das von Gruppen und Vereinen als Heimatstube, für Kulturveranstaltungen und Ausstellungen genutzt wird. Auch das ansässige Mehrgenerationenhaus mit Angeboten wie einem Erzählcafé gehört zu den überregional bekannten Attraktionen. Vom Amtshaus aus hat man außerdem eine tolle Aussicht auf den Hafen und die Allerwiesen.

Interessant ist auch der **Erlebnispfad Aller**, der hier beginnt und auf 12 Informationstafeln in Westen und Hülsen durch die Besonderheiten der Natur- und Kulturlandschaft führt.

Nach dem Besuch in Westen geht es vom Ortsausgang aus in Richtung Hiddinghausen, um auf direktem Wege zum Bahnhof nach **Dörverden** zu gelangen.

Wer noch Zeit und Energie hat, dem sei das **Wolfcenter** ans Herz gelegt, das sich etwa 3 km südlich vom Bahnhof Dörverden in Barme befindet. Hier kann man bei der Wolfsfütterung zusehen und in modernen interaktiven Ausstellungen etwas über das Leben der Wölfe in Deutschland erfahren. Darüber hinaus kann man Alpakas bestaunen, Ziegen streicheln, ein Picknick machen und sogar im Baumhaus übernachten.

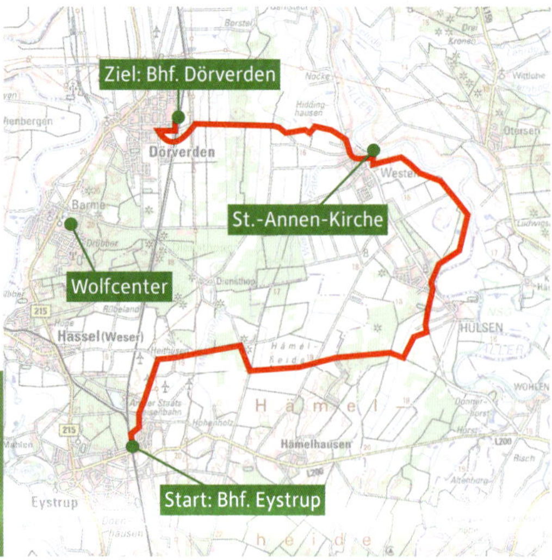

Radtour oder Wanderung:
20 km

Start: Bhf. Eystrup
RE 1/RE 8 alle 60 Minuten

Ziel: Bhf. Dörverden
RE 1 alle 60 Minuten

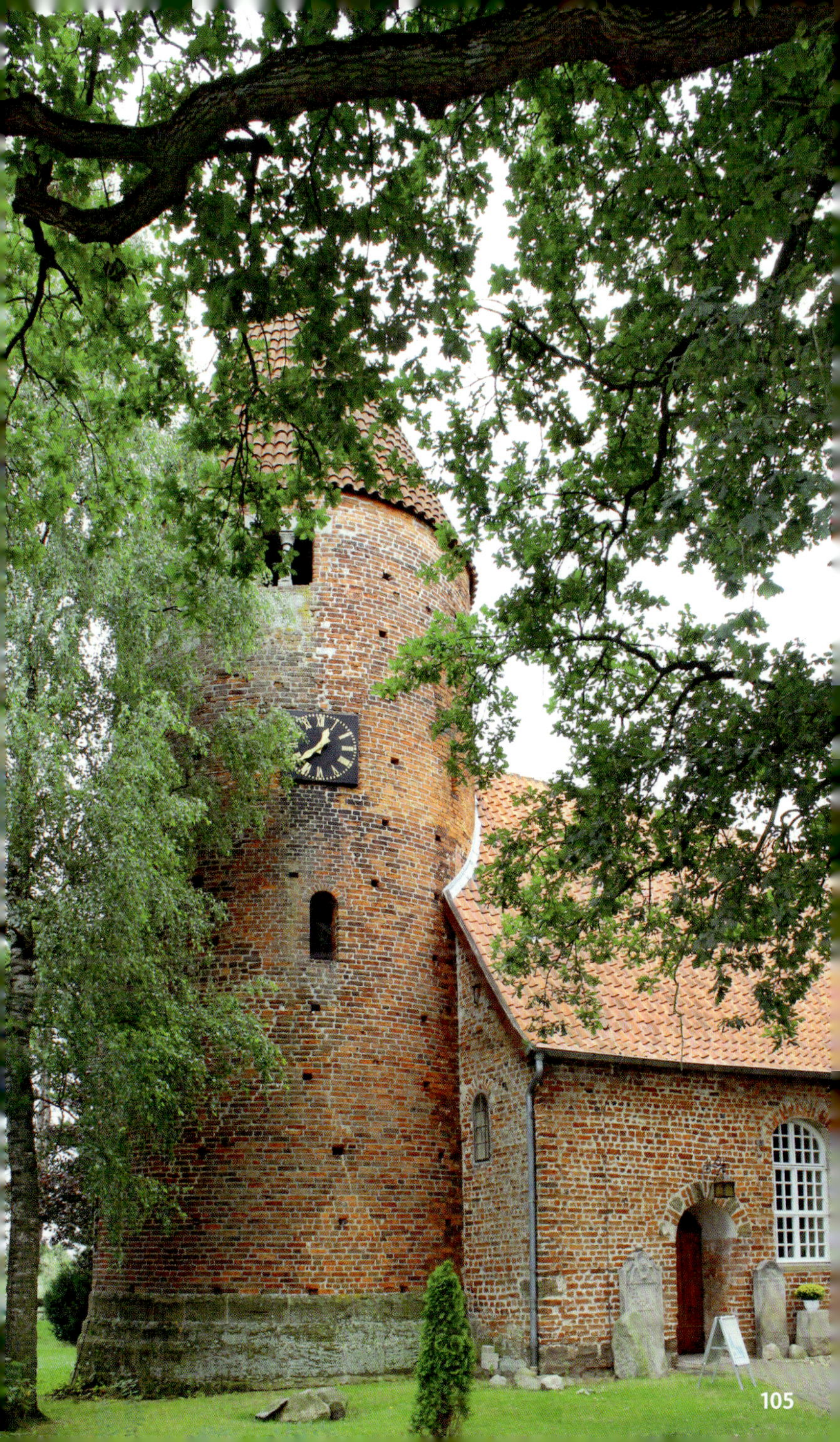

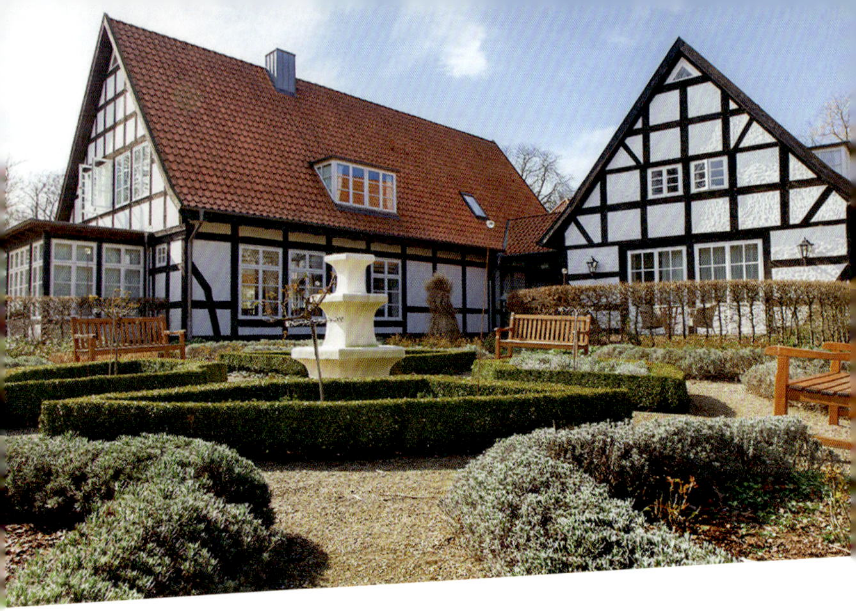

Über Berg und Tal

24

Bruchhausen-Vilsen

Über eine hügelige Landschaft und sehenswerte alte Dörfer führt die sportliche 47 Kilometer lange Rund-Radtour zu einer malerisch gelegenen Klostermühle. Der Luftkurort Bruchhausen-Vilsen verlockt mit seinem historischen Ortskern zu einem Rundgang. Wer mag, kann an manchen Tagen im Sommer den Rückweg nach Syke mit der Museumsbahn Kaffkieker zurücklegen.

Die Tour startet am Bahnhof **Syke**, von wo man den Weg Richtung Süden in eine kleine Kopfsteinpflasterstraße einschlägt. Rechts geht's in die ruhige Gartenstraße und an deren Ende wieder rechts in die Bassumer Straße. Nachdem man die große Ernst-Boden-Straße überquert hat, hält man sich gleich nochmal rechts und fährt auf einem Fuß- und Radweg parallel zu den Bahnschienen.

Die deutliche Steigung des Siedlungs- und Geestrandes macht sich beim Radeln besonders in den Beinen bemerkbar. Entstanden ist der gesamte Landschaftsraum und heutige **Naturpark Wildeshauser Geest** vor rund 100 000 Jahren mit der vorletzten Eiszeit. Die Region war von Eismassen und dem darin mitgeführten Gesteinsschutt überzogen und der Untergrund wurde durch die gewaltige Bewegung der Gletscher gestaucht, geschliffen und teilweise abgehobelt.

An der Straße Lindhofhöhe rechts abgebogen, hält man sich an die Radwegweisung in Richtung Klein Bramstedt und weiter nach Ramminghausen. Auf wunderschöner, hügeliger Strecke führt der Weg entlang Wald, Feldern und durch eine kleine Bauernsiedlung. Kurz vor den Bahngleisen geht es scharf links in die Straße „Zur Westermark", bis man auf die zum Glück wenig befahrene Kreisstraße stößt. Nach etwa eineinhalb Kilometern führt rechts die Henstedter Straße ab.

Von hier läuft der Weg bergab ins tiefer gelegene **Hachetal**. Ungefähr dort, wo der Henstedter Weg zur Seefeldstraße wird, steigt er wieder stetig bis auf etwa 45 Meter an. Die Mühe lohnt sich, denn man hat einen schönen Blick auf Birken, Kopfweidenreihen und Pferdekoppeln.

Hat man die Hauptstraße von Neubruchhausen erreicht, biegt man links ab und radelt entlang einiger gut erhaltener Bauernhöfe bis zum Gasthaus „Zum Mühlenteich". Dort befindet sich die ehemalige **Wassermühle** von 1730 und ein großer Mühlenteich. Es lohnt sich, hier eine kleine Pause einzulegen, um das alte Zentrum mit der ehemaligen Oberförsterei, ein Fachwerkbau aus dem 18. Jahrhundert, zu bewundern.

Über die Nienburger Straße gelangt man zum Ortsausgang. Rechter Hand hat man einen schönen Blick auf das **Scheunenviertel**, eine Ansammlung

Zum Mühlenteich
Hotel, Restaurant & Café. Frühstück, saisonale Gerichte, selbst gebackener Kuchen, Gartenterrasse.

Nienburger Straße 8
27211 Neubruchhausen
www.zum-muehlenteich.de

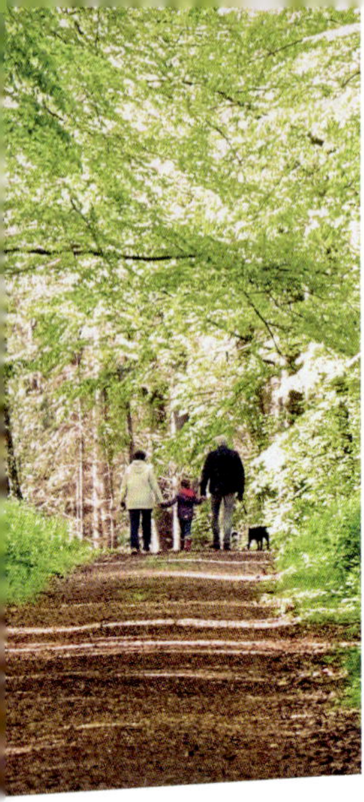

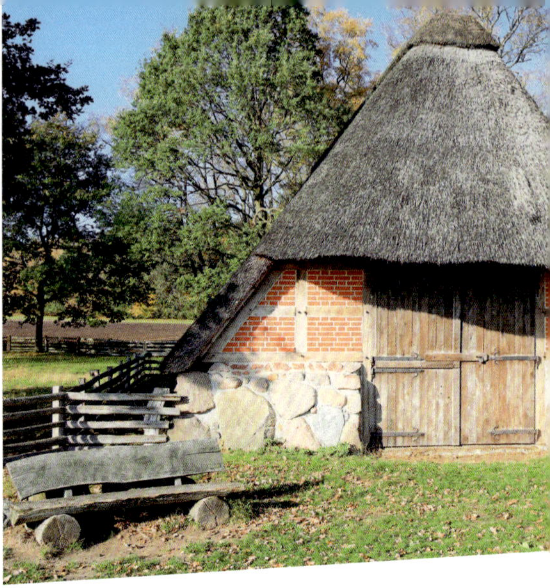

Wie aus der Zeit gefallen: eine alte Feldscheune in der Wildeshauser Geest

von acht restaurierten Feldscheunen aus Fachwerk mit Reetdächern. In den Scheuen wurden früher Heu, Stroh und Getreide untergebracht.

Jetzt zweigt rechts der Weg nach Freidorf ab. Für die nächsten Meter ist etwas Ausdauer gefordert, bevor man eine schöne Aussicht auf die umliegenden Ortschaften und die waldreiche Umgebung genießen kann. Ein gutes Stück geradeaus geht es weiter entlang von Feldern, Wiesen und großen Gehöften. Am Waldrand vorbei kommt man zu einer Weggabelung und bleibt auf der asphaltierten schmalen Freidorfer Straße, die jetzt durch den Wald hindurchführt.

Hat man das kleine Bauerndorf Bensen erreicht, geht's kräftig auf und ab – die Gegend heißt nicht von ungefähr „Benser Schweiz". An der Bruchhäuser Straße scharf links kann man eine Weile der Ausschilderung Richtung Bruchhausen-Vilsen folgen. Nach etwa einem halben Kilometer biegt man rechts Richtung Müggenburg ab.

Dort angekommen, fährt man weiter nach Behrelsen. An einem dicken Findling biegt rechts die Straße Behrelsen ab. Kurze Zeit später überquert man die L 202 und fährt leicht versetzt in die Straße Dahrelsen ein. An der gut erhaltenen **Behlmer Mühle** vorbei folgt man am Ortsende links der Straße „Am Hittloger Moor" nach Osten. Über die Scholer Straße geht es nun Richtung Dille. Ist die B 6

Forsthaus Heiligenberg
Hotel-Restaurant inmitten einer historischen Ringwallanlage mit großem Garten und Spielplatz. Gehobene Küche, regionale und saisonale Produkte.

Heiligenberg 3
27305 Bruchhausen-Vilsen
www.forsthaus-heiligenberg.de

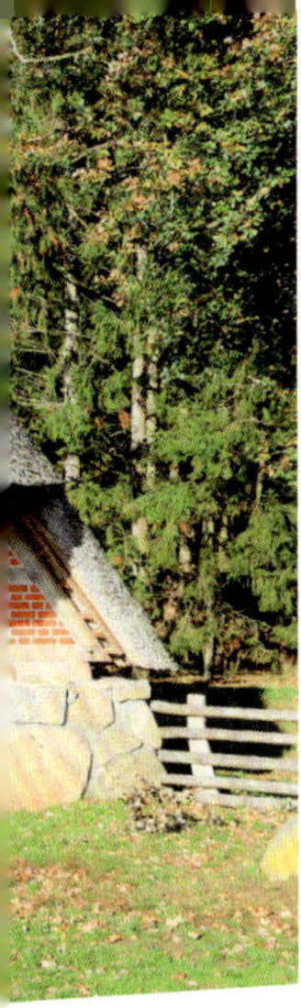

überquert, biegt man hinter der Eisenbahn scharf rechts ab in Richtung Homfeld und Bruchhausen-Vilsen. Ab hier gibt's eine grüne Ausschilderung, die in Richtung Forsthaus und Klostermühle Heiligenberg weist. Die letzten 500 Meter gehen steil bergab – Vorsicht bei der Abfahrt!

Die **Klostermühle Heiligenberg** ist ein herrlich verwunschener Ort. Ein Fußweg führt über eine Bohlentreppe zum historischen Ringwall. Die noch in großen Teilen erhaltene Ringwallanlage wurde im 8. Jahrhundert zur Zeit Karls des Großen als Wall- oder Fliehburg zur besseren Verteidigung angelegt. Bei ihrer Errichtung nutzte man die natürliche Steilhanglage am Zusammenfluss der Bäche Eyter und Dille. Erst Anfang des 13. Jahrhunderts ist die große innere Fläche durch den Mönchsorden der Prämonstratenser mit der Klosteranlage Heiligenberg bebaut worden. Das Kloster erwarb im Laufe der Zeit umliegende land- und forstwirtschaftliche Güter und zwei Wassermühlen.

Nach der Reformation im 16. Jahrhundert ging es in Staatsbesitz über und verfiel. Heute zeugt nur noch ein großer Klosterstein am Hotel und Restaurant Forsthaus Heiligenberg von dieser frühen Geschichte. An der ehemaligen Klostermühle gibt es noch ein funktionierendes Wasserrad. Wer hungrig geworden ist, kann hier oder im Lokal Forsthaus Heiligenberg eine kulinarische Pause einlegen.

Weiter geht's über die Straße „Heidberg", die autofrei noch ein kleines Stück bergauf führt, teilweise auf etwas sandigem Untergrund. Als Belohnung für die kleine Anstrengung lockt oben eine schöne Aussicht und die sanfte Abfahrt. An der nächsten Weggabelung rechts gelangt man zur Homfelder Straße, die bis Bruchhausen-Vilsen führt. Der gut erhaltene historische Ortskern **Vilsen**, der **Kurpark** mit einem **Waldschwimmbad** und die romanische **St.-Cyriakus-Kirche** aus dem 13. Jahrhundert sind einen Besuch wert. Das aus Feld- und Bruchsteinen errichtete Gebäude mit seinem spitzen Turm zeichnet sich deutlich von den umgebenden Fachwerkhäusern ab.

Museumsbahn Kaffkieker
Der historische Triebwagen verkehrt von Mai–September jeden 1. und 3. Sonntag im Monat zwischen Syke und Bruchhausen-Vilsen

www.vgh-hoya.de/bahn/kaffkieker.html

Museumsbahn Bruchhausen-Vilsen
Die dampfbetriebene Schmalspurbahn fährt vom 1. Mai–3. Oktober samstags und sonntags auf der Strecke Bruchhausen-Vilsen–Asendorf

www.museumseisenbahn.de

Die herrlich verwunschene Klostermühle Heiligenberg und die erste Museumsbahn Deutschlands

Geradeaus über den Lindenberg und die Bahnhofsstraße kommt man zum Bahnhof Bruchhausen-Vilsen, wo auf einem Sockel die erste Dampflok „Bruchhausen" thront.

Vom dort gelangt man über die Bassumer und Bruchhöfener Straße zur Radwegweisung in Richtung Syke/Bassum. Hier läuft der Weg durch eine wellige Moor-/Marschlandschaft mit malerischen Kopfweiden und vielen gut erhaltenen landwirtschaftlichen Gehöften. Ab Uenzen geht es direkt neben den Bahnschienen entlang, die man schließlich hinter Süstedt überquert. Kurz darauf ist Wachendorf erreicht.

Beim Kreisel am Ortsausgang biegt man links in Richtung Heiligenfelde ab, quert nach einigen Metern erneut die Bahntrasse und biegt kurz danach rechts in Richtung Legenhausen ab, dann immer geradeaus bis zum Ortsrand von Syke.

Von hier führt der sanft ansteigende Siebenhäuser Weg bis zur Wiesenstraße, die mit einer Rechtskurve über die L 333 in die Waldstraße führt. Über den Hinrich-Henno-Platz und die Fußgängerzone Mühlendamm gelangt man zur Hauptstraße, die zum Syker Bahnhof führt.

Wiehe-Bad
Schön gelegenes Freibad

Am Bürgerpark 18
27305 Bruchhausen-Vilsen
www.wiehe-bad.de

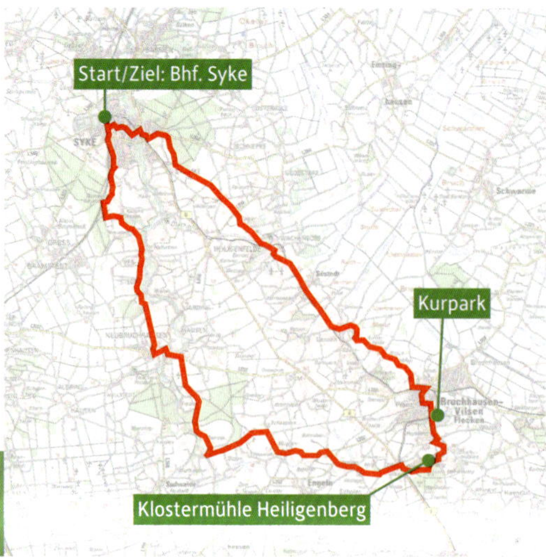

Rad-Rundtour: 47 km
Hin und weg: Bhf. Syke
RS 2/RE 9 zweimal stündlich

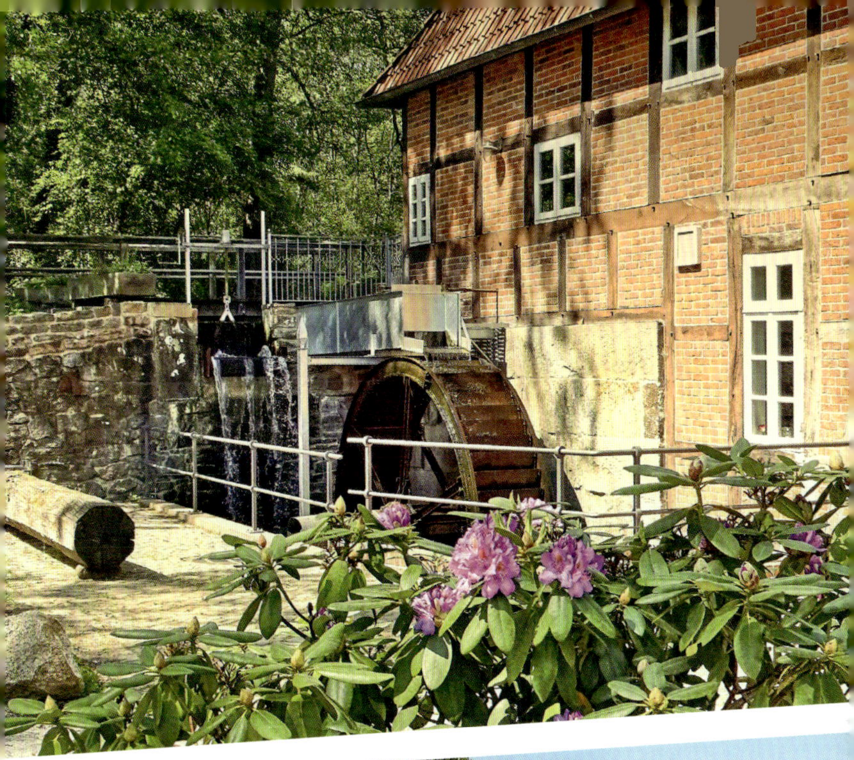

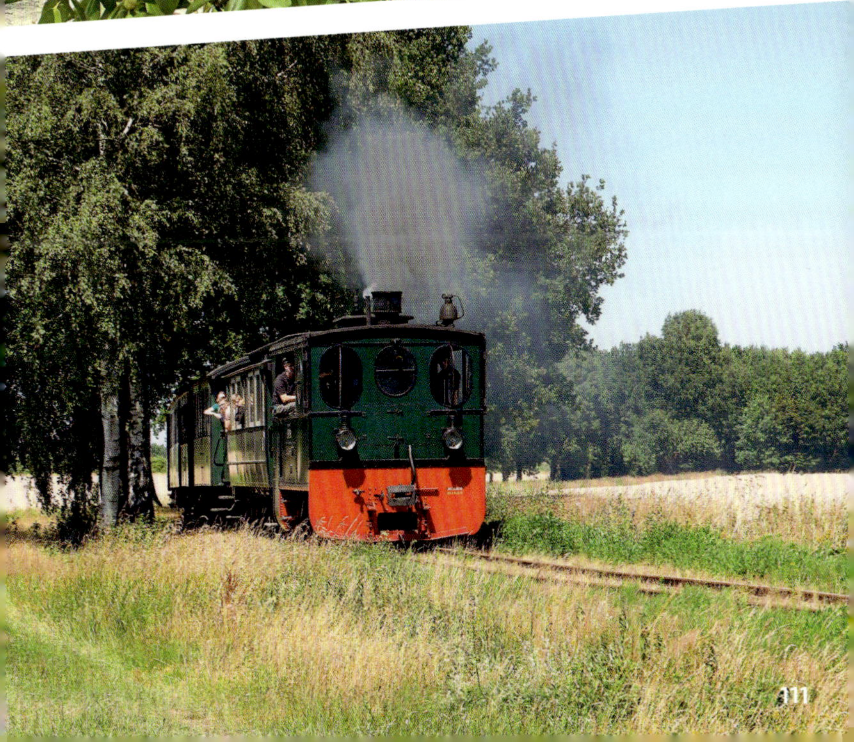

Südwest

Im Südwesten von Bremen gibt es landschaftlich und kulturell viel zu sehen: Orte wie Bassum oder das Künstlerdorf Dötlingen laden zum Verweilen und Staunen ein, während man sich in der Grafschaft Diepholz auf die Spuren der alten Grafen begeben kann. An der Hunte vorbei gelangt man zur Diepholzer Moorlandschaft oder zu Steingräbern in der Pestruper Heide.

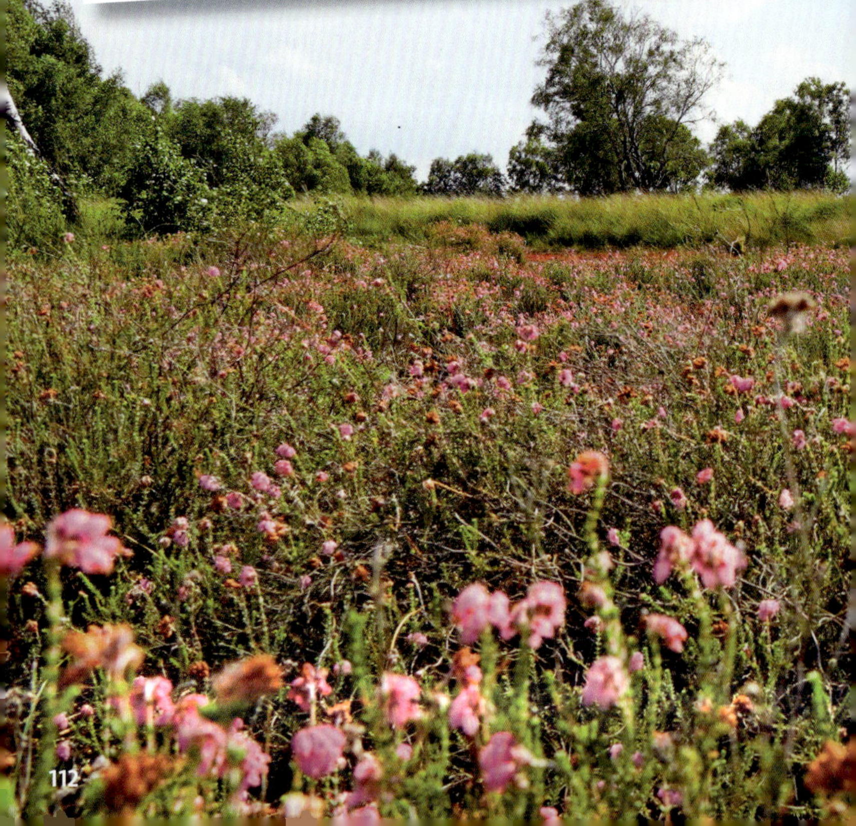

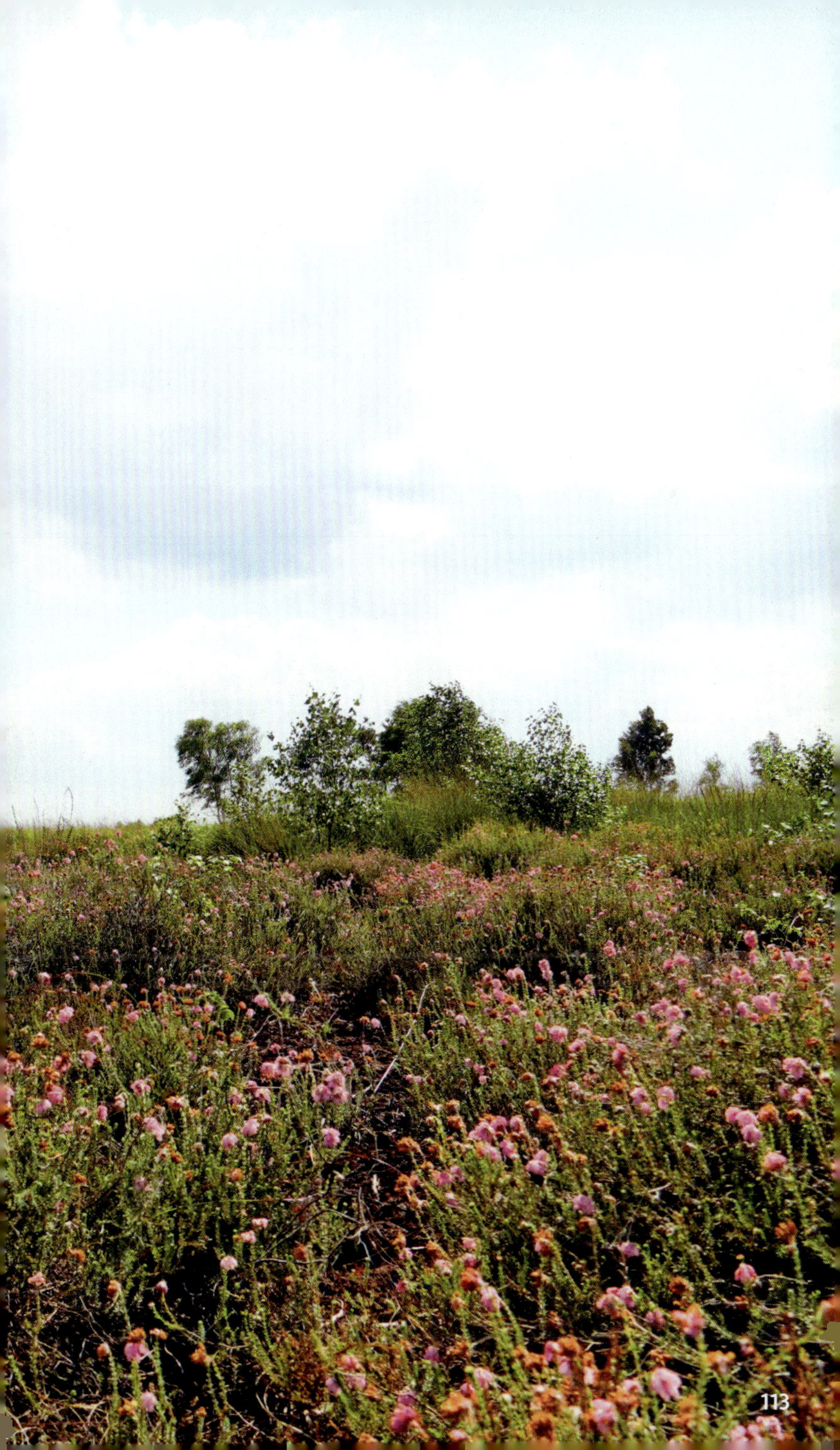

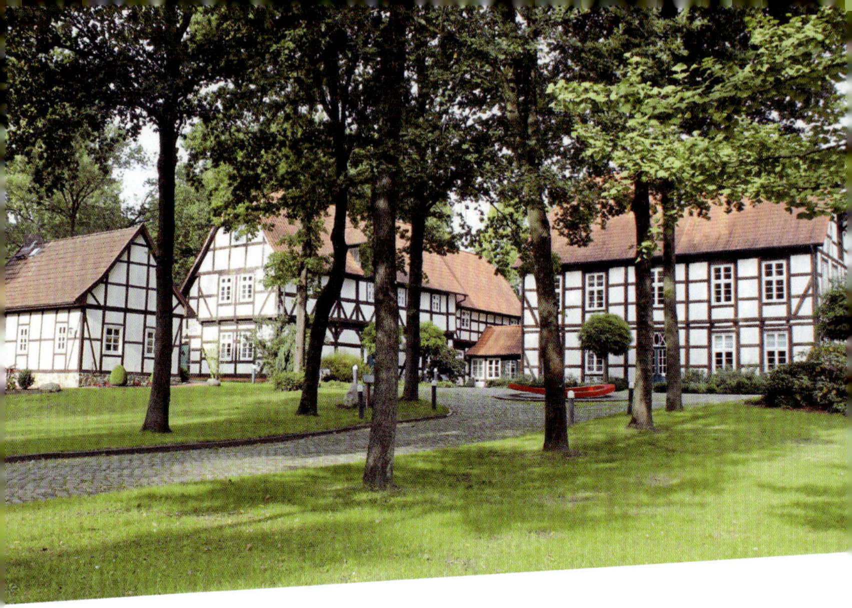

Ein Ausflug in die Lindenstadt

25

Bassum

Durch den hübschen Ort Bassum führt der „Kulturhistorische Pfad“ am alten Stift, einer 1000-jährigen Eiche und der Vogtei Freudenberg vorbei. Zurück in der Innenstadt kann man sich in einem der netten Cafés niederlassen, um nach einer kleinen Pause noch das Naturbad oder den Tierpark zu besuchen.

Bassum, immerhin seit 1929 mit Stadtrechten ausgestattet, ist heute Kernstadt von 15 weiteren Ortschaften mit insgesamt 16 000 Einwohnern. Ausgangspunkt der Besiedlung war das Stift und später die Freudenburg. Vom Bahnhof aus braucht man sich nur an dem roten Pflasterband zu orientieren, um über die leicht hügelige Bahnhofsstraße und Kirchstraße die Innenstadt zu erreichen.

Schon von weitem sind die Abtei vom **Stift Bassum** und die **Stiftskirche** zu sehen. Der Heilige Ansgar, Erzbischof von Hamburg und Bremen, weihte 858 das Kanonissenstift Birxinon, das später Bassum genannt wurde. Mittelpunkt des Ensembles ist eine der ältesten Backsteinkirchen im norddeutschen Raum, ein Zeugnis spätromanischer Bauweise aus dem 13. Jahrhundert. Im Altarraum der Kirche kann man restaurierte Wand- und Fußbodenmalereien aus dem Historismus bewundern.

Nach vorheriger Anmeldung führt die Äbtissin des ältesten evangelischen Damenstifts persönlich durch die in Fachwerk erbaute Abtei. Auf dem Rundgang sind wunderschön restaurierte Malereien aus der Rokokozeit, edles Mobiliar, Kachelöfen und Kunstschätze im Kapitelsaal zu sehen. Es lohnt sich!

Im Stiftspark steht die über 1 000 Jahre alte **Stifts-Gerichtseiche**, die innen hohl und mittlerweile ein „absterbendes Naturdenkmal" ist. Der prächtige, rund 30 Meter hohe Baum wird im Volksmund auch „Kaffee-Eiche" genannt, da die Stiftsdamen nachmittags gerne gemeinsam in seinem Schatten saßen. Auch heute kann man im Stiftspark mit Blick auf die Eiche eine kleine Ruhepause einlegen oder Plätze wie den Naschgarten aufsuchen, wo Kräuter und Beeren probiert werden dürfen.

Folgt man von hier der Beschilderung des **Kulturhistorischen Pfads**, der einem in Form von Lindenblättern den Weg weist, gelangt man entlang des Klosterbachs zur historischen **Wassermühle** des Stifts. Hat man die Bremer Straße überquert, kommt man auf einen romantischen Weg, der volkstümlich auch „Seufzerallee" genannt wird.

Bald hat man die höher gelegene **Burg Freudenberg** erreicht. Der erste Bau auf diesem Anwesen entstand Ende des 13. Jahrhunderts als Vogteifeste der Grafen von Oldenburg-Bruchhausen. Das Amtshaus aus dem Jahr 1730 und die Amtsschreiberei aus

Kulturhistorischer Pfad Bassum
Der Pfad verbindet die historischen Sehenswürdigkeiten in Bassum wie die Stiftskirche, das Stift Bassum, die Freudenburg und die 1000-jährige Eiche. Einfach der Beschilderung folgen!

Die Stiftkirche in Bassum ist eine der ältesten Backsteinkirchen in Norddeutschland

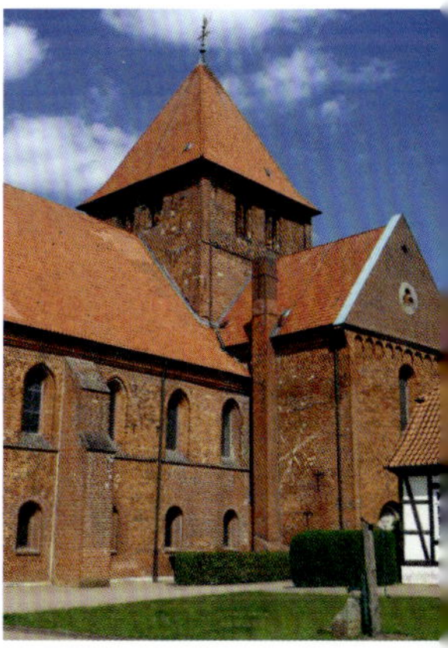

Stiftspark
Historischer Park und ganzjährig geöffneter „Reisegarten“, Duft-Kräuter-Naschgarten, Landart- und Bouleplatz. Schöne Rastmöglichkeiten und Veranstaltungsort.

dem 16. Jahrhundert dienen heute als Tagungsstätte. Die Freudenburg liegt in einem großen Landschaftspark mit altem Baumbestand und einer altgermanischen Thingstätte. Im früheren Verlies der Freudenburg erzählt eine Ausstellung des Kultur- und Heimatvereins von der Entstehung der Stadt Bassum.

Den Lindenblatt-Markierungen weiter folgend überquert man jetzt den Klosterbach und läuft ein kurzes Stück die Straße „Am Damm“ entlang. Über die kleine Gasse „Auf dem Brunnen“ gelangt man zum Platz Unter den Linden – dem ältesten Ortsteil Bassums, der sich nach dem Bau der Vogtei Freudenberg um 1290 entwickelt hat. Hier gab es schon früh Handwerk, Geschäfte, landwirtschaftliche Betriebe und sogar ein öffentliches Badehaus. Heute dominieren Wohnhäuser, viele davon sind neu gebaut. Nur die Linden erinnern an einen Ort, der einmal eine zentralere Bedeutung hatte. Übrigens trugen die zahlreichen Bäume Bassum einst den Beinamen „Lindenstadt“ ein.

Von hier aus folgt man der Hindenburgstraße und gelangt – immer der Nase nach – vorbei am Stift zur verkehrsberuhigten Zone und Hauptgeschäftsstraße Sulinger Straße. Alle, die Lust auf einen Stadtbummel haben, können hier die kleinen Lädchen besuchen oder sich in einem der Cafés und Restaurants niederlassen.

Der Reisegarten im Stiftspark eignet sich hervorragend zum Entspannen

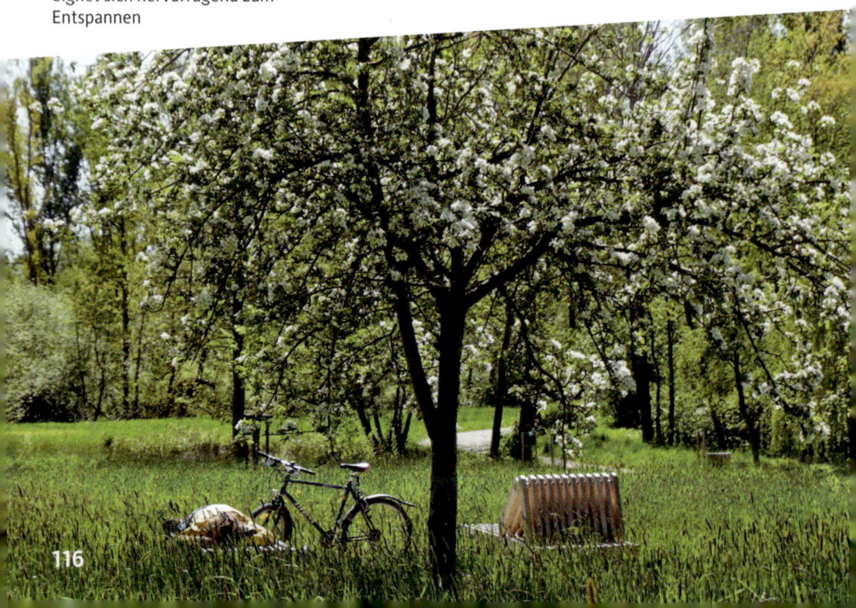

Wer sich nach der Besichtigung der historischen Sehenswürdigkeiten sportlich betätigen und erfrischen möchte, dem sei das **Natur- und Freizeitbad** am Stiftspark empfohlen. Dort gibt es, abgesehen von Schwimm- und Planschbecken mit reinem Natur-Badewasser, auch einen 3 Meter hohen Sprungberg, eine große Liegewiese, Sandstrand, einen großen Spielplatz sowie eine Caféterrasse. Bei schlechtem Wetter kann auf das Hallenbad ausgewichen werden.

Auf dem Rückweg zum Bahnhof lohnt sich ein Abstecher zum kleinen und liebevoll angelegten **Natur- und Tierpark Petermoor**. Den erreicht man am besten in 10–15 Minuten Fußweg vom Zentrum aus auf der Alten Poststraße in Richtung Syke. Der Park existiert seit 1967 und engagiert sich als erster „Arche-Park" Deutschlands besonders für den Erhalt und die Nachzucht von alten einheimischen Haustierrassen, die vom Aussterben bedroht sind. Der Park ist ganzjährig geöffnet und hat freien Eintritt. Beim Rundgang kann man auch einige Tiere von weiter weg entdecken, zum Beispiel Affen, Kängurus und Felsensittiche. Im Streichelgehege mit afrikanischen Zwergziegen können Kinder die Tiere aus nächster Nähe beobachten.

BENS coffee
Leckere Kuchen und Snacks in moderner, gemütlicher Atmosphäre

Bremer Straße 20
27211 Bassum
www.bens-coffee.de

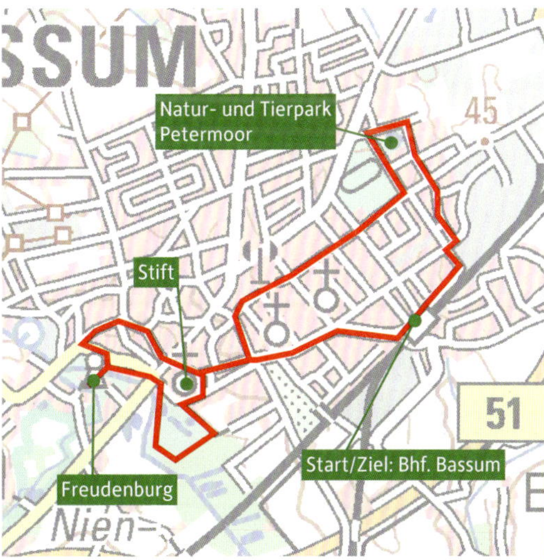

Spaziergang: 7 km
Hin und weg: Bhf. Bassum RS 2/RE 9 zweimal stündlich

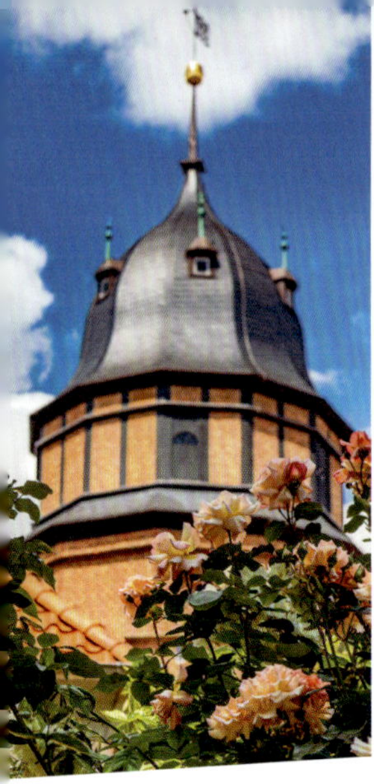

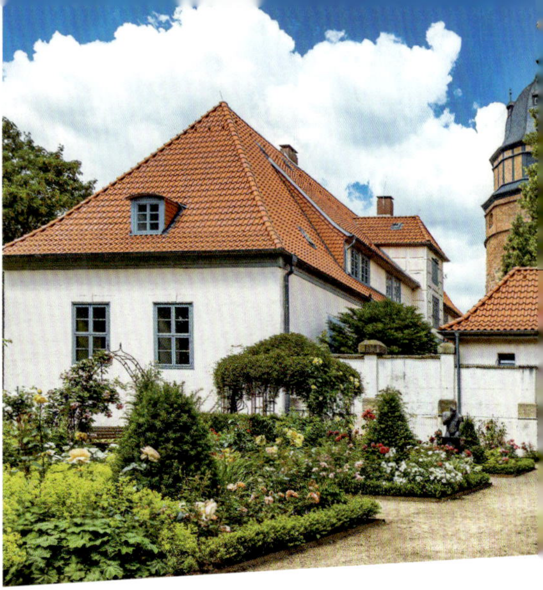

Geschichts- und Umwelttour

26

Diepholz – Barnstorf

Auf den Spuren eines alten Grafengeschlechts startet die schöne 27-Kilometer-Fahrradtour in Diepholz. Am weitläufigen Heeder Moor entlang geht es ins hübsche Dorf Aschen und von dort weiter nach Barnstorf. Hier kann man im Umwelt-Erlebnis-Zentrum mit der Moorbahn das Gelände der ehemaligen Erdgasreinigungsanlage erkunden und viel über regenerative Energien erfahren.

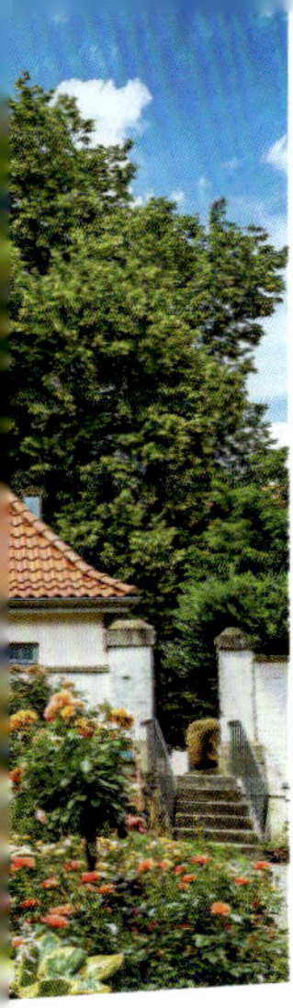

In **Diepholz** angekommen, geht es am Kreisverkehr in die Straße „An der Bahn" Richtung Innenstadt. Biegt man rechts in die Straße „Am Weizenkamp" ein, gelangt man zum Burggraben, in dessen Mitte die als **Wasserschloss** erbaute prächtige Residenz der früheren Edelherren de Thefholte aus dem 10./11. Jahrhundert steht.

Als 1585 das Grafengeschlecht ausstarb, bildete Diepholz zusammen mit Hoya im 18. und 19. Jahrhundert eine Provinz des späteren Königreichs Hannover. Die Anlage wurde Sitz des Amtsgerichts. Vor der Sanierung war im 43 Meter hohen Schlossturm das Diepholzer Heimatmuseum untergebracht, das aber aus Brandschutzgründen ausgelagert werden musste. Aus diesem Grund kann der Turm – von dem man eine herrliche Aussicht auf die Stadt hat – nur zu bestimmten Anlässen mit Sicherheitsvorkehrungen geöffnet werden.

Im Rosengarten des Schlosses kann man sich auf einem **Stelenpfad** über die Geschichte der Stadt Diepholz informieren. Die 36 Schaukästen erzählen unter anderem Näheres zum Ursprung des Namens „Diepholz", zu den Hexenprozessen im 17. Jahrhundert, zum Münzwesen und natürlich zur Geschichte der „Diepholzer Gans".

Die Stadtentwicklung von Diepholz wurde stark von Gräben, Kanälen und Flüssen beeinflusst, die dem Ort ihre Form gaben. Durch die Verzweigung der Lohne in Vorderlohne und Mühlkanal entstand die „Lohneinsel" mit der Lohnstraße, an der aneinandergereiht gut erhaltene, giebelständige Fachwerkhäuser und das sehenswerte, ehemalige **Tuchmacherhaus** stehen.

Gegenüber vom Schloss auf der Lohneinsel liegt auch die schön restaurierte ehemalige gräfliche Münzstätte, die **Münte**, in einem idyllischen Park mit modernen Freizeitanlagen. Im 15./16. Jahrhundert wurden hier Münzen mit dem Wappen der Grafen von Diepholz geprägt. Seit den 1950er-Jahren ist das Gebäude in städtischer Hand, heute ist in den

Heimathaus Aschen
Museumsdorf mit landwirtschaftlichem Großgerät, Werkstätten, Haushaltsgerätschaften. Das Außengelände ist frei zugänglich, das Heimatmuseum ist nur nach Vereinbarung oder bei Veranstaltungen geöffnet.

Schulweg 1
49356 Diepholz-Aschen
www.museum-aschen.de

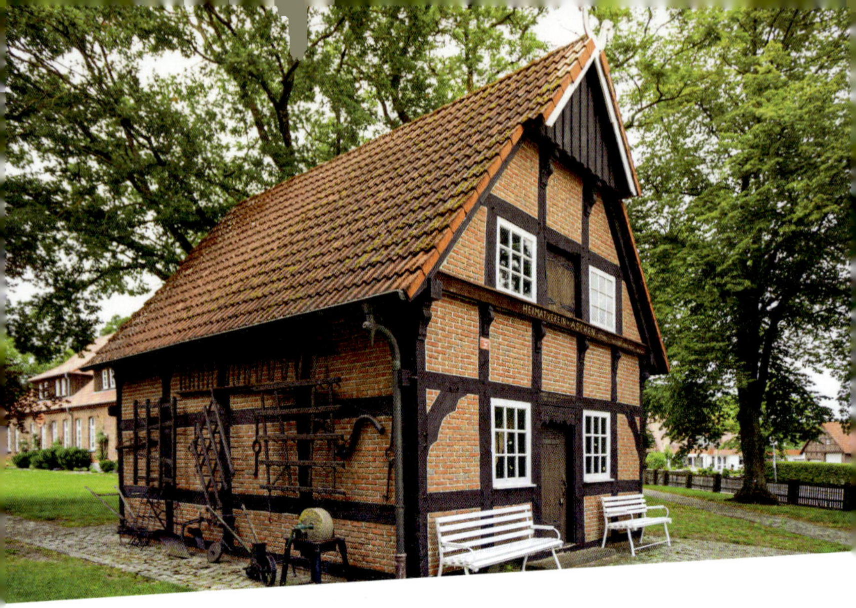

Das Heimathaus Aschen mit seinem ruhigen und schönen Außengelände

oberen Stockwerken die Musikschule, im unteren Bereich ein Jugend-Cafe untergebracht.

Über die Lohnstraße, an deren Ende sich Vorderlohne und Mühlkanal vereinigen und später in die Hunte münden, gelangt man weiter in die Innenstadt. Rechts in die Mühlenstraße eingebogen, beginnt linker Hand die Fußgängerzone mit vielen Cafés und Gaststätten. Aus der Stadt wieder heraus geht es über die älteste Straße von Diepholz, „Kohlhöfen“, die von gut erhaltenen Fachwerkhäusern gesäumt ist.

Links in die Straße Am Scheurenkamp eingebogen, erreicht man hinter dem Hallenbad die Hunte und den Diepholzer Ortsrand. Hier geht's weiter am Rand des idyllischen **Heeder Moors** entlang. Vom Landrieder Weg aus kann man das imposante **Rittergut Falkenhardt** sehen, das vor einiger Zeit noch von einem Freiherrn bewohnt wurde, aber inzwischen als Ort für private und öffentliche Feiern und Veranstaltungen genutzt wird.

Im Dorf **Aschen** lohnt es sich, den weitläufigen Außenbereich des Heimatmuseums mit wiederaufgebauten historischen Gebäuden zu besuchen und dort eine entspannte Pause einzulegen.

Durchfährt man die Ortschaft Drebber-Mariendrebber, kommt man an der Marienkirche aus dem 12. Jahrhundert vorbei, in der 1585 Graf Fried-

Barnstorfer Umwelt-Erlebnis-Zentrum
Riesiges, während der Café-Öffnungszeiten frei zugängliches Naturgelände, Veranstaltungen, Ausstellungen, Fahrten mit der Moorbahn, „Mini-Wertstoffhof“ und „Café Krümel“ mit selbst gebackenen Kuchen und Waffeln

Am Bremer Dreh 1
49406 Barnstorf
www.buez.biz

rich II., der letzte Graf von Diepholz, in einem prächtigen Sarkophag bestattet wurde. Überregional bekannt ist die Kirche auch wegen der kostbaren Orgel, die von Berend Hus komplett umgebaut wurde.

Bei Deckau überquert man die Dadau und passiert die Eisenbahnschienen in einem größeren Schlenker. Weiter durch die Moor- und Auenlandschaft geht es schließlich hinter Dreeke über den Moorkanal und man erreicht nach ein paar Wald- und Ackerflächen die Gemeinde Barnstorf.

Vor dem Bahntunnel überquert man noch einmal die Hunte und radelt am Uferweg entlang bis zur Friedrich-Plate-Straße. Von hier ist es nicht mehr weit bis zum Bahnhof.

Radtour: 27–32 km
Start: Bhf. Diepholz
RE 9 alle 60 Minuten
Ziel: Bhf. Barnstorf
RE 9 alle 60 Minuten

Es empfiehlt sich sehr, noch einen Abstecher zum **Barnstorfer Umwelt-Erlebnis-Zentrum** zu machen. Dafür fährt man immer geradeaus auf der Bremer Straße/B 51 und folgt der Ortsausschilderung in Richtung Drentwede/Twistringen. Nach etwa 2,5 Kilometern geht es links ab und man ist am Ziel. Mit einer alten Moorbahn können hier Besucherinnen und Besucher das ca. 10 Hektar große Gelände einer ehemaligen Erdgasreinigungsanlage erkunden, das von einer Industriefläche in ein Natur- und Erholungsgebiet umgewandelt wurde. Ein Café am Bahnhof der Moorbahn sorgt für Entspannung und Erfrischung.

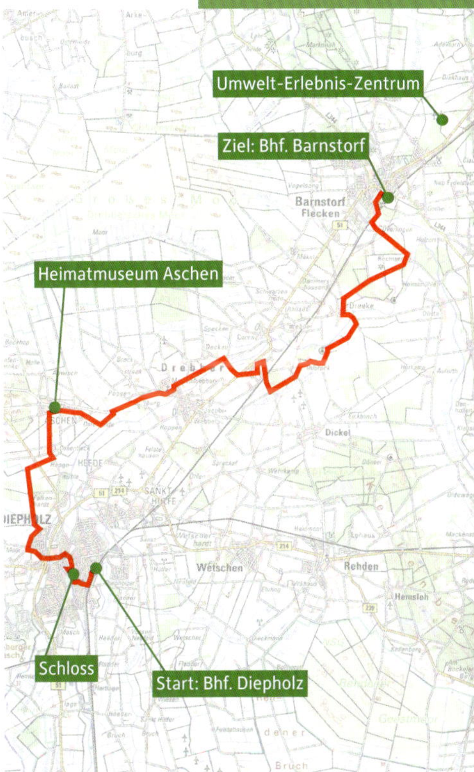

Darüber hinaus kann man viel über regenerative Energie erfahren, etwas über die Stationen des Wasserkreislaufs lernen und entdecken, welches Leben in Tümpeln, Gärten und Waldrändern wohnt und was sich in den Bienenstöcken tut. Im Museum „Altes Handwerk“ gibt es spannende Infos zum Klempner- und Elektrohandwerk.

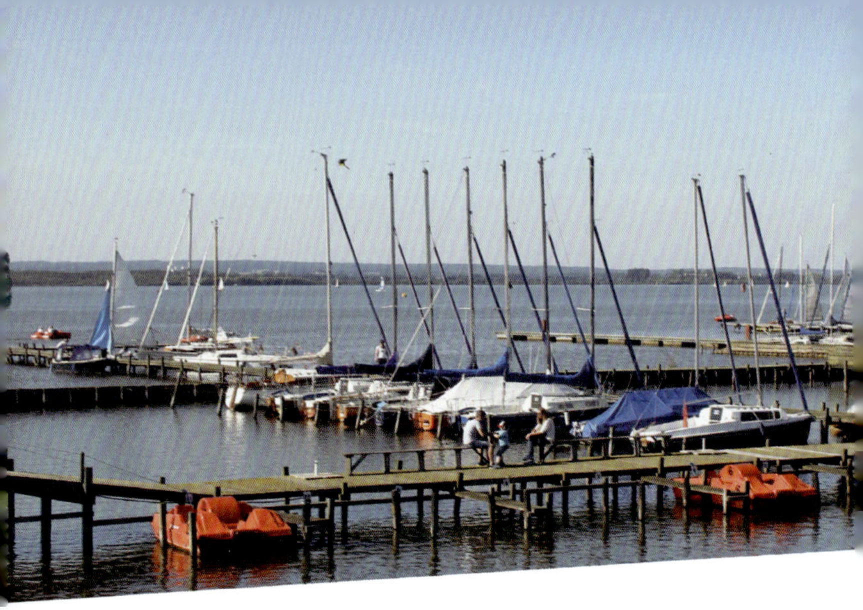

Einmal um den Dümmer

27

Dümmer See

Ob Schwimmen, Segeln, Surfen, Rudern oder Stand-up-Paddeln: Am Dümmer See findet sich für jede und jeden etwas. Und das Sommer wie Winter, denn ist der See gefroren, kann man hier Schlittschuhlaufen oder Eissegeln. Als fischreiches Gewässer ist er außerdem ein wichtiger Nist- und Rastplatz für seltene Vogelarten, die man bei der schönen Rad-Rundtour entdecken kann.

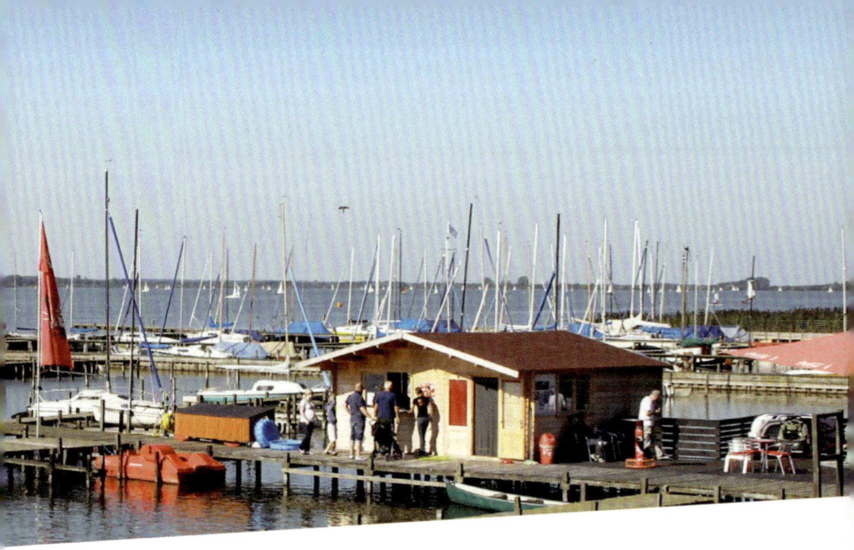

Startpunkt der Tour ist der hübsche, von Fachwerkhäusern geprägte Ort **Lemförde**. Über die Bahnhofsstraße gelangt man vom Lemförder Bahnhof ins Ortszentrum. Links abgebogen folgt man ein Stück der Hauptstraße und kommt am **Amtshof** vorbei, der früher die Sommerresidenz des Grafen von Diepholz war. Heute ist dort die Bücherei, ein Teil der Gemeindeverwaltung und ein Lokal untergebracht. Der alte Rittersaal dient als Ort für Kulturevents.

Nimmt man am Kreisverkehr die erste Ausfahrt und hält sich danach wieder links, um in die Hagenweder Straße einzubiegen, hat man Lemförde schon wieder verlassen. Jetzt geht es vorbei an schönen Höfen und langen Baumreihen, bis man sich in Hagenwede wieder nach links wendet, um die Bahnschienen und die B 51 zu überqueren. Hinter dem Örtchen Marle biegt man rechts in die Straße „Am Dorfe" ein und fährt immer geradeaus bis nach Hüde. Hier muss man ein bisschen aufpassen, um die Abbiegung nicht zu verpassen, die an den **Dümmer See** führt. Nach links geht es in die Straße „Zum Fischerhafen" und am Campingplatz vorbei. Hat man den See erreicht, folgt man ab hier ganz einfach dem Dümmerrundweg.

Der Dümmer ist ein sehr beliebtes Freizeit- und Erholungsgebiet. In der warmen Jahreszeit kann

Bar dü Mar
Kult-Strandbar mit Heiß- und Kaltgetränken, regionalen Fisch-, Fleisch- und vegetarisch/veganen Gerichten, Eis und Kuchen

49448 Hüde
www.barduemar.de

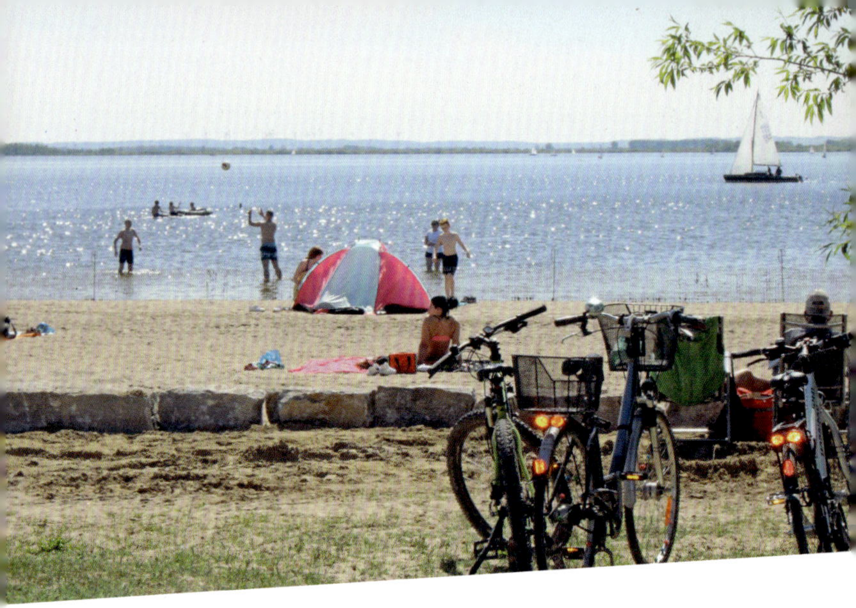

Der Dümmer ist für allerlei Wassersport geeignet – oder auch nur zum Sonnenbaden und Entspannen

man hier wunderbar schwimmen, segeln, surfen, rudern, paddeln, und angeln. Und auch in der kalten Jahreszeit gibt es reichlich Platz für Outdoor-Aktivitäten, zum Beispiel Schlittschuhlaufen oder Eissegeln.

Besonders schön und einladend ist der weiße, gut gepflegte Sandstrand vom Erholungsort **Lembruch**. Dort findet man Kaltwasserduschen, öffentliche WCs, Spielplätze und Bootsvermietungen. Im nahen kleinen Park unter Bäumen lässt es sich entspannt picknicken. Oder man flaniert ein bisschen an der „Küste" entlang und entscheidet sich bei einem der Imbisse und Restaurants für ein deftiges Fischessen oder Kaffee und Kuchen. Ausgesprochen schön sitzt man auf der Terrasse der „Strandlust".

Im Ort befindet sich auch das kleine **Dümmermuseum**, das Kulturinteressierten Ausgrabungsstücke von frühen Besiedlungen am See und ein Großmodell des Steinzeitdorfes „Hunte I" zeigt. Hier bekommt man außerdem spannende Infos zur artenreichen Flora und Fauna der Dümmeniederung.

Dümmer-Museum
Spannende Ausstellungen zur Naturlandschaft am Dümmer, Archäologie und Kunst

Götkers Hof 1
49459 Lembruch
www.duemmer-museum.de

Nach Schwimm- oder Picknickpause geht es auf dem Dümmerrundweg um den See herum. Dabei überquert man in Eickhöpen erst die Lohne und dann die Hunte. Kaum zu glauben, dass diese kleinen Flüsschen diesen riesigen See speisen! Der Dümmer ist zwar stolze 13 Quadratkilometer groß,

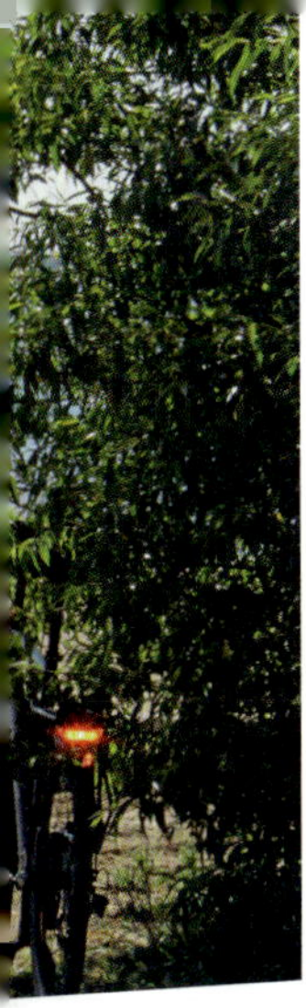

hat aber nur eine Tiefe von 1–1,50 Metern. Seinen Namen bekam der See vermutlich von „dim“, Nebel, oder „dummerig“ für feucht und schattig.

Als Niedersachsens zweitgrößtes und sehr fischreiches Binnengewässer ist er – eingebettet in ein weiträumiges Niedermoor – ein wichtiges Feuchtgebiet mit hoher ökologischer Bedeutung. Viele seltene und vom Aussterben bedrohte Vogelarten wie Kiebitz, Weißstorch und den Grauen Kranich kann man hier beim Brüten antreffen. Auch im Winterhalbjahr sind rastende Wasservögel aus Nord- und Osteuropa in großer Anzahl zu Gast.

Auf dem kleinen **Aussichtsturm** im Olgahafen im Nordwesten des Sees kann man gut das ganze Gebiet überblicken und mit dem Fernglas vielleicht sogar einige der seltenen Vögel sichten. Hat man den See ganz umrundet, gelangt man wieder auf die Straße „Im Dorfe“ und auf demselben Weg zurück zum Bahnhof in Lemförde.

Aal & Forellenräucherei Hoffmann
Räucherei, Führungen, Verkauf, Gaststätte. Hausgemachte Kuchen und Eisspezialitäten

Dümmerstraße 39
49401 Damme-Dümmerlohausen
www.aal-hoffmann.de

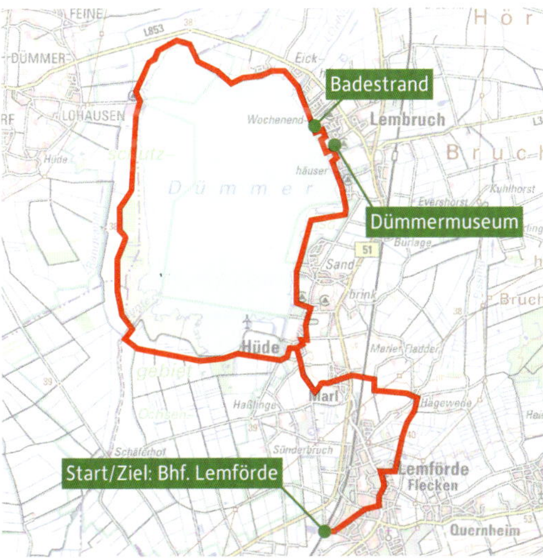

Rad-Rundtour: 30 km
Hin und weg: Bhf. Lemförde
RE 9 alle 60 Minuten

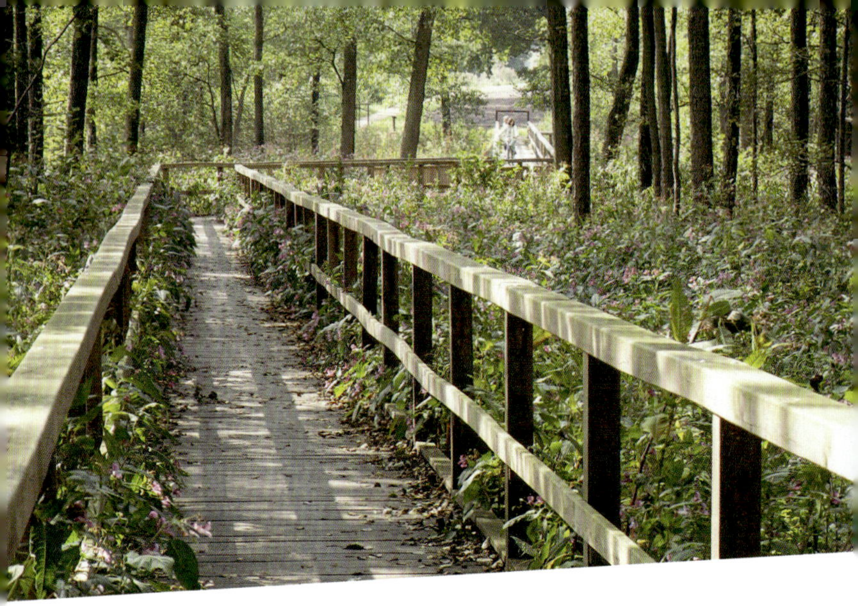

Über den Ozean nach Klein Amerika

28

Bassum – Harpstedt

Durch die von Bächen durchzogene Geestlandschaft geht es ins schöne Harpstedt. Hier kann man das Rad stehenlassen und einen Spaziergang im Mooswald machen. Am munteren Fluss Delme entlag kommt man bald zur Ozean-Brücke, die nach Klein Amerika führt. Wer mag, kann noch das beschauliche Harpstedt erkunden, bevor es nach Bassum zurückgeht.

Die Tour startet am kleinen Bahnhof der Stadt **Bassum** (► Tour 25, Seite 114). Es geht zunächst bergab Richtung Zentrum, vor der Stiftskirche biegt man rechts in die Sulinger Straße ab. Hat man die Bremer Straße überquert, folgt man der Langen Straße, die einen Linksschwenk macht und dann in die Börder Straße mündet. Jetzt geht es ein gutes Stück geradeaus, bis in Dimhausen links die Straße „Am Hollwedel" abgeht. Der Weg führt ab hier durch eine reizvolle, mit vielen Bächen durchzogene Geestlandschaft in den idyllischen Flecken **Harpstedt**.

Dort angekommen fährt man auf der „Amtsfreiheit" in Richtung Ortsmitte. Linker Hand taucht bald die Wallanlage des ehemaligen Schlosses und heutigen **Amtshofs** mit Sitz der Samtgemeindeverwaltung Harpstedt auf. Der Fachwerkbau des Amtshofs wurde 1744 auf den Fundamenten des abgebrannten Wasserschlosses von den Delmenhorster Grafen neu errichtet. Im großen Wassergraben mit Springbrunnen tummeln sich Enten und Schwäne, die man beim Spazieren durch die repräsentative Parkanlage beobachten kann.

Besonders stolz sind die Harpstedter auf ihren Fund, den **Sonnenstein**, der mit seinen konzentrisch angeordneten Kreisen zu den bronzezeitlichen Sonnenkultsteinen zählen soll. Auch andere vorgeschichtliche Relikte und Großsteingräber sind in der Nähe Harpstedts gefunden worden.

Gegenüber dem Amtshof gelangt man zum Parkplatz des Hotels „Zur Wasserburg" vorbeiführt, gelangt man an den Parkplatz, wo der kleine Spazierweg startet. Auf einer Infotafel des BUND ist die genaue Route aufgezeichnet und auf dem Weg finden sich noch weitere Info-Schilder, die Interessantes über die Natur der Gegend erzählen.

Nachdem man eine kleine Brücke überquert hat, wandert man gut abgefedert vom weichen Moos durch den Wald, immer am Fluss Delme entlang. Für niedersächsische Verhältnisse legt die Delme auf ihrer Fließstrecke einige Höhenmeter zurück, weshalb der Fluss an manchen Abschnitten fast an einen munter sprudelnden Mittelgebirgsbach statt an einen trägen Tieflandfluss erinnert.

Nach etwa 2,5 Kilometern kommt man zur 1960 gebauten **Ozeanbrücke**, eine 175 Meter lange Holz-

Eiscafé Venezia
Selbstgemachtes leckeres Eis und Außenterrasse

Lange Str. 14
27243 Harpstedt

Museumsbahn „Jan Harpstedt"
Die touristische Kleinbahn fährt von Mai–September jeden 1. und 2. Sonntag im Monat zwischen Delmenhorst Süd und Harpstedt mit Dampflokomotiven, Dieselloks und Triebwagen

www.jan-harpstedt.de

Die Lok der Museumsbahn Jan Harpstedt

brücke über die Delme. Sie führt – wie könnte es anders sein – nach **Klein Amerika**. Ihren Namen verdankt die Brücke ein paar Harpstedter Amerika-Auswanderern, die um die Jahrhundertwende wieder zurückkehrten und ein Gasthaus mit dem Namen „Klein Amerika“ eröffneten, das heute leider nicht mehr existiert.

Hinter der Brücke geht es wieder zurück nach Harpstedt. Über die Straße „Goseride“ und den Moorweg gelangt man zum Ausgangspunkt des Klein Amerika-Spaziergangs. Von hier geht es denselben Weg zurück zum Bassumer Bahnhof. In den Sommermonaten fährt an einigen Wochenenden die urige Museumsbahn „Jan Harpstedt“ zwischen Harpstedt und Delmenhorst.

Wer mag, kann sich vor der Rückfahrt noch den sehenswerten alten Ortskern von Harpstedt anschauen. 1739 durch einen verheerenden Großbrand völlig zerstört, wurde das Dorf anschließend nach barockem Vorbild wieder aufgebaut. Aus dieser Zeit stammen auch die rechtwinkligen, für einen kleinen Ort recht breiten Straßen. Sehr hübsch sind der mit Linden eingefasste Kirchplatz und die barocke Christuskirche von 1753. Das Wahrzeichen Harpstedts ist die **Galerieholländer-Windmühle** von 1871, deren Flügel bei einem Sturm in den letzten Jahren leider so stark beschädigt wurden, dass sie abgenommen werden mussten. Im **Koems**, dem historischen Scheunenviertel Harpstedts am südwestlichen Ortsrand, kann man sich auf eine Reise in die Vergangenheit des Ortes begeben.

Radtour und Spaziergang: 33 km

Hin und weg: Bhf. Bassum RS 2/RE 9 zweimal stündlich

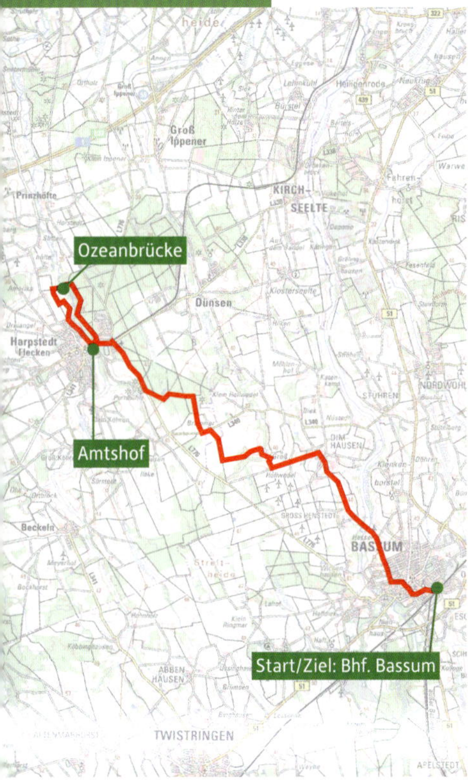

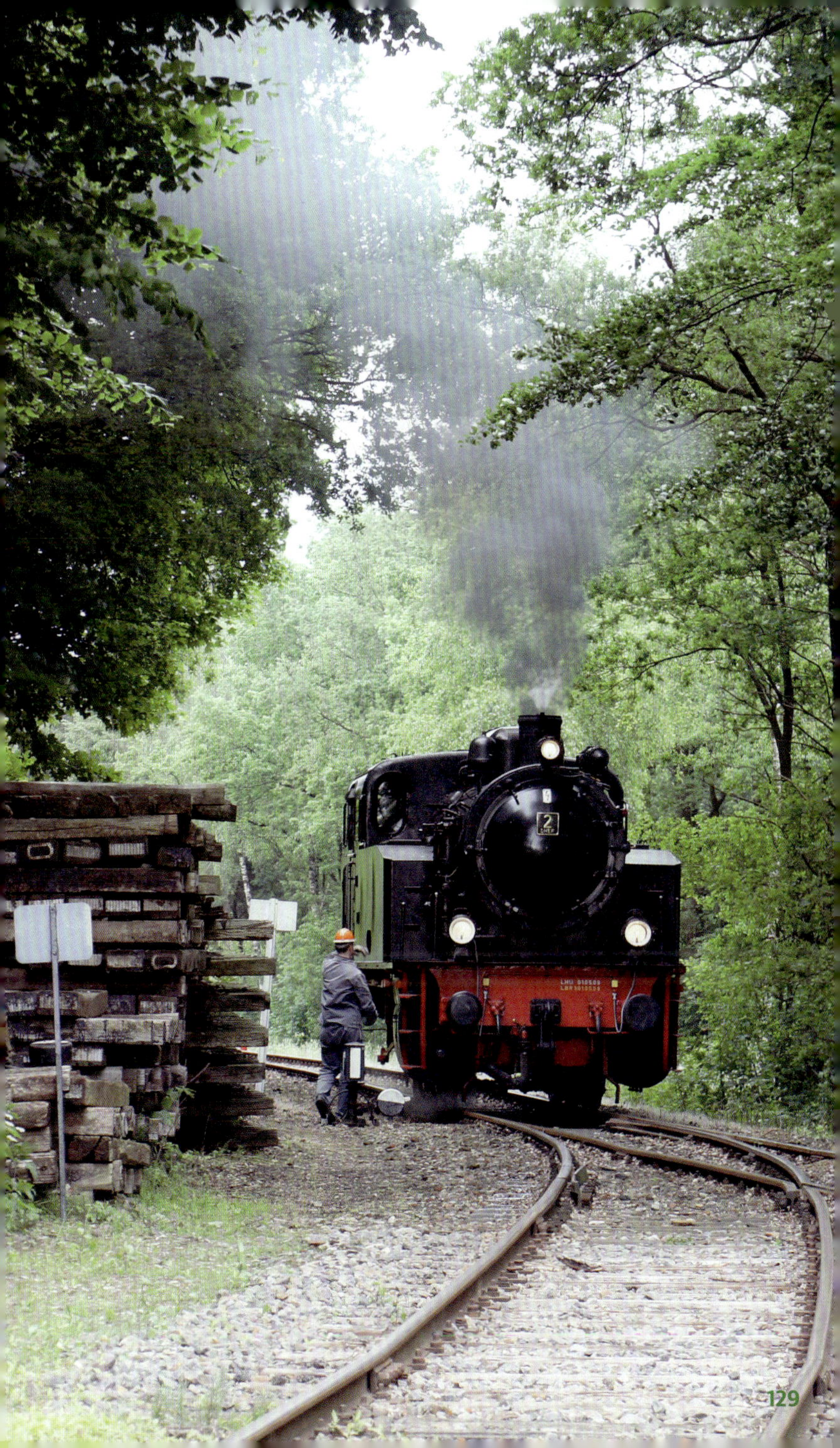

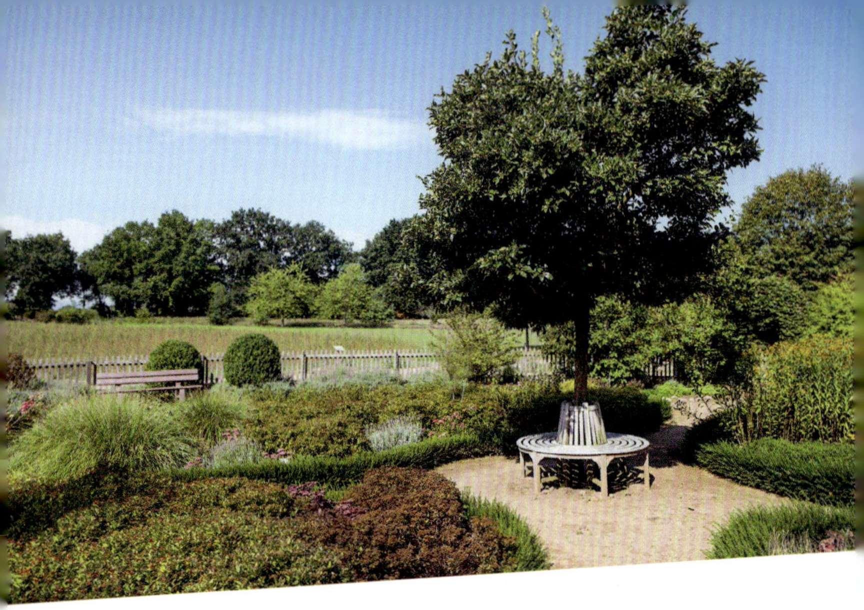

Kunst im Dorf

29

Brettorf – Wildeshausen

Im Künstlerdorf Dötlingen kann man sich auf die Spuren von Künstlerinnen und Künstlern begeben, Galerien besuchen und jahrtausendealte Steingräber besichtigen. Auf dem schönen Hunte-Radweg geht es am Fluss entlang weiter zum Bahnhof in Wildeshausen.

Von der kleinen verträumten Bahnstation im ländlichen Ort **Brettorf** geht es los in Richtung Neerstedt. Biegt man von der Brettorfer Straße rechts in die Straße „Heidesch“ ein, fährt es sich wunderbar ruhig durch Wiesen und Felder entlang des Rittrumer Mühlenbachs.

Eine scharfe Linkskurve führt in den alten Ortskern von Neerstedt, das seine Besucherinnen und Besucher mit schönen alten Eichen und großen Bauernhöfen verzaubert. Weiter geht es auf der Brettorfer Straße Richtung Ostrittrum durch das Neubaugebiet von Neerstedt. Hat man die Hauptstraße überquert, radelt man auf dem kaum befahrenen Geveshauser Weg weiter. Vom Oher Kirchweg rechts abgebogen, gelangt man in den „Holzkamp“. Jetzt geht es geradeaus, bis man links in den Geveshauser Kirchweg Richtung Dötlingen abbiegt.

Hier wird die Strecke leicht hügelig, man radelt durch ein Waldgebiet mit Wochenendhäuschen und kommt bei der Siedlung Egypten an ein paar **Hügelgräbern** vorbei. Am Waldrand entlang hat man einen schönen Blick auf die offene Geestlandschaft. Nachdem man vor Dötlingen noch einmal kräftig in die Pedale getreten ist, um den letzten Geesthügel zu bezwingen, wird man mit einer schwungvollen Abfahrt in den Ort belohnt. Am Dötlinger Großsteingrab vorbei, einer Megalithanlage aus dem 3. Jahrtausend v. Chr., hat man bald den Ortskern mit seinen reetgedeckten Fachwerkhäusern erreicht. Am „Dorfring“ befinden sich der alte Tabkenhof, der größte Niedersachsenhof in Vierständerbauweise, und die romanische Feldsteinkirche St. Firminus aus dem 11. Jahrhundert. Im Zentrum steht das Wahrzeichen Dötlingens, eine ehrwürdige 1000-jährige Eiche. Sie war Treffpunkt der sogenannten „Hollandgänger“ im 18./19. Jahrhundert, die gezwungen waren, eine Arbeit im benachbarten Holland anzunehmen.

Bekannt wurde **Dötlingen** vor allem durch Künstlerinnen und Künstler der Jahrhundertwende, die den Ort entdeckten und sich hier niederließen – ähnlich wie in Fischerhude, Worpswede oder Dangast zu dieser Zeit. Der Bremer Dichter Johann Beyer beschrieb Dötlingen 1901 als „ … ein weltabgeschiedenes, stilles Heidedorf. Alte, zum Teil uralte, oft baufällige, windschiefe, strohgedeckte Häuser, eine altersgraue Kirche, wenig gepflegte Wege – ver-

Püttenhus
Ehemaliger Pfarrhausspeicher mit wechselnden Ausstellungen und Klönschnackabenden

Heideweg 3
www.bhv-doetlingen.de

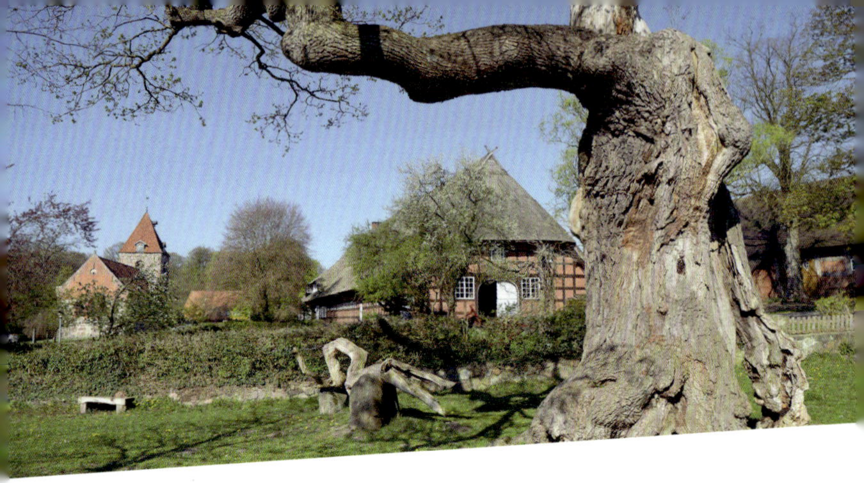

Noch steht sie: die 1000-jährige Eiche in Dötlingen

leihen dem Orte eine ganz besondere malerische Schönheit, die dadurch noch erhöht wird, dass das Terrain ein hügeliges ist und überall die wundervollsten Fernsichten bietet".

Zum wichtigen kulturellen Anziehungspunkt entwickelte sich die Malschule Villa Meineck des Künstlers Georg Müller vom Siel. Hier konnten sich auch Frauen dem Kunststudium widmen, was zu dieser Zeit noch eine Besonderheit war, denn bis zum Jahr 1919 war Frauen in Deutschland der offizielle Zugang zu Kunsthochschulen verwehrt. Bekannte Vertreterinnen der Malschule Villa Meineck sind die Künstlerinnen Marie Stein-Ranke, Anna Feldhusen und Marie Stumpe.

Heute leben noch immer viele Künstlerinnen und Künstler in Dötlingen oder in der näheren Umgebung. Im Ort gibt es viele Läden und Galerien, die Kunst und Souvenirs anbieten. Die Bilder alter Dötlinger Meister (Bernhard Müller vom Siel, August Kaufhold, Otto Pankok) sind sowohl im Café als auch in der **Galerie im Heuerhaus** ausgestellt. Sehr empfehlenswert ist der Besuch der **Müller vom Siel Kate** und des **Dötlinger Kunsthauses**. In allen drei Häusern finden wechselnde Ausstellungen, Kurse und Kulturveranstaltungen statt. Mehrfach im Jahr gibt es im Rahmen der **Dötlinger Gartenkultur** auch Veranstaltungsreihen mit Künstlerinnen und Künstlern aus der Region, die ihre Häuser und Gärten dem Publikum öffnen.

Wer mag, kann in einem der Cafés und Gasthöfe eine Erholungspause einlegen, bevor es zur zweiten

Heuerhaus-Café
Selbstgemachte Torten, Frühstück nach Anmeldung, Ausstellungen

Rittrumer Kirchweg 2
27801 Dötlingen
www.heuerhauscafe.de

Attraktion von Dötlingen geht: den **jungsteinzeitlichen Grabanlagen**. Dorthin gelangt man über die Straße Karkbäk und findet hinter der alten Dorfschule eine Infotafel zum Wanderweg Huntepadd. Von hier folgt man einfach der Ausschilderung und durchquert einen Wald mit mächtigen alten Buchen und weiß schimmernden Birken. Auf einer schmalen Holzbrücke überquert man die Hunte und ist bald bei den Grabanlagen von Dötlingen, der Glaner Braut, angekommen.

Der Name Braut/Bräutigam für einige Großsteingräber wurzelt vermutlich in dem heidnischen Brauch, Familienfestivitäten wie Eheschließungen an Gräbern abzuhalten. Infotafeln vor Ort geben Auskunft über diese Großsteingräber, die Ausmaße von bis zu 50 Metern Länge und 8 Metern Breite haben.

Hat man ein zweites Mal die Hunte überquert, ist schnell der Heideweg erreicht, wo man auf den ausgeschilderten Hunte-Radweg stößt, der bis nach Wildeshausen führt.

In Wildeshausen (▶ Tour 30, Seite 134) radelt man an der altehrwürdigen Alexanderkirche vorbei. Das gegenüberliegende historische Amtshaus beherbergt ein exklusives Lokal, in dem, wer will, noch fürstlich speisen kann, bevor es über die Kirchstraße und am Marktplatz vorbei zum Bahnhof geht.

Müller vom Siel Kate
Erste Malschule des Künstlers Bernhard vom Siel. Das denkmalgeschützte Gebäude ist vorrübergehende Herberge und Arbeits-/Ausstellungsraum für Künstlerinnen und Künstler sowie kulturelle Begegnungsstätte.

Rittrumer Kirchweg 1c
27801 Dötlingen
www.doetlingen-stiftung.de

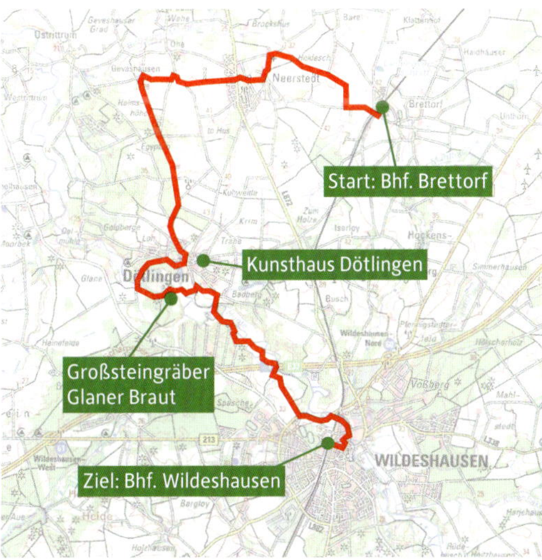

Radtour: 22 km

Start: Bhf. Brettorf
RB 58 alle 60 Minuten

Ziel: Bhf. Wildeshausen
RB 58 alle 60 Minuten

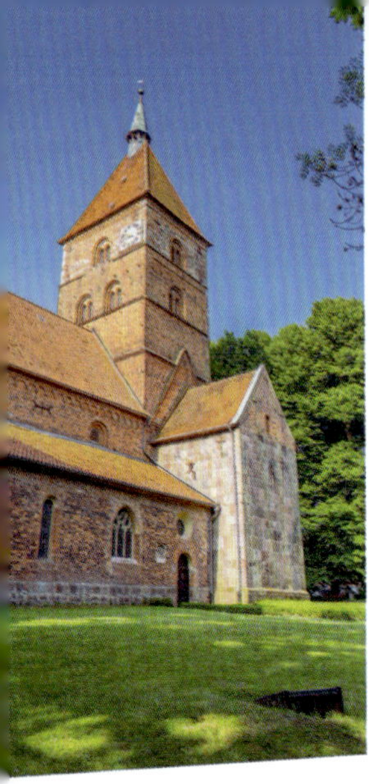

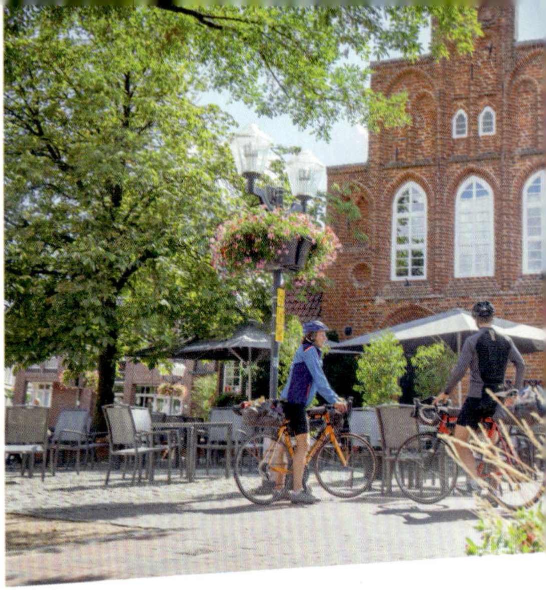

Wilde Geschichte

30

Wildeshausen

Auf dem ruhigen Hohen Wall entlang führt der Stadtspaziergang durch Wildeshausen. Hier kann man sich auf die Spuren der spannenden und wechselhaften Stadtgeschichte begeben, die alte Alexanderkirche besichtigen und wem der Sinn nach Natur steht, der kann noch eine kleine Wanderung durch die Katenbäker Heide machen.

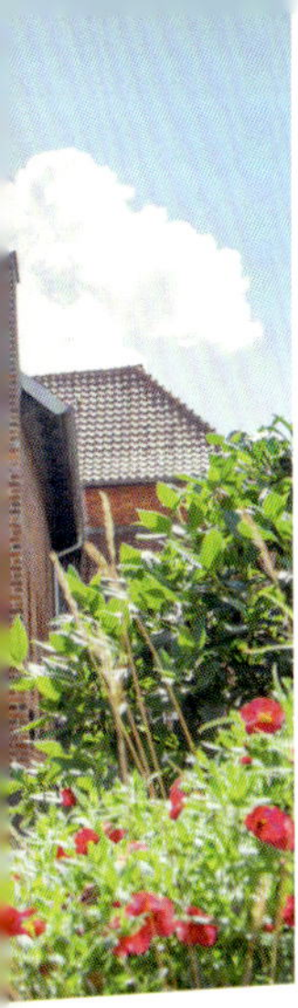

Schon der Name deutet an, dass sich hier eine lebendige und wechselvolle Geschichte abgespielt hat – und richtig: für den letzten bedeutenden Gegenspieler Karls des Großen, Widukind, Herzog der Sachsen, war **Wildeshausen** vermutlich eines seiner wichtigen Machtzentren.

Widukind kämpfte lange Zeit in den Sachsenkriegen gegen die Franken und die damit einhergehende Christianisierung. 804 gab Widukind schließlich seinen Widerstand auf und ließ sich taufen. Der Name Wildeshausen stammt allerdings, so wird angenommen, von einem Nachfahren Widukinds, nämlich dem Ortsgründer Wigald. Aus Wigaldinghus wurde schließlich Wildeshausen.

Will man sich auf die Spuren der Stadtgeschichte begeben, läuft man die Bahnhofsstraße mit ihrer traditionellen Klinkerpflasterung entlang und biegt links in den hohen Wall ein. Unter alten Eichen und Buchen, fernab des Autoverkehrs, kann man hier (fast) den ganzen alten Ortskern umrunden.

Wildeshausen bekam schon bei seiner Gründung im Jahr 1270 von dem Erzbischof Hildebold von Bremen die Stadtrechte verliehen und ist damit die älteste Stadt im Oldenburger Land. Zum Schutz der Stadt wurde um den Stadtkern eine Mauer errichtet. Durch die günstige Lage an der „Vlamschen Strat", einem wichtigen Handelsweg von Holland bis Skandinavien, und am Hunte-Übergang wuchs der Marktort Wildeshausen sehr schnell.

Das Jahr 1529 ging als „Schicksalsjahr" in die Wildeshausener Geschichte ein: Im Zuge von Konfessions-Konflikten während der Reformationszeit wurde der damalige Bürgermeister Lickenberg hingerichtet, der Ort verlor seine Stadtrechte und musste die Stadtmauern niederreißen. Politische Wirren, Krankheiten, Brände und Kriege verhinderten, dass Wildeshausen in den folgenden Jahrhunderten seine alte Bedeutung wiedererlangte.

Läuft man einen kleinen Schlenker Richtung Hunte, gelangt man vom Wall zum alten **Amtshaus**

Alexanderkirche mit Remter (Kapitelhaus)
Älteste Kirche im Oldenburger Land mit schönen Jugendstilmalereien

Herrlichkeit 6
27793 Wildeshausen
www.ev-kirche-wildeshausen.de
Führungen: Wolfgang Jöllenbeck (Tel. 01 62 6 67 86 87)

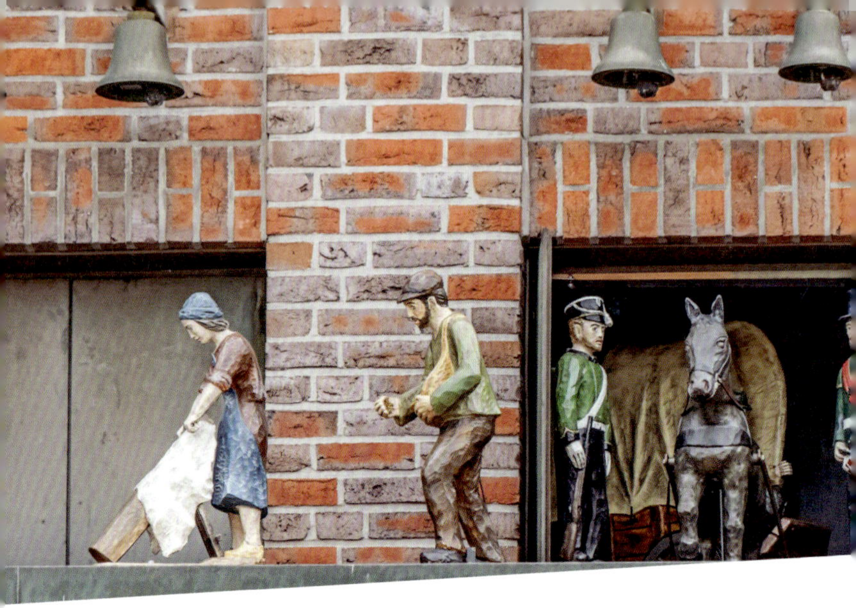

Das Glockenspiel mit Figurenumlauf in Wildeshausen erzählt ein Stück Stadtgeschichte

(heute ein renommiertes Lokal) und zur **Alexanderkirche**, die zusammen mit dem alten Kapitelhaus ein wunderschönes Ensemble bildet. Die heutige Kirche stammt aus dem 13. Jahrhundert. Sie wurde ursprünglich vom Grafen Waltbert, einem Enkel des sagenumwobenen Widukind, gegründet. Er soll 851 n. Chr. vom damaligen Papst in Rom Reliquien des Märtyrers und Heiligen Alexander zur Missionsarbeit empfangen haben. Zu Ehren des Heiligen wurde eine steinerne Kirche gebaut und Wildeshausen wurde zum Wallfahrtsort.

Als Folge der Reformation ist die Alexanderkirche heute evangelisch und die Reliquien befinden sich in der Pfarrkirche St. Georg in Vechta. Besonders beeindruckend sind die wieder freigelegten Fresken aus dem 13. Jahrhundert in der Sakristei, die Jugendstilfenster und die filigranen Blumen- und Blattrankenmalereien an der nördlichen Empore.

Das sich direkt an die Kirche anschließende Kapitelhaus ist über 1000 Jahre alt. Hier wohnten in klosterähnlicher Gemeinschaft die Stiftsherren. Heute wird der Remter für die Gemeinde- und Jugendarbeit der evangelischen Kirche genutzt.

Durch den Torbogen hindurch gelangt man auf die Sägekuhle, eine nach historischen Bildern umgestaltete Gasse, die weiter über die Kirchstraße zum **Marktplatz** mit dem gotischen **Rathaus** führt. Mit

Ratskeller Wildeshausen
Restaurant im Keller des historischen Rathauses

Am Markt 1
27793 Wildeshausen

etwas Glück ist man gerade hier, wenn das **Glockenspiel mit Figurenumlauf** am neuen Stadthaus ertönt. 23 Glöckchen werden elektromagnetisch angeschlagen und zu den Melodien erscheinen sechs Lindenholzfiguren, die an das Leben und die Geschichte der Stadt erinnern.

Anschließend geht's die Burgstraße hoch, vorbei an der katholischen Kirche St. Peter zur Wittekindstraße. Auf der anderen Straßenseite beginnt der an der Hunte gelegene **Stadtpark** mit dem Burgberg. Dort stand einst die Wildeshauser Burg, erbaut im 13. Jahrhundert durch die Grafen von Oldenburg-Wildeshausen. Nach einer wechselvollen Geschichte verfiel die Burg im 17. Jahrhundert.

Wer mag, kann von hier aus zu einer kleinen Wanderung an der Hunte und entlang der Geestkante aufbrechen oder sich für die etwas längere Variante durch die **Katenbäker Heide** und entlang der **Moorbäke** entscheiden.

Südlich der Katenbäker Heide und nördlich des Naturschutzgebietes Pestruper Moor verläuft die Katenbäke, die hier in die Hunte mündet. Die Moorbäke ist ebenso ein Nebenfluss der Hunte und verläuft ein Stück weiter nördlich. Die Strecke entlang der Ufer ist sehr beschaulich und naturnah.

Glockenspiel im „Stadthaus"
23 Bronzeglocken, die im Jahresverlauf verschiedene regions- oder jahreszeittypische Melodien spielen. Im Figurenumlauf erscheinen sechs aus Lindenholz geschnitzte Figuren, die an die Geschichte der Stadt erinnern. Das Glockenspiel erklingt täglich um 10, 12, 16 und 18 Uhr.

Spaziergang: 3 oder 9 km
Hin und weg: Bhf. Wildeshausen
RB 58 alle 60 Minuten

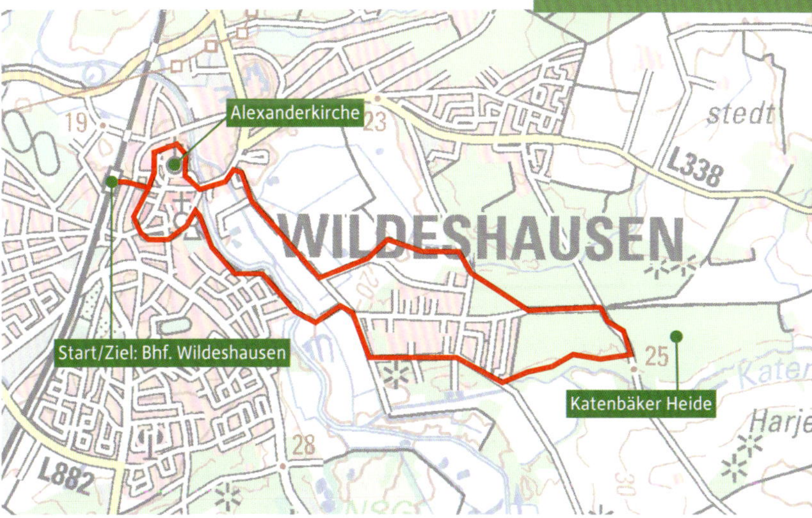

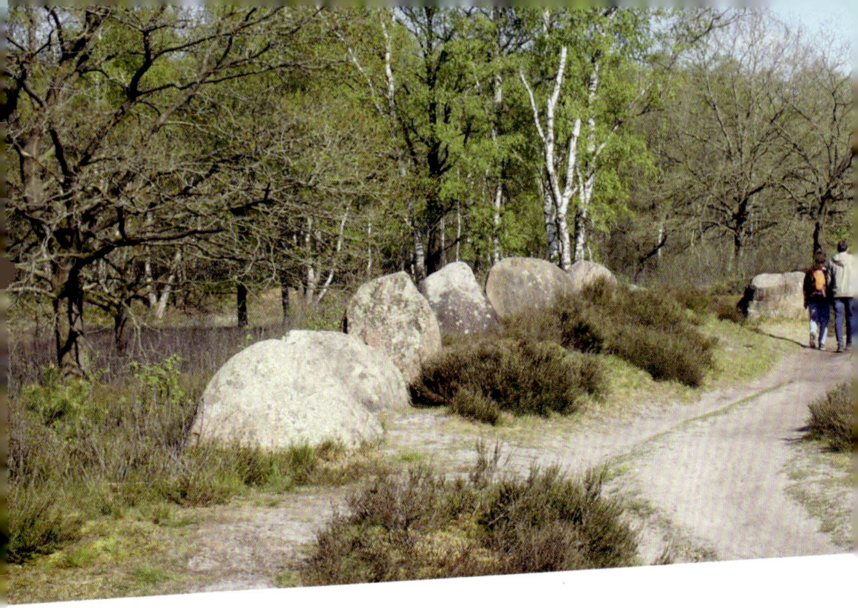

Durch die Heide zum Steingrab

31

Pestruper Gräberfeld

Die kleine 13-Kilometer-Wanderung startet im geschichtsträchtigen Städtchen Wildeshausen und führt an der Hunte entlang durch eine einzigartige Geestlandschaft. Von Juli bis zum späten August ist es hier besonders bezaubernd, denn in diesen Monaten steht die Heide in voller Blüte. Jahrtausendealte, riesige Steingräber geben der Gegend ihren ganz eigenen Touch.

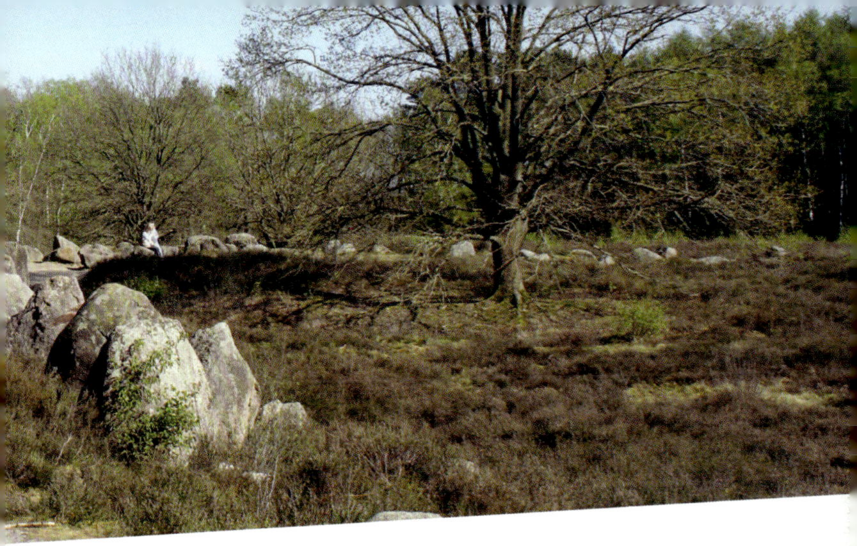

Vom Bahnhof **Wildeshausen** läuft man über die Bahnhofstraße zum Marktplatz (► Tour 30, Seite 134) und weiter die Burgstraße hoch an der Kirche St. Peter vorbei. Hat man den Stadtpark durchquert, erreicht man einen Fuß- und Radweg, der am Ufer der Hunte entlangführt und wenig später als Hunte-Radweg ausgeschildert ist.

An der während der Eiszeit entstandenen Geestkante geht's über die Brücke in Richtung **Katenbäker Heide**. Von hier aus hat man einen weiten Blick auf den Fluss, der sich gehölzumsäumt durch die Landschaft schlängelt. Der Begriff „Geest“ kommt vom niederdeutschen „güst“, was trocken und unfruchtbar bedeutet. Die Altmoränenlandschaft ist geprägt von den sandigen Ablagerungen der Eiszeit, in den Niederungen dazwischen gibt es Feuchtwiesen und manchmal auch Moore.

Auf der „Rosenbrücke“ überquert man die Hunte ein zweites Mal und verlässt den Hunte-Radweg an der „Bauerschaft Pestrup“ in Richtung Westen. Jetzt wandert man durch eine Flusslandschaft mit vielen Altarmen und durch ein Niedermoorgebiet, das unter Naturschutz steht.

An der Pestruper Straße angekommen läuft man rechts ein kurzes Stück die Straße entlang und kann schon fast die baumlose, hügelige Heidelandschaft erkennen. Das Terrain gilt als eine der letzten gro-

Historisches Rathaus mit Tourist-Information
Rathaus mit markantem hochgotischen Stufengiebel aus dem 13./14. Jh. Der obere Ratssaal und das historische Trauzimmer können besichtigt werden.

Am Markt 1a
27793 Wildeshausen
www.wildeshausen.de

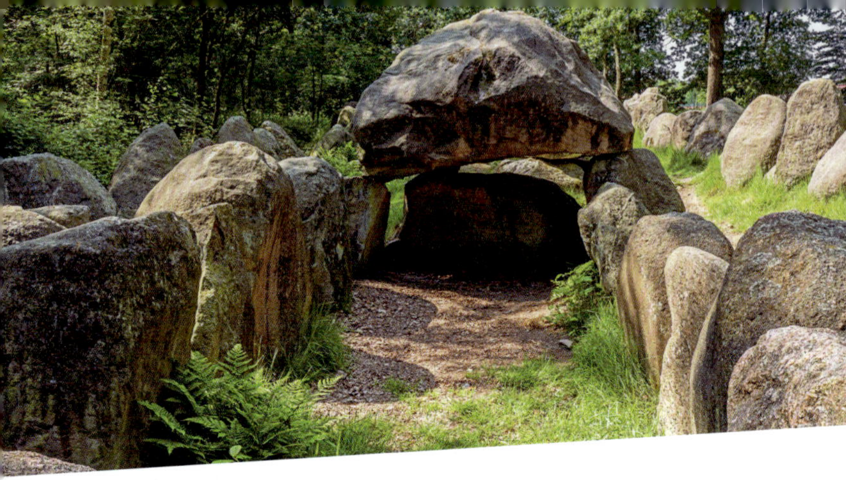

Groß und schwer: eines der jungsteinzeitlichen Großsteingräber in Kleinenkneten

ßen zusammenhängenden Heideflächen des Oldenburger Raums und steht unter Naturschutz. Auf Höhe des Waldparkplatzes geht es links in einen Pfad und man hat das etwa 39 Hektar große, riesige **Pestruper Gräberfeld** vor sich. Hier befinden sich 530 erhaltene Grabhügel, darunter auch Königsgräber. Einer Legende nach sollen an diesem Ort massenhaft an der Pest verendete Riesen ihre letzte Ruhestätte haben, daher der Name „Pestrup".

Das große und gut erhaltene Hügelgräberfeld stammt aus der späten Bronze- und frühen Eisenzeit (zwischen 900 und 200 v. Chr.). Über einen Zeitraum von mehr als 1 000 Jahren wurden die Toten der Umgebung hier verbrannt und die Urnen mit der Asche in Erdhügeln beigesetzt. Im Nordteil des Gräberfeldes findet man tellerartig geformte Hügel von etwa 1,20 Metern Höhe und Durchmessern von etwa 30 Meter. Sie werden wegen ihrer Größe **Königshügel** genannt. Über 10 000 Gefäßteile, Waffen und Perlenschmuck aus der Trichterbecherkultur wurden auf dem Gräberfeld gefunden. Sie sind heute im Oldenburger Landesmuseum Natur und Mensch zu besichtigen (► Tour 37, Seite 164). Wegen des flächendeckenden Heidebesatzes ist ein Besuch des Pestruper Gräberfeldes von Juli bis zum späten August besonders reizvoll, da zu dieser Zeit die Heide blüht. Diese Naturschönheit kann nur durch regelmäßige Schafhaltung vor zu starkem Bewuchs durch Birken und Kiefern geschützt werden.

Inmitten des Pestruper Gräberfelds steht eine Gruppe von etwa einem Dutzend ca. 60 Jahre alter

Altes Amtshaus
Gehobene neue deutsche Küche in historischem Ambiente und mit Sommergarten, leckere Überraschungsmenüs und hausgemachter Kuchen

Herrlichkeit 13
27793 Wildeshausen
www.amtshaus-wildeshausen.com

Birken. Das Vorkommen von Bäumen inmitten einer Heidefläche ist im dichten Heidekraut recht ungewöhnlich. An der Stelle, an der heute die Birkenbäume stehen, stürzte im Zweiten Weltkrieg ein amerikanischer Bomber ab. Der Einschlag vernichtete das Heidekraut rundherum, so dass (durch Flugsamen) inmitten des Feldes Birkenbäume wachsen konnten, die den Absturzort des Bombers noch heute genau markieren.

Am Schafkoben vorbei, in dem die Schafe Schutz finden können, läuft man über den leicht sandigen Weg und stößt hinter einem Waldstück auf den Lohmühlenweg. Hier geht's links ab die Landstraße hinunter bis zur Kreuzung Kleinenkneten, wo man rechts abbiegt. Folgt man dem Hinweis zu den **Kleinenkneter Steinen**, gelangt man zu zwei Großsteingräbern.

Wanderung: 14 km
Hin und weg: Bhf. Wildeshausen
RB 58 alle 60 Minuten

Beide „Hünenbetten" stammen aus der Jungsteinzeit (3 500 v. Chr.). Besonders das große Grab ist faszinierend. Es umfasst über 90 Findlinge mit einem Gesamtgewicht von ca. 300 Tonnen. Für die Überhügelung beanspruchte man rund 700 Quadratmeter Erde. Alles in allem hätte man mit dem Baumaterial 45 Eisenbahnwaggons füllen können. In der Mitte liegt eine große Grabkammer, in die man wie in eine Höhle gebückt hineingehen kann.

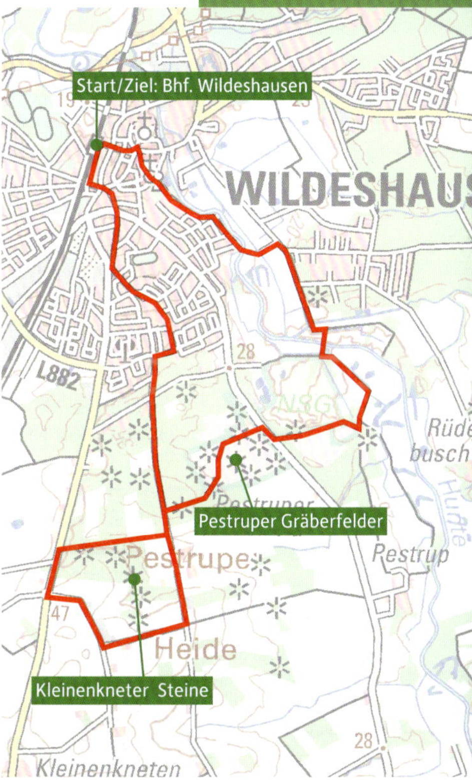

Läuft man den Waldpfad zurück und wandert auf dem Weg weiter, den man gekommen ist, muss man sich an den nächsten Kreuzungen zwei Mal rechts halten, um nach Wildeshausen zurückzugelangen. Von der Goldenstedter Straße geht bald rechts ein Waldweg ab, der wieder zum Lohmühlenweg führt. Immer geradeaus geht's bis zum Lönsweg und über den romantischen Hohlweg Kuhtrade zurück in die Innenstadt.

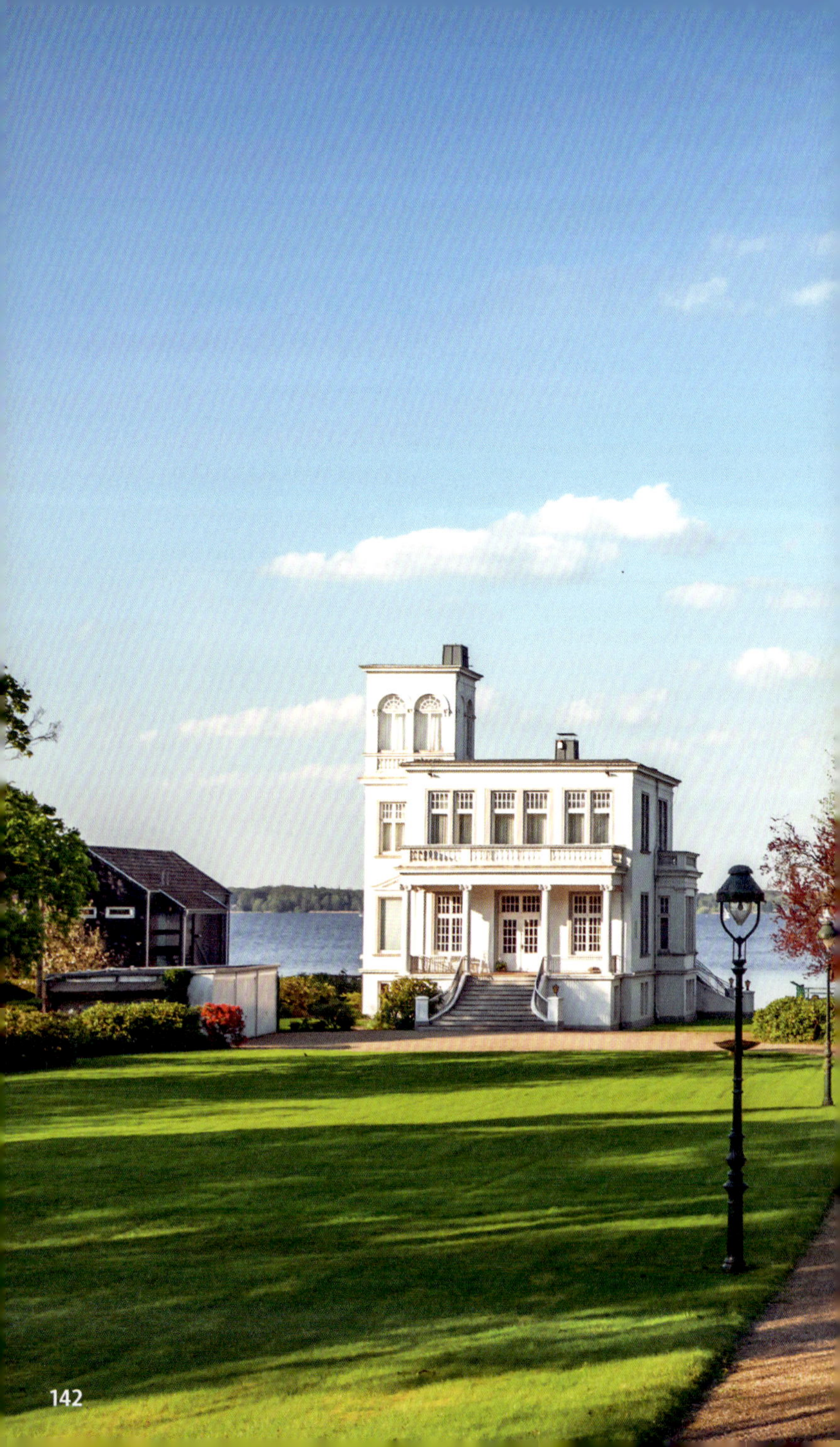

Nordwest

Nordwestlich von Bremen wartet eine wunderbare Mischung aus reizvoller Natur, spannenden Kulturangeboten und maritimem Flair. Orte wie Delmenhorst, Rastede oder Oldenburg begeistern mit ihren Sehenswürdigkeiten. Auf dem Weg liegen außerdem imposante Schlösser und Parklandschaften. Und wer sich nach dem Meer sehnt, der fährt an den schönen Strand in Burhave. Oder man umrundet das etwas kleinere Meer im malerischen Bad Zwischenahn.

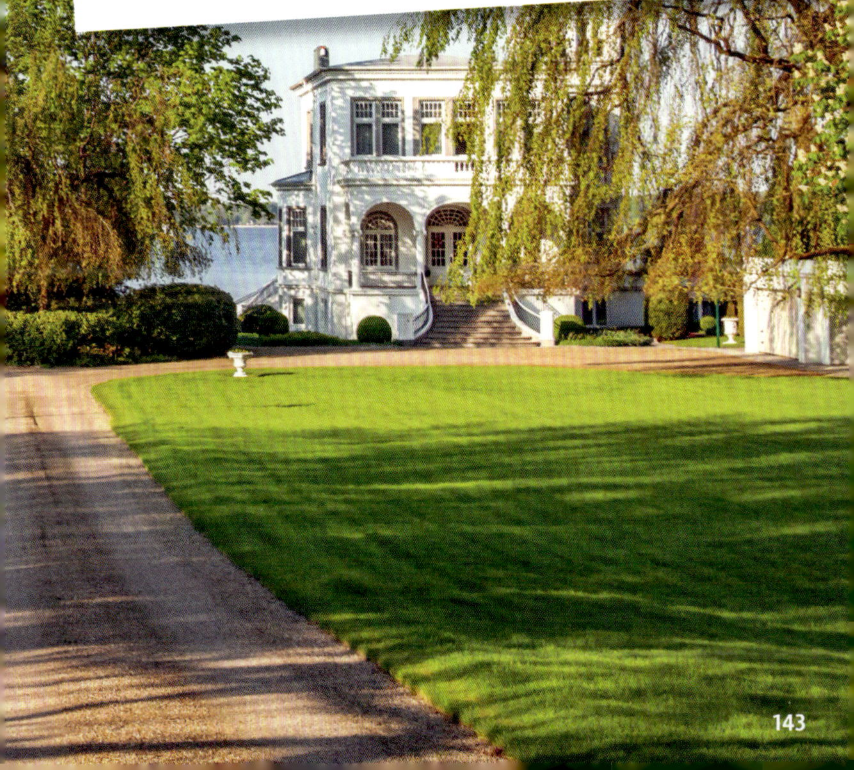

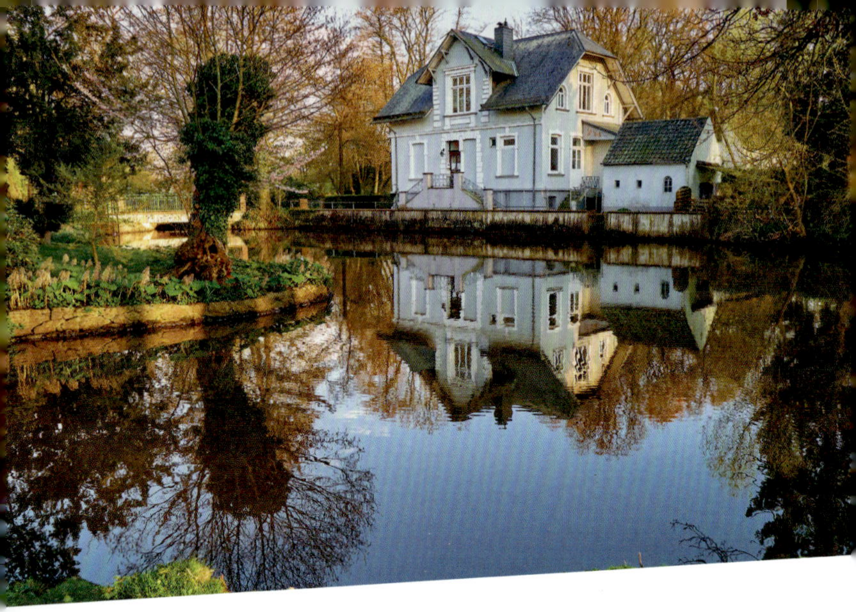

Auf nach Delmenhorst!

32

Bremen – Delmenhorst

In Delmenhorst empfiehlt sich unbedingt ein Besuch des Museums für IndustrieKultur, das eines der größten Industriedenkmäler Europas ist. Wer Lust auf Kultur hat, kann sich in der städtischen Galerie „Haus Coburg“ zeitgenössischer Kunst widmen. In den Graftanlagen mit der Burginsel findet man ein herrliches Parkidyll in der ehemaligen Industriestadt.

Los geht's am Bahnhof **Bremen-Neustadt**. Die Neustadt ist mit rund 45 000 Einwohnern Bremens größter Stadtteil und ein sehr lebhafter Bezirk mit vielen Cafés und Bars. Richtung Delmenhorst geht es jetzt stadtauswärts. Dazu radelt man südlich vom Neustädter Bahnhof durch die Unterführung und biegt danach leicht links in die Simon-Bolivar-Straße ein. Der parallel laufende Radweg mündet in die Mittelkampstraße, an deren Ende links wieder ein Radweg abbiegt. Kurz vor der Senator-Appelt-Straße beginnt rechts der Schutzdeich, ein exponierter Fahrradweg an Kleingärten entlang, der in ländlichere Gefilde führt.

An der Stromer Landstraße biegt man nach links ab und lässt, nachdem man die Autobahn überquert hat, die Stadt hinter sich. Jetzt schweift der Blick über die weite Bremer Marschlandschaft und die **Ochtumniederung** bei Brokhuchting (▶ Tour 33, S. 148). Das Naturschutzgebiet ist Teil des am linken Weserufer gelegenen Niedervielandes und umfasst 375 Hektar. Die Sumpflandschaft, bis heute nahezu unverändert, ist durchzogen von Deichen, Fleeten und einem engmaschigen Netz aus schmalen Gräben. Das Gelände bietet einer großen Vielfalt von rastenden Wasser- und Wattvögeln einen Lebensraum und ist Brutgebiet für Wiesenvögel. 213 verschiedene Vogelarten leben, nisten und rasten hier. Damit auch die empfindlichsten Teile der Natur eine langfristige Entwicklungschance haben, ist ein Großteil des Gebiets nicht zugänglich. Eindrucksvolle Naturbeobachtungen kann man aber sehr gut auch an einem der vielen **Aussichtspunkte** machen.

Biegt man links in die Brokhuchtinger Landstraße ein, kommt man bald an einem solchen vorbei und fährt direkt am Rand des Naturschutzgebiets entlang. Kurz nach der Aussichtsplattform biegt rechts der Uhlenbroker Weg ab und man kann ab hier ganz einfach der Radroute des Grünen Rings folgen (S5 Zu Grün und grenzenlos). In Hasbergen, einem ländlichen Ortsteil von Delmenhorst, trifft man auf die Delme, an deren Verlauf entlang man bis ins Zentrum von Delmenhorst radelt.

Auf dem Weg dorthin kommt man in **Hasbergen** an einer historischen **Wassermühle** vorbei, die ein Mühlenmuseum mit einer fast vollständigen Mühleneinrichtung beherbergt. Im Museum wird

Haus Coburg
Städtische Galerie Delmenhorst, wechselnde Ausstellungen mit Kunst aus dem 20. und 21. Jahrhundert

Fischstraße 30
27749 Delmenhorst
www.hauscoburg.de

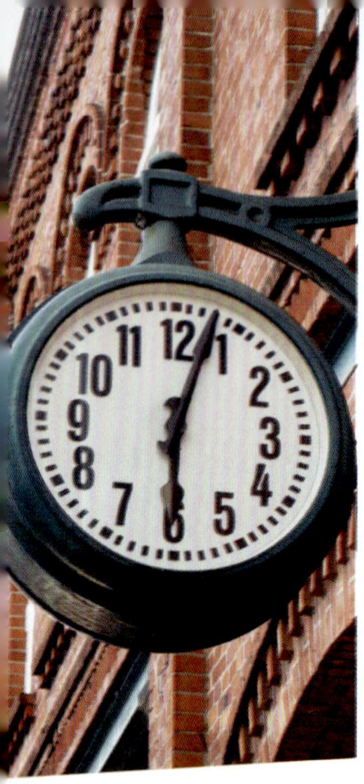

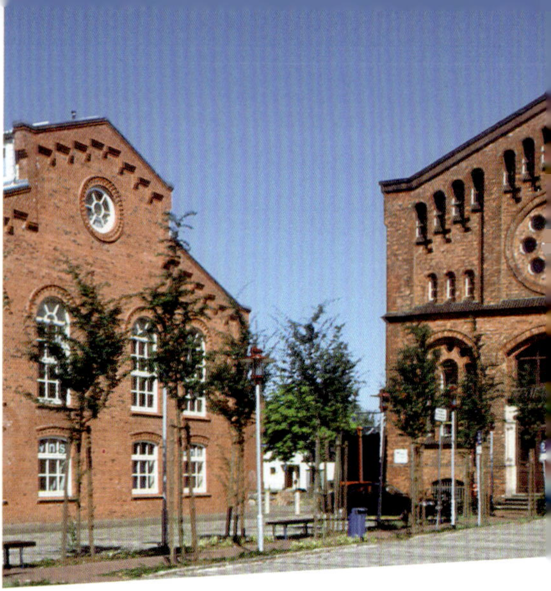

Im Museum für IndustrieKultur kann man Spannendes zur Stadt- und Industriegeschichte erfahren

gezeigt, wie das Leben und die Arbeit in einer Mühle ausgesehen haben. Hinter der Mühle lässt sich unter alten Bäumen am Wasser gut eine kleine Pause einlegen. Weiter auf dem Grünen Ring führt der Weg vorbei am Umspannwerk durch eine naturbelassene Gegend über wettergegerbte Holzbrücken und entlang der Delme bis nach Delmenhorst.

Delmenhorst, eine kontrastreiche Stadt zwischen Industriekultur und idyllischen Grünanlagen, kann mit einem vielfältigen Angebot an Sehenswürdigkeiten aufwarten. Als Wahrzeichen der Stadt gilt der 44 Meter hohe **Wasserturm**, von dem man einen tollen Panoramablick über die Stadt hat. Südlich des Wasserturms erstrecken sich entlang der Delme die **Graftanlagen** mit der **Burginsel**, die bis ins 17. Jahrhundert der Sitz der Delmenhorster Grafen war. Das gräfliche Gartenhaus erinnert an die glorreiche Zeit. Mit den imposanten alten Baumbeständen und durchzogen von Wasserläufen eignet sich die Burginsel perfekt zum Ausspannen und Relaxen.

Wer sich für Kunst interessiert, sollte das **Haus Coburg** besuchen, denn dort befindet sich die städtische Galerie Delmenhorst. Die wechselnden Ausstellungen mit moderner Kunst haben inzwischen eine überregionale Bekanntheit erlangt.

Delmenhorst war einst ein Zentrum der weltweiten Wollverarbeitung. Das Aushängeschild der

Markteins
Restaurant – Bar – Café
Zentral nahe Rathaus und Markthalle gelegenes Lokal an der Delme. Günstige, junge Küche, Cocktails und Sommerterrasse.

Mühlendamm 3
27749 Delmenhorst
www.m1-del.de

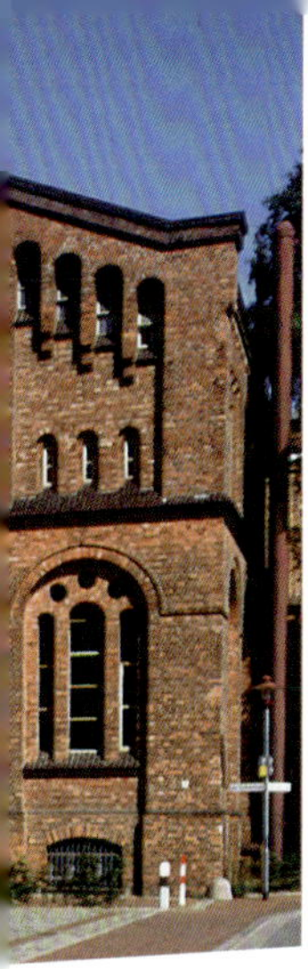

Stadt ist unter anderem das nordwestdeutsche **Museum für Industrie-Kultur**, das inmitten des europaweit einmaligen, denkmalgeschützten Geländes der ehemaligen Norddeutschen Wollkämmerei und Kammgarnspinnerei ansässig ist. Auf einer Ausstellungsfläche von rund 2 300 Quadratmetern wird die Geschichte des 1884 gegründeten Textilkonzerns Nordwolle dokumentiert, die exemplarisch für die Industrialisierung des 19. und 20. Jahrhunderts steht. Außerdem kann man anhand der teilweise noch funktionierenden Maschinen erfahren, wie aus Rohwolle Garn hergestellt wird. Die Maschinen in der Fabrik liefen bis zum Jahr 1981, dann wurde die Produktion eingestellt. Der Wegfall vieler Arbeitsplätze gibt eine Erklärung für den teilweise bis heute hohen Leerstand in einigen Teilen der Stadt.

Vom Museum für IndustrieKultur ist es nicht mehr weit bis zum Delmenhorster Bahnhof, wo der Zug zurück nach Bremen fährt.

Radtour: 16 km

Start: Bhf. Bremen-Neustadt

Ziel: Bhf. Delmenhorst
Stündlich bis zu fünf Regionalbahnen

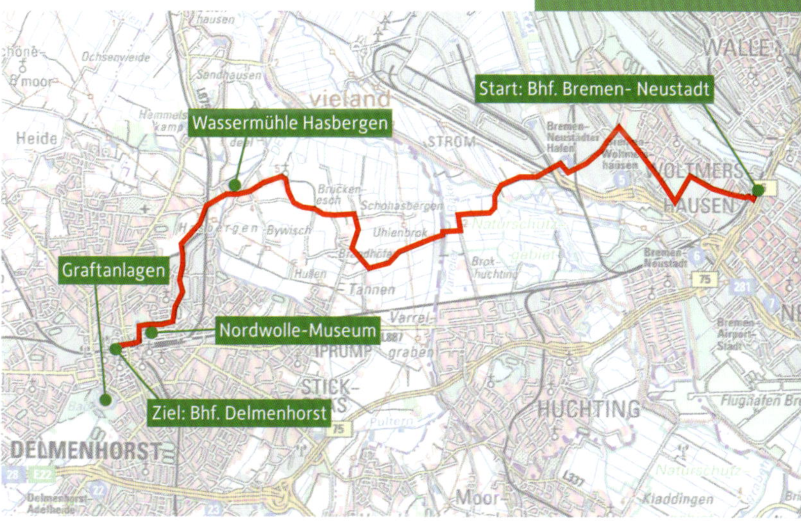

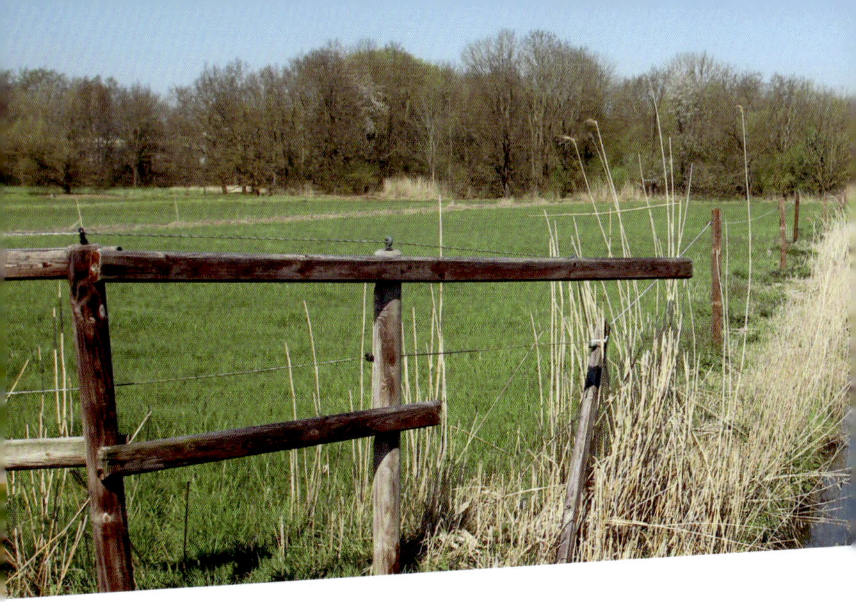

Das Vogelparadies an der Ochtum

33

Bremen Neustadt – Vegesack

Von der lebhaften Bremer Neustadt geht es raus ins Naturschutzgebiet der Ochtumniederung. Das Vogelschutzgebiet beheimatet eine Vielzahl von seltenen Vögeln, die man mit etwas Glück von einem der Aussichtstürme erspähen kann. Hat man das Ochtumsperrwerk hinter sich gelassen, geht es mit der Fähre über die Weser nach Bremen Vegesack.

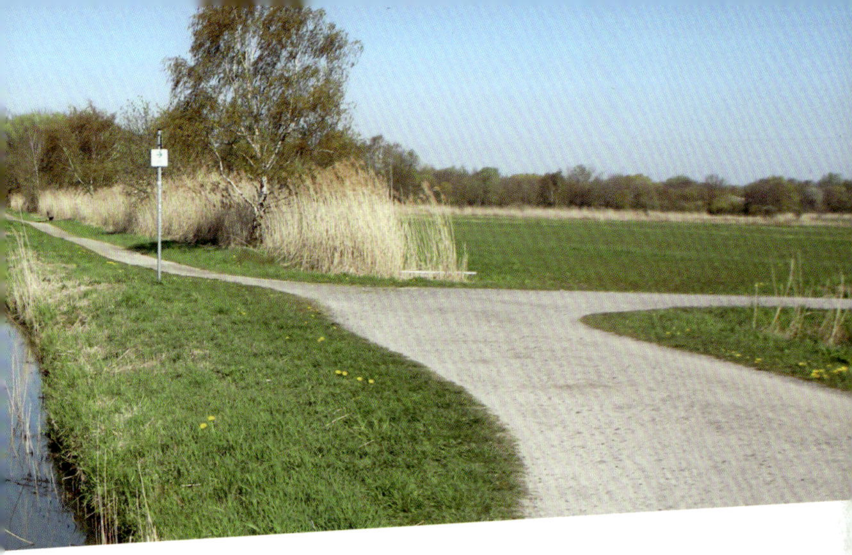

Am Bahnhof Bremen-Neustadt angekommen, muss man zunächst die große Oldenburger Straße überqueren, um dann durch grüne Parkanlagen an der Hochschule Bremen und dem Hallenbad Süd vorbeizuradeln. In die Friedrich-Ebert-Straße rechts abgebogen, folgt man für ein kurzes Stück der Radroute des Grünen Rings (S 4.2 Zu Gärten und Gold).

Hat man den Park links der Weser erreicht, verlässt man den Grünen Ring wieder und fährt nach dem Überqueren der Ochtum rechts auf dem Grollander Deich Richtung Norden. Hier breitet sich die Ochtumniederung vor einem wie ein weites Tuch aus. Nochmal überquert man die Oldenburger Straße und dann die Bahnschienen. Jetzt geht es ein paar Meter auf dem „Wardamm" entlang, bis links parallel zur Bahnlinie ein Fuß- und Radweg (Hoveweg) in nördliche Richtung abgeht.

Von hier hat man einen wunderschönen Blick auf die künstlich angelegte Flusslandschaft, die neuen Lebensraum für Pflanzen und Tiere geschaffen hat: Für den Ausbau des Flughafens musste die Ochtum verlegt werden und bekam als Ausgleich Ende der 1980er-Jahre ein neues Gewässerbett nach ökologischen Gesichtspunkten. In den vergangenen 30 Jahren haben sich in dem Gebiet nach und nach neue Lebens- und Freiräume entwickelt. Ein kleines Paradies für Naturliebhaber und Erholungssuchende

Hotel-Restaurant „Zur Ochtumbrücke"
Traditionelle Fischgaststätte mit vielen regionalen Spezialitäten, Café, Sommergarten, Fahrrad-/E-Bike-Verleih und Bootsanleger

Stromer Landstraße 53a
28197 Bremen
www.zur-ochtumbruecke-spille.de

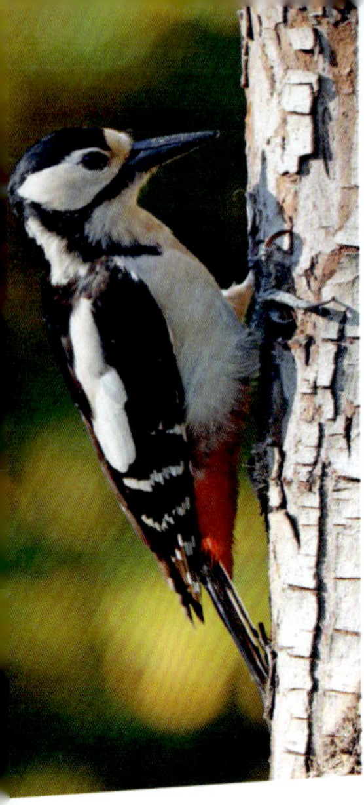

Vogelparadies in der Ochtumniederung: ein Buntspecht

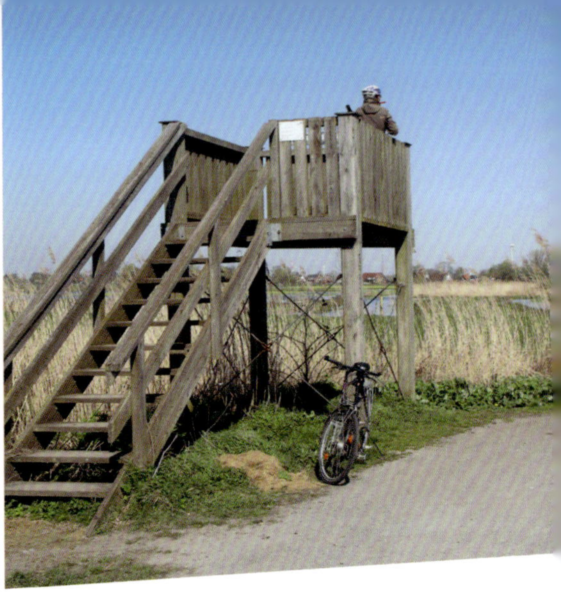

entstand: der naturnahe Park links der Weser und ein großes Auengebiet in der nördlich angrenzenden Ochtumniederung bei Brokhuchting.

Das Naturschutzgebiet zählt mittlerweile zu einem der wichtigsten Brut-, Rast- und Überwinterungsgebiete für Vögel im Bremer Raum. 213 Vogelarten, darunter 101 Brutvogelarten und Nahrungsgäste wie der Eisvogel und der Fischadler, wurden hier bislang registriert. In den Gräben und Wasserflächen wohnen außerdem seltenere Fisch- und Amphibienarten wie der Steinbeißer und der Seefrosch. Es lohnt sich, einen Abstecher zum Vogelbeobachtungsturm an der Brokhuchtinger Landstraße zu machen, wo man einen tollen Blick auf die Ochtumniederung hat und seltene Vögel wie Kiebitze und Rotschenkel beobachten kann.

An der Stromer Landstraße geht es nach links auf die Fahrradstrecke „Bremer Landroute". Nach etwa 6 Kilometern biegt man rechts in die Wiedbrokstraße ein. Hinter der ehemaligen Gaststätte „Piepers Mühlenhaus" fährt man wieder links auf dem Damm weiter und kann den schönen Blick auf die weite Auenlandschaft genießen, bis man beim **Ochtum-Sperrwerk** angelangt ist.

Das Sperrwerk wurde gebaut, um die dahinterliegenden Niederungen und insbesondere Teile von Bremen vor Hochwasser zu schützen. Errichtet

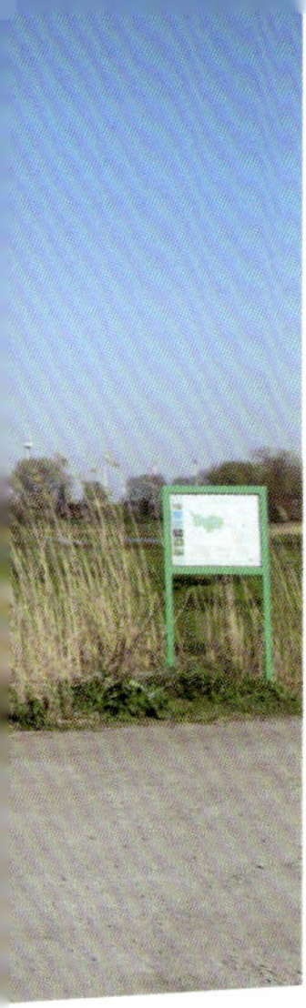

wurde es nach der großen Sturmflut im Februar 1962, die im Unterweserraum einige Todesopfer forderte. Für den Bau wurde das Flussbett der Ochtum und die Mündung in die Weser ein Stück nach Südosten verlegt. Das Sperrwerk verfügt über zwei Durchlässe, die sich bei Hochwasser durch Hubtore schließen lassen. Damit Boote passieren können, verfügt das Sperrwerk auch über eine Schleuse. Zusammen mit den Sperrwerken an der Lesum und der Hunte ist das Ochtumsperrwerk Teil eines Gesamtkonzepts zum Hochwasserschutz an der Unterweser.

Ab hier geht es weiter auf dem Grünen Ring (H6 Wasser und Weite) bis nach Lemwerder, wo die Fähre nach Vegesack ablegt. Auf der kurzen Fahrt über die Weser hat man einen herrlichen Blick auf Vegesack. Wieder an Land geht es über die Fußgänger-Klappbrücke zum Vegesacker Bahnhof. Wer sich in **Vegesack** noch ein wenig umsehen möchte, liest am besten auf Seite 30 nach (▶ Tour 6, S. 30).

Restaurant Grauer Esel
Zur Gaststätte umgebautes, ehemaliges „Vieh- und Havenhaus" von 1782 mit traditioneller, regionaler Speisekarte und wunderbarem Blick auf den Vegesacker Hafen (Sommerterrasse)

Am Vegesacker Hafen 10
28757 Bremen
www.graueresel.com

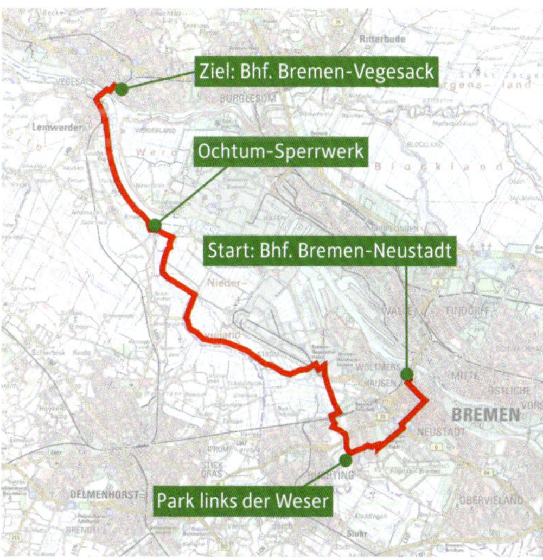

Radtour: 27 km
Start: Bhf. Bremen-Neustadt
Ziel: Bhf. Bremen-Vegesack
RS 1 alle 15–30 Minuten

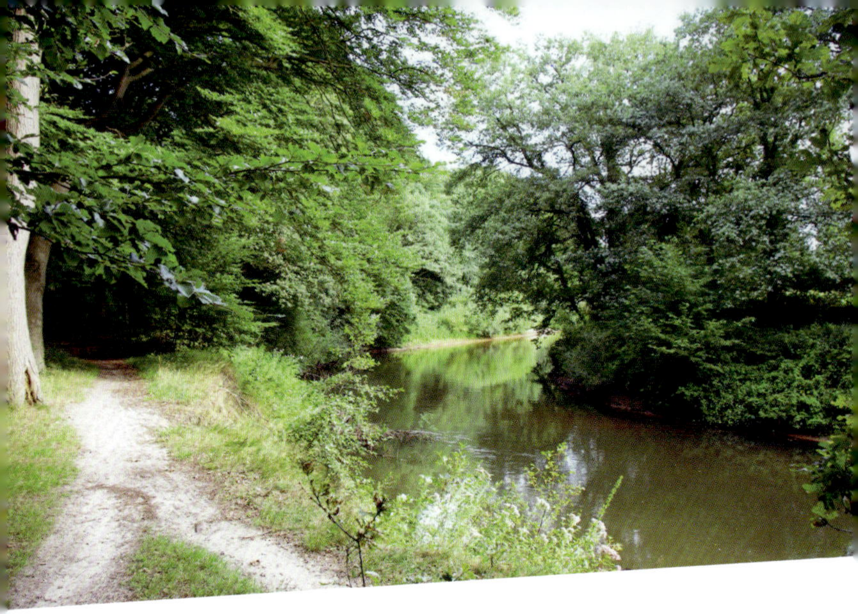

Durch Wald und Moor

34

Sandkrug – Huntlosen

Die abwechslungsreiche 22-Kilometer-Tour beginnt mit der Wald- und Dünenlandschaft um die Osenberge. Nach einem Besuch bei dem Großsteingrab Steenberg, das sich mit seiner idyllischen Lage gut für eine Pause eignet, geht es weiter durch das reizvolle Huntetal bis in den hübschen, von Fachwerk und Klinkerhäusern geprägten Ort Huntlosen.

Los geht's in **Sandkrug.** Vom Bahnhof aus folgt man in südlicher Richtung dem Hunte-Radweg. Hinter dem hölzernen Glockenturm der St.-Ansgar-Kirche zweigt rechts ein kleiner Pfad ab, der durch das von alten Kiefern geprägte Waldgebiet der **Osenberge** führt.

Laut einer Legende soll hier einst ein Zwergenvolk gelebt haben. Auch die Sage vom berühmten Oldenburger Wunderhorn handelt von dieser Waldgegend: Als sich Otto von Oldenburg eines Tages auf eine Jagd im Barneführer Holz bei Oldenburg begab, trennte er sich von seinem Gefolge, um einem Reh hinterherzujagen. Plötzlich stand er allein mit seinem Schimmel auf dem sandigen Osenberge und ihn überkam großer Durst. Da trat eine Fee aus dem Berg heraus und bot ihm ein kunstvolles Jägerhorn an, aus dem er trinken sollte. Dem Grafen kam der Inhalt verdächtig vor und er lehnte ab. Die Fee aber prophezeite ihm großes Wohlergehen für ihn und sein Land, wenn er aus dem Horn trinke. Weigere er sich, würde das Grafenhaus in Zwietracht zerfallen. So ergriff Otto das Wunderhorn und kippte es schnell hinter sich aus. Ein paar Tropfen fielen auf den Rücken seines Pferdes und versengtem dem Tier das Fell. Die Fee forderte das Trinkhorn zurück, doch Graf Otto behielt es in der Hand und ritt flink davon.

Das Original des Trinkhorns befindet sich heute in Kopenhagen, eine Kopie aus dem 19. Jahrhundert kann man sich im Landesmuseum für Kunst und Kulturgeschichte in Oldenburg anschauen. Für Clemens Brentano und Achim von Arnim war das Oldenburger Wunderhorn namensgebend für ihre Volksliedsammlung „Des Knaben Wunderhorn".

Die Dünenlandschaft der Osenberge mit den höchsten Erhebungen **Kistenberg** und **Gierenberg** ist während der letzten Eiszeit geformt worden. Entlang der Radroutenausschilderung Richtung Huntlosen/Sandhatten radelt oder läuft man im Bereich des Kistenbergs durch das Barneführer Holz. Der Weg führt durch ein Wochenendhausgebiet auf schönen Waldwegen am Rand des Huntetals entlang. Am Ende des Barneführerholzwegs gelangt man in den Heideweg und biegt kurz darauf links in den Bulder-Berg-Weg ein, der nach Sandhatten führt. In dem kleinen, vom Kunsthandwerk geprägten Ort haben sich einige

Kirchhatter Teestube
Ostfriesische Teekultur, hausgebackener Kuchen

Wildeshauserstraße 14
26209 Hatten-Kirchhatten

Am Ufer der Hunte scheint das Gras besonders gut zu schmecken

Künstlerinnen und Künstler niedergelassen, der bekannteste ist der Keramiker Martin McWilliam. Will man eine der Werkstätten besichtigen, empfiehlt es sich, vorher einen Besuchstermin zu vereinbaren.

Im Ortszentrum von **Sandhatten** kommt man an einem beeindruckend riesigen Findling vorbei. Nimmt man die Leuchtenburger Straße aus dem Ort heraus, gelangt man zum **Großsteingrab Steenberg**. In ruhiger Lage inmitten einer Eichengruppe bieten die Steine einen guten Ort für eine Pause.

Vom Großsteingrab Steenberg ist es nicht mehr allzu weit bis nach **Ostrittrum**. Die Hauptattraktion ist hier neben einer restaurierten Wassermühle aus dem 15. Jahrhundert der **Wild- und Freizeitpark** mit Heimatmuseum. Auch ein Märchenwald, einen See, einen großen Abenteuerspielplatz und ein Café-Restaurant gibt es. Ab Ostrittrum fährt oder wandert man durch das schöne Huntetal. Auf ebener Strecke geht es bequem weiter über Westrittrum und am Naturschutzgebiet **Huntloser Moor** vorbei. Die Gegend war ursprünglich Bestandteil des Großen Moores, von dem allerdings weite Teile urbar gemacht wurden.

Im idyllischen Ort Huntlosen ist man am Ziel angelangt. Huntlosen war einst als Kirchspiel ein Geschenk von Graf Wolbert, dem Enkel Widukinds, an das Alexanderstift in Wildeshausen. Heute gehört der Ort zur Gemeinde Großenkneten. Die schönen Fachwerk- und Klinkerhäuser geben dem Ort etwas Malerisches. Im Sommer kann man die Wehrkirche St. Briccius aus dem Jahr 1250 mit ihrem achteckigen Turm besichtigen. Regionale und selbstgemachte Produkte gibt es beim nahegelegenen Meyer-Hof, wo unter anderem Fleisch und Wurst von den eigenen „Galloway"-Rindern verkauft wird.

Radtour oder Wanderung: 22 km

Start: Bhf. Sandkrug
RE 18/alle 30–60 Minuten

Ziel: Bhf. Huntlosen
RE 18 alle 30–60 Minuten

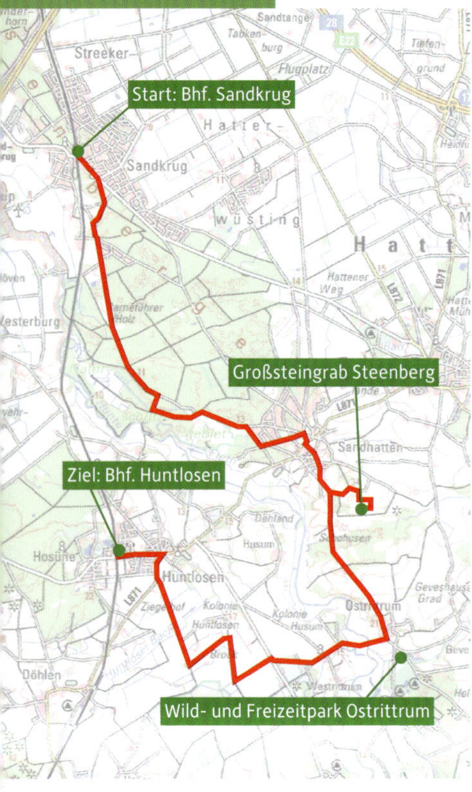

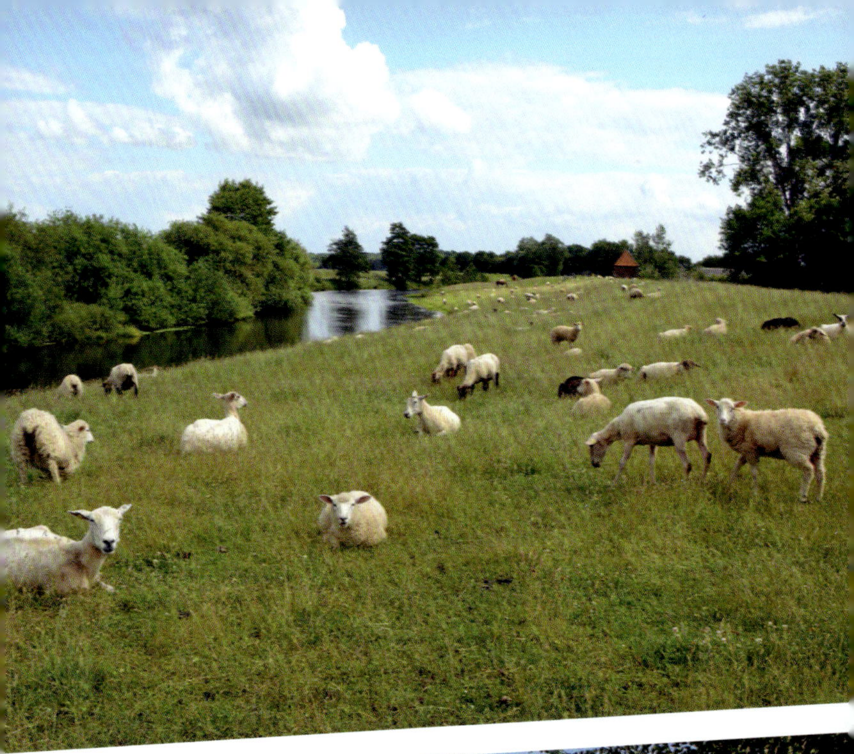

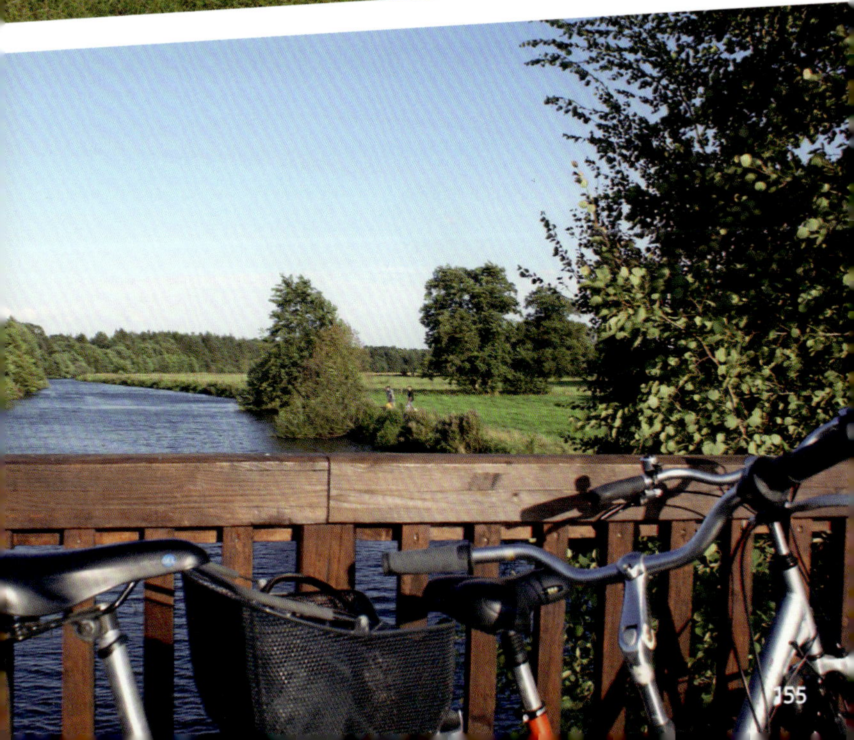

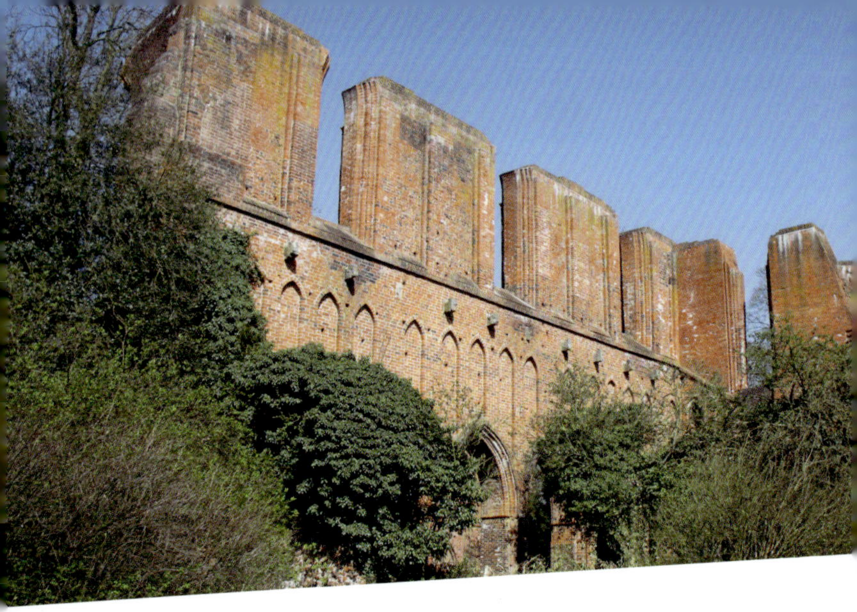

Durch den Urwald zum Kloster Hude

35

Hude – Hasbruch

Der Rundweg um Hude führt durch den sehr besonderen Wald Hasbruch, der als Naturdenkmal in Teilen ganz sich selbst überlassen ist und mit seinem alten Gehölz wie ein Urwald anmutet. Wer mag, kann vor dem Besuch der malerischen Zisterzienser-Klosterruine in Hude noch einen Spaziergang über den weitläufigen Friedwald im Reiherholz machen.

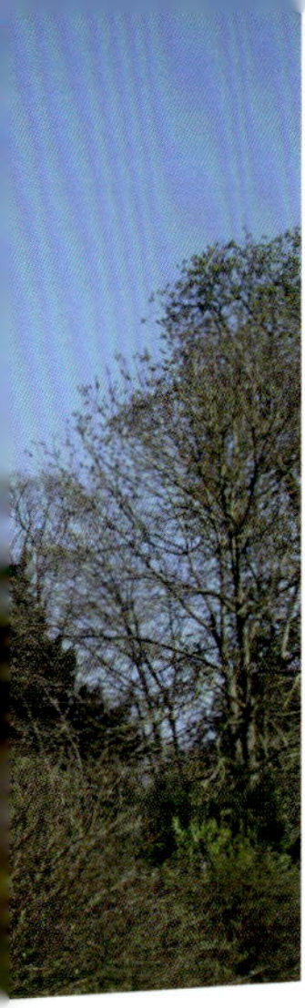

Vom Bahnhof in **Hude** geht es los Richtung Geestrand und die Straße „Auf der Nordheide“ hinunter. Vor dem Bahnübergang biegt man links in die Straße „Am Bahndamm“ ein und fährt oder läuft eine ganze Weile entlang der Bahnlinie. Der Weg führt an Stadtrandsiedlungen und am Gewerbepark vorbei, bevor sich die Landschaft öffnet und man auf weite Wiesen und Felder blickt. Beim Weiler Hohenböken überquert man die Bahnstrecke und biegt rechts in die Dorfstraße ein.

Ab hier geht es merklich bergauf. Am Kriegsmahnmal rechts in den Fuhrenweg eingebogen, folgt man in einer Linkskurve dem Straßenverlauf und kommt an reetgedeckten Höfen, Feld- und Waldmosaiken vorbei. Hat man die Huder Straße überquert, geht es auf dem ruhigen Nordenholzer Weg weiter, der kurz darauf in den Müllerweg mündet. Am Ende der Straße biegt man rechts in die Alte Allee ein und hat das **Waldgebiet Hasbruch** erreicht. Wer sich einen Überblick über die Waldwege verschaffen möchte, kann sich am Waldparkplatz die Infotafel zu Gemüte führen.

Ein Teil des insgesamt 600 Hektar großen Waldes steht unter Naturschutz und bleibt als Naturdenkmal sich selbst überlassen – so ist mit der Zeit ein kleiner **Urwald** gewachsen, der einen ganz besonderen Reiz hat. Der Waldboden ist gespickt mit übermoosten Stämmen und zwischen den frischen Trieben ragen hier und da vermodernde Baumstümpfe hervor. Die uralten Bäume, die das Waldstück prägen, haben ihren eigenen Charakter. Einige der alten Eichen haben Namen, wie die Friederikeneiche, benannt nach der Tochter eines Oldenburger Großherzogs. Eine andere Baumgigantin, die Amalieneiche, stürzte leider in den 1980er-Jahren um. Aber es gibt noch weitere vielhundertjährige Bäume im Hasbruch, darunter auch eine 400 Jahre alte Hainbuche.

Ist man vor der Brookbäke rechts abgebogen und überquert nach etwa 500 Metern den Bachlauf, gelangt man bald auf den Weg „Langefohr“. Bevor man am Steinweg links abbiegt, kann man noch

Eiscafé Italia
Leckeres Eis ganz in Bahnhofsnähe

Parkstraße 32
27798 Hude

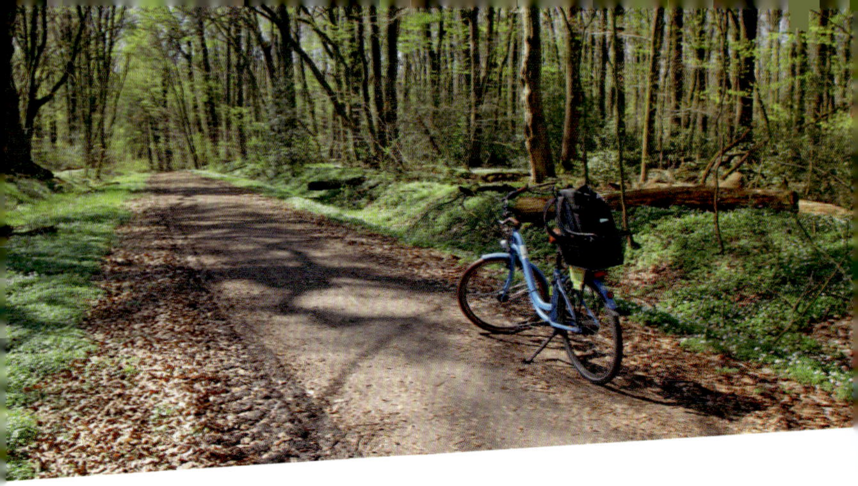

Waldidylle im Hasbruch

eine Pause am schönen Falkenteich einlegen. Links in die Ahornstraße eingebogen, überquert man die Vielstedter Straße und gelangt in den Weg „Am Bauernhaus". Hier kann man im **Vielstedter Bauernhaus** einkehren und das Heimatmuseum besichtigen.

Hinter der Kurve geht es in den „Nabbenkamp" und dann ein langes Stück geradeaus. Endet der Weg, biegt man rechts in die Straße „Zum Wendenkamp" ein und folgt eine Weile der Straße. „Am Sandfang" geht links der Vielstedter Kirchweg ab. Wer abkürzen will, kommt über den Sandfang auch direkt wieder in den Ort und zum Klosterbezirk Hude. Entscheidet man sich für die längere Variante mit dem Besuch des Friedwalds, geht es den Vielstedter Kirchweg entlang, bis links der Hurreler Weg abzweigt. An dessen Ende muss man links ein kurzes Stück an der großen Hurreler Straße langlaufen oder -fahren, bis rechts der „Schaftrift" abgeht. Über die Lintelerstraße ist schließlich das Waldstück Reiherholz erreicht.

Wer mag, kann einen Spaziergang über den **Friedwald** machen. Hier werden seit 2004 Urnen ohne Einfassung, Gedenkstein oder Grabschmuck zwischen den Wurzeln der Bäume bestattet. Schon zu Lebzeiten können Menschen einen Grabplatz wählen und wenn man durch diesen hellen, wunderschönen Mischwald wandelt, entdeckt man immer wieder Bäume mit verschiedenfarbigen Bändeln oder Plaketten – Zeichen, dass hier schon jemand eine letzte Ruhestätte für sich gewählt hat.

Richtung Hude geht es weiter die Lintelerstraße entlang und über die Bahnschienen. Hat man

Vielstedter Bauernhaus
Museum und Gasthaus mit viel Heimatgeschichte

Am Bauernhaus 1
27798 Hude
www.vielstedterbauernhaus.de

den Huder Bach überquert, ist links schon die **Elisabethkirche** zu sehen, rechts liegen die Ruinen des Zisterzienserklosters wunderschön im Grünen. Auch wenn die Ruinen nur noch einen Bruchteil der Größe haben, die einst die Gesamtanlage hatte, kann man sich das ehemalige **Zisterzienserkloster** aus dem 13. Jahrhundert gut vorstellen. Drei Jahrhunderte lang blühte das Kloster und mit ihm die Ortschaft **Hude** auf und bekam reiche Landschenkungen. Während der Reformation kam es aber zu Plünderungen und die Klosteranlage wurde zu großen Teilen zerstört.

Auf einem Rundgang kann man Reste der ehemals dreischiffigen, im Stil der frühen Backsteingotik gebauten Klosterkirche und das Abthaus besichtigen. Als einziges Klosterbauwerk blieb die einstige Torkapelle und heutige Elisabethkirche in ihrer ursprünglichen Form erhalten. Das ehemalige Abthaus wurde von den Oldenburger Grafen zu einem Jagdhaus und später zu einem Gutshaus umgebaut. Im **Museum Kloster Hude** wird die Geschichte des Klosters ausführlich erzählt. Es lohnt der Besuch der kleinen Elisabethkirche. Sie diente den Armen und Frauen als Laienkirche, da die Klosterkirche nur den Mönchen zugänglich war.

Klosterschänke
Hotel/Restaurant mit selbst gebackenem Kuchen, Wildspezialitäten, Klosterbräu und Sommerterrasse

Von-Witzleben-Allee 3
27798 Hude
www.klosterschaenke-hude.de

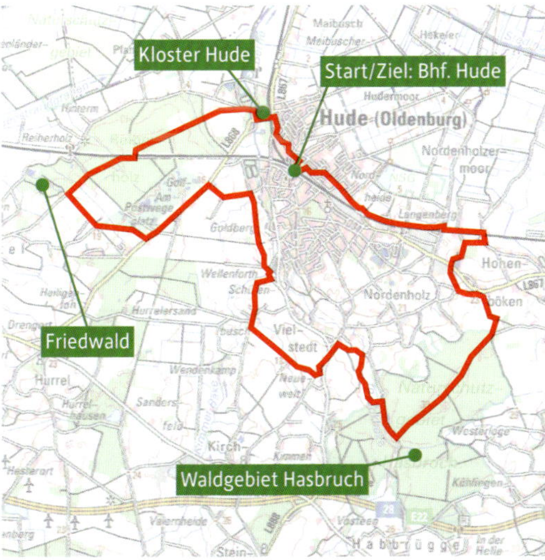

Rundwanderung oder Radtour: 25 km (16 km)

Hin und weg: Bhf. Hude
RS 3/RS 4 zweimal stündlich

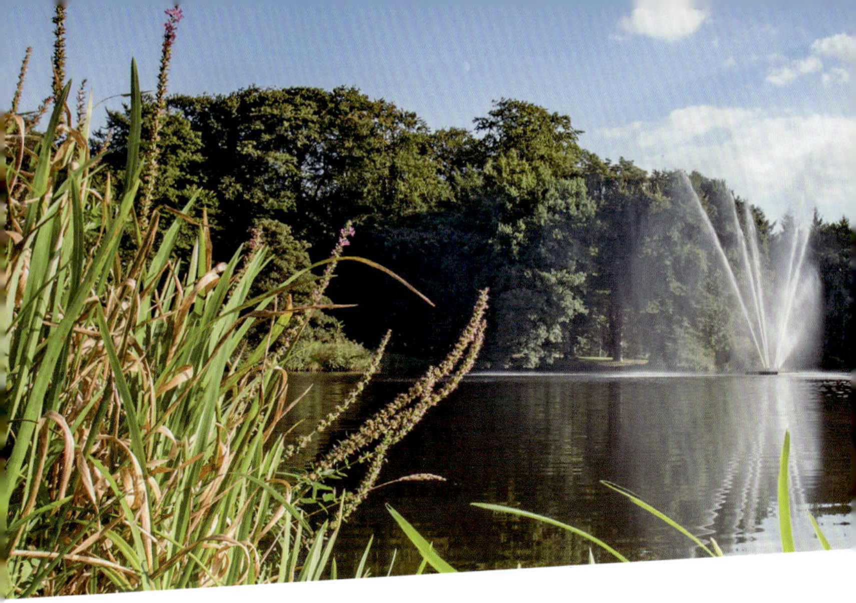

Ein Ausflug im Ammerland

36

Rastede – Oldenburg

Besonders gut lässt sich das östliche Ammerland bei einer Tour von Rastede nach Oldenburg erkunden. Schon der hübsch angelegte Schlosspark im Stil englischer Landschaftsgärten in Rastede ist eine kleine Attraktion. An alten Eichen und Rhododendren vorbei geht es weiter nach Oldenburg. Wer will, kann hier das nächste Schloss angucken oder durch die Altstadt schlendern.

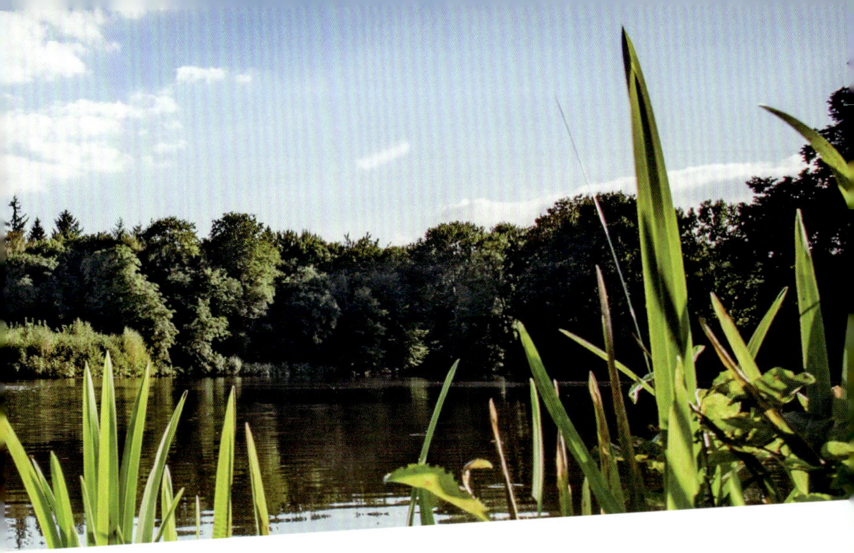

Die Radtour durchs östliche Ammerland startet am Bahnhof von **Rastede**. Hält man sich rechts, gelangt man nach wenigen Metern auf die Schlossstraße, die geradeaus auf das Rasteder Schloss und den großen **Schlosspark** hinführt.

Das im klassizistischen Stil erbaute Schloss hatte eine wechselhafte Geschichte. Es steht auf den Fundamenten und der Krypta eines Benediktinerklosters aus dem Jahr 1100. Nach der Reformation wurde das Kloster von Graf Anton Günther zu einem Profanbau umgewandelt. So ersetzte ein Marstall das alte Abthaus und der ehemalige Mönchshof wurde in einen Lustgarten verwandelt. Spätere Grafen bauten das Schloss immer wieder um und nutzten es vor allem als Sommerresidenz. Noch heute befindet sich das Schloss in Familienbesitz des Fürstengeschlechts aus dem Hause Oldenburg. Interessierte können zu bestimmten Terminen an Schlossführungen teilnehmen und sich von Herzogin Caroline von Oldenburg persönlich das Innere des Schlosses zeigen lassen.

Auch das gegenüberliegende, zum **Erbprinzenpalais** ausgebaute Schlösschen aus dem 18. Jahrhundert kann besichtigt werden. Das Palais gehört der Stadt und wird für Ausstellungen und Kulturveranstaltungen genutzt. Im Erdgeschoss gibt es wechselnde Ausstellungen zu sehen, im Obergeschoss befindet sich die Dauerausstellung „Rastede – eine Sommerresi-

Schlosscafé Müller & Egerer
Gemütliches Café mit Gartenterrasse direkt am Schlosspark

Oldenburger Straße 230
26180 Rastede
www.mueller-egerer.de

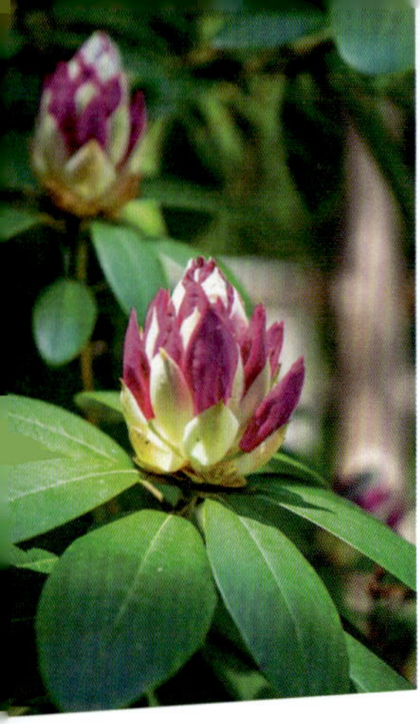

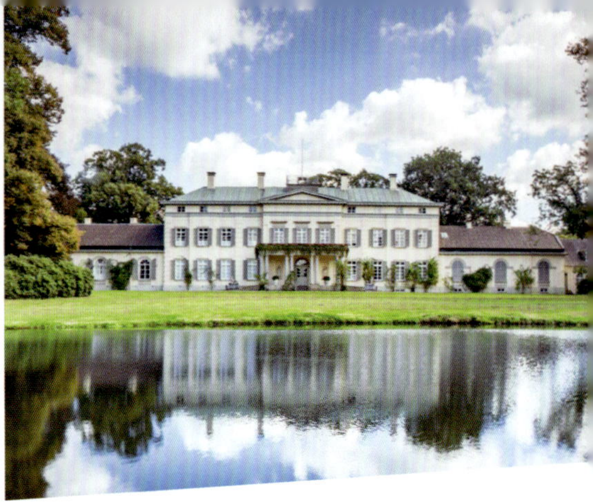

Edel und herrschaftlich: das Schloss Rastede mit großem Garten

denz", die die spannende Geschichte des Schlosses und des Erbprinzenpalais zeigt. Im Nebengebäude ist das Gemeindearchiv untergebracht. Es lohnt auch ein Spaziergang durch den kleinen Park, der im Stil des englischen Landschaftsgartens mit zauberhaft komponierten Gehölzgruppen, kleinen Gewässern und Rasenflächen so gestaltet ist, dass er seinen Besucherinnen und Besuchern ein weiträumiges Landschaftsbild vorspiegelt.

Auch der 300 Hektar große, heute weithin berühmte **Schlosspark** wurde als Landschaftspark im englischen Stil angelegt. Der Hofgärtner Carl Ferdinand Bosse (1784–93) brachte außerdem die ersten Rhododendren ins Ammerland, die zum Wahrzeichen der Region heranwuchsen. Eine eindrucksvolle, 280 Meter lange Rhododendronhecke bildet seit über 200 Jahren die Abgrenzung zwischen dem herzoglichen Privatgarten und dem Landschaftspark. Viele Fuß- und Radwege führen durch den öffentlichen Teil des Parks, vorbei am Schloss und mit Blick auf die romanische St.-Ulrichs-Kirche.

Fährt man eine Weile auf der Oldenburger Straße Richtung Süden, geht rechts der Klostermoorweg ab und man radelt auf gut befahrbaren Wegen durch die großteils „pottebene" **Ammerländer Landschaft** hindurch. Unterwegs kommt man an Wallhecken und Altbaumbeständen vorbei, die Bauernhöfe vor Wind und Wetter schützen. Hier wachsen mächtige Eichen, die sogar im Wappen symbolisch als Baum des Ammerlandes verehrt werden.

Geprägt ist die Landschaft von Wald und Wasser, was auch im indogermanischen Namen „Ameri"

Palais Rastede
Dauerausstellung „Rastede – eine Sommerresidenz"

Feldbreite 23
26180 Rastede
www.kkr-rastede.de

zum Ausdruck kommt: Sumpfwald. Die weitläufigen Moorniederungen, die sich von den Geestrücken her ausweiten, sind größtenteils kultiviert. Der saure Boden eignet sich gut für den Anbau von Azaleen und Rhododendren.

Bald unterquert man die A 29, kreuzt die K 135 bei Neusüdende und fährt dann ein Stück parallel zur A 293 die Grafestraße entlang. Das Sträßchen mündet in den Schafjückenweg und man ist im Oldenburger Stadtteil Ofenerdiek angekommen. Hier in der moorigen Landschaft hatten im 18. Jahrhundert die Oldenburger Grafen ihre Fischteiche. Der niederdeutsche Name (Diek = Teich) deutet noch darauf hin. Im 19. Jahrhundert siedelten hier erste Bauern. Heute prägen viele locker stehende Einfamilienhäuser den Stadtteil.

Jetzt geht es entlang des Sees „Swarte Moor“ und auf kleinen Nebenstraßen durch die Ortsteile Nadorst und Dietrichsfeld. Mit Blick auf das Wäldchen „Großer Bürgerbusch“ biegt man links in den Scheideweg und anschließend rechts in die Feldstraße ab, die am Bürgerfelder Teich entlang weiter Richtung Innenstadt führt. Hat man die A 293 unterquert, geht es auf der kurvenreichen Ehnernstraße immer geradeaus bis man den Friedhof und die Nadorster Straße erreicht hat. Von hier ist es nicht mehr weit zum Bahnhof. Wer gerne noch für einen Stadtspaziergang in Oldenburg bleiben möchte, kann im nächsten Kapitel weiterlesen (► Tour 37, Seite 164).

Radtour: 19 km
Start: Bhf. Rastede
RE 18 alle 30–60 Minuten
Ziel: Oldenburg Hbf.

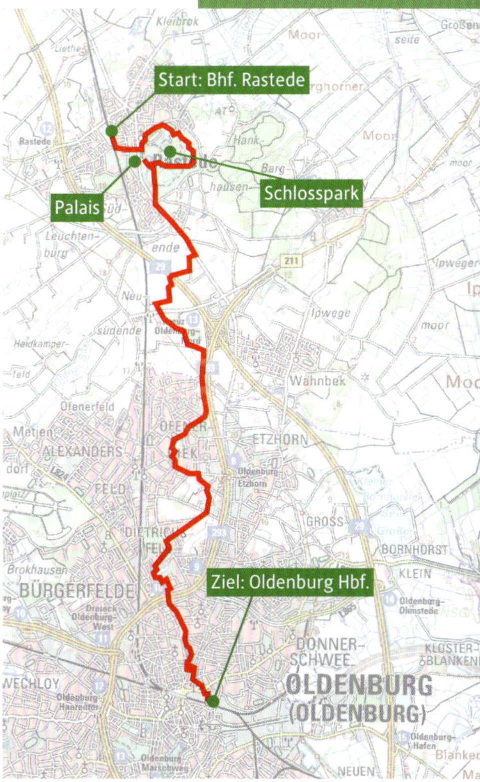

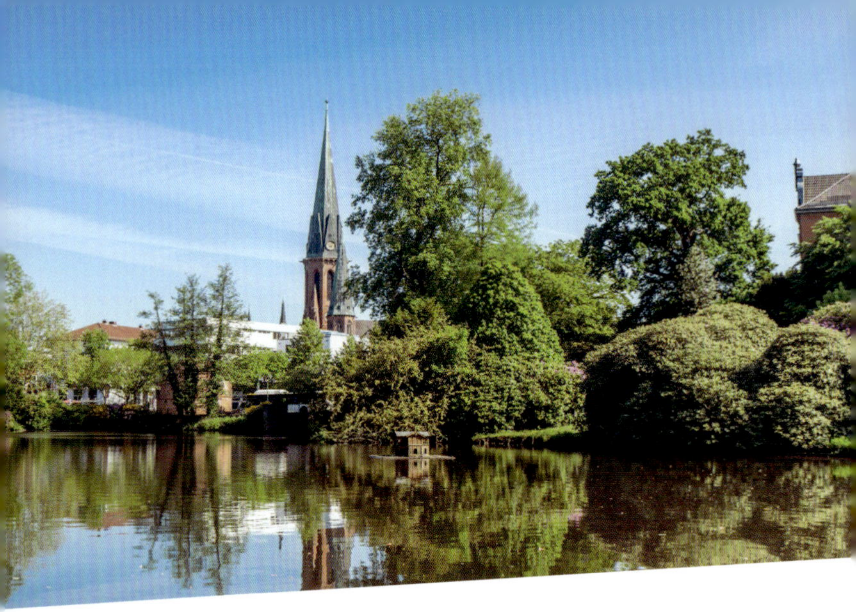

Die Grafenstadt

37

Oldenburg

Ein altes Schloss mit romantischem Park, eine charmante Altstadt oder Lustwandeln an der Hunte: Oldenburg lockt mit einer Vielzahl an spannenden Angeboten und schönen Orten. Wer mag, kann sich auf eine Geschichtstour begeben und die vielen alten Gebäude der Stadt bestaunen, das Museum für Kultur und Kunstgeschichte besuchen oder einfach einen kleinen Stadtbummel machen.

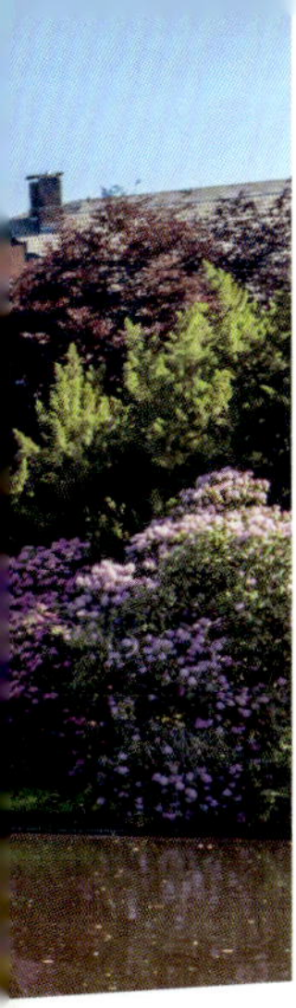

Vom Oldenburger Hauptbahnhof gelangt man gut über die Moslerstraße in die Innenstadt. Hier lässt es sich wunderbar durch die hübschen Fußgängerzonen schlendern. Die Wohnbebauung Oldenburgs ist sehr niedrig, charakteristisch sind die kleinen Bürgerhäuser, die sogenannten **Oldenburger Hundehütten**.

Läuft man den Heiligengeistwall entlang, der sich dann Theaterwall, Schloßwall, Paradewall und schließlich Stau nennt, kann man schon einige wichtige Gebäude der alten Residenzstadt erkennen. Zu sehen sind das **Pius-Hospital**, das **Staatstheater** und der **Pulverturm**, das letzte noch erhaltene Gebäude der mittelalterlichen Stadtbefestigung von Oldenburg, das als Zwinger zur Lagerung von Schießpulver diente. Südlich vom Schlosswall befindet sich der große Schlossgarten.

Das imposante Schloss, das heutige **Landesmuseum für Kunst- und Kulturgeschichte**, steht in Höhe des Paradewalls, die dazugehörigen Gebäude und Museen **Augusteum** und **Prinzenpalais** liegen auf der Schlossgartenseite am „Damm". Die 1973 gegründete Universität von Oldenburg mit Sitz in der Ammerländer Heerstraße liegt ebenfalls nah an der City.

Auch wenn die Lage an der Hunte den Impuls für die ersten Siedlungen um das Jahr 800 gab, hängt die jüngere Entwicklung Oldenburgs sehr stark mit den Grafen von Oldenburg zusammen. Die vom Oldenburger Grafengeschlecht errichtete Wasserburg brachte Zolleinnahmen ein und sicherte die Stadt in Kriegszeiten. Da Oldenburg Verwaltungsmittelpunkt der Grafschaft war, zogen viele Menschen aus dem Umland in den Ort, der 1345 das Stadtrecht erhielt. Im 17. Jahrhundert vergrößerte der populäre Graf Anton Günther die Wasserburg und ließ sie im barocken Stil umbauen. Das Residenzschloss erhielt unter anderem eine große Gemäldesammlung und eine Bibliothek. Als Graf Anthon Günther allerdings ohne legitimen Nachfolger starb, fiel Oldenburg unter dänische Herrschaft und die einstige Residenzstadt wurde zu einem kleinen Provinzflecken. Im

Landesmuseum für Kunst und Kulturgeschichte

Schloss Oldenburg
Schlossplatz 1

Prinzenpalais
Damm 1

Augusteum
Elisabethstraße 1
www.landesmuseum-ol.de

Vorm Rathaus in Oldenburg ist immer was los

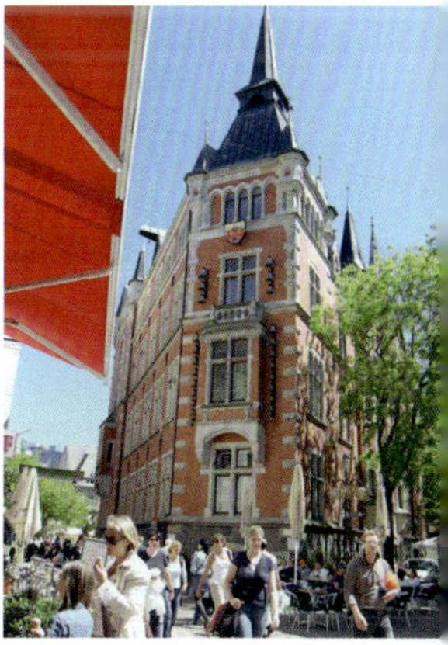

Im Schloss Oldenburg ist heute das Landesmuseum für Kunst und Kulturgeschichte untergebracht

Jahr 1667 fiel fast ein Zehntel der Bevölkerung der Pest zum Opfer und ein Brand zerstörte große Teile der Stadt. Erst als die Regentschaft Ende des 18. Jahrhunderts in die Hände des Hauses Holstein-Gottorp fiel, erlebte die Stadt wieder einen Aufschwung.

Nach dem Ende der Monarchie wurde das Schloss 1923 Domizil des Oldenburger Landesmuseums für Kunst und Kulturgeschichte mit einer beachtlichen Sammlung an Kunstschätzen, die noch aus der Grafenzeit stammen. Ein Highlight sind die Bilder von Johann Heinrich Wilhelm Tischbein, dem Vertrauten des Oldenburger Herzogs Peter Friedrich Ludwig.

Unmittelbar hinter dem Schloss beginnt der 1832 im englischen Stil angelegte **Schlossgarten**, der viele botanische Besonderheiten im Park und im Gewächshaus präsentiert. Wer Lust auf eine Bootsfahrt im romantischen Schlosspark hat, kann sich bei „Bootzeit Oldenburg“ ein Tretboot leihen.

Zum Schluss lohnt ein Bummel durch die lebendige Altstadt Oldenburgs mit ihren engen Gassen und hübschen Lädchen und Cafés. Am alten Marktplatz steht die **Lambertikirche**, eine spätgotische Hallenkirche mit fünf außergewöhnlichen Türmen. Von dort ist es nur noch ein kleines Stück zurück zum Bahnhof.

Carusi – la filosofia italiana
Nettes kleines italienisches Lokal mit familiärer Atmosphäre in der Altstadt, wenige aber ausgesuchte, traditionell italienische Gerichte, sehr guter Kaffee

Burgstraße 4
26122 Oldenburg
www.carusi.de

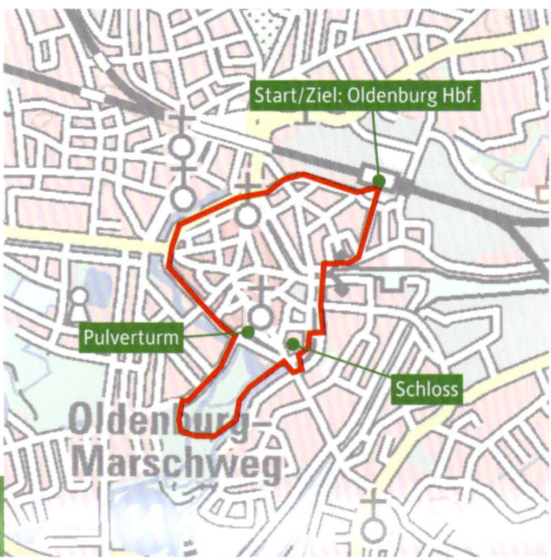

Spaziergang: 4 km
Hin und weg: Oldenburg Hbf.

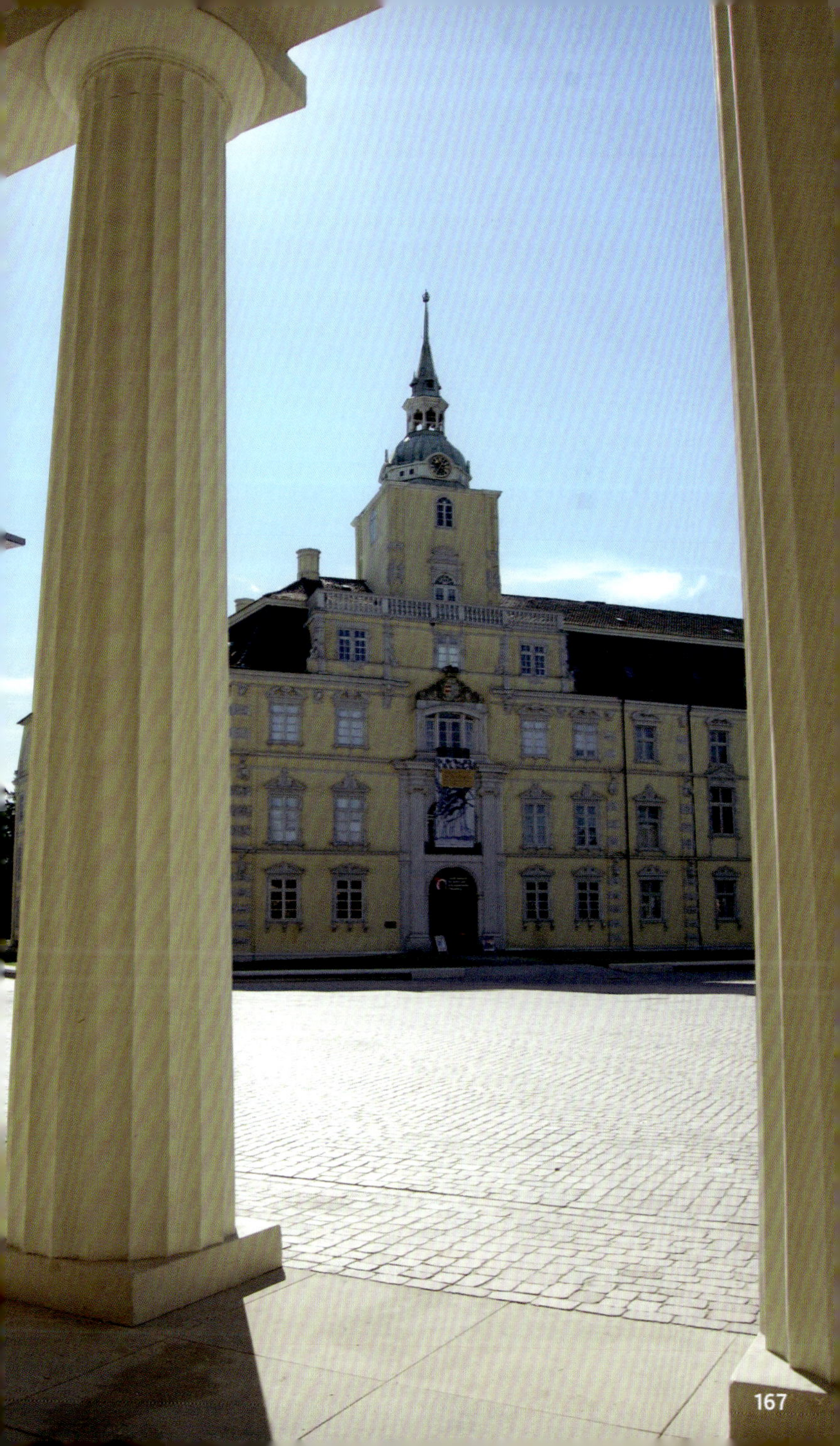

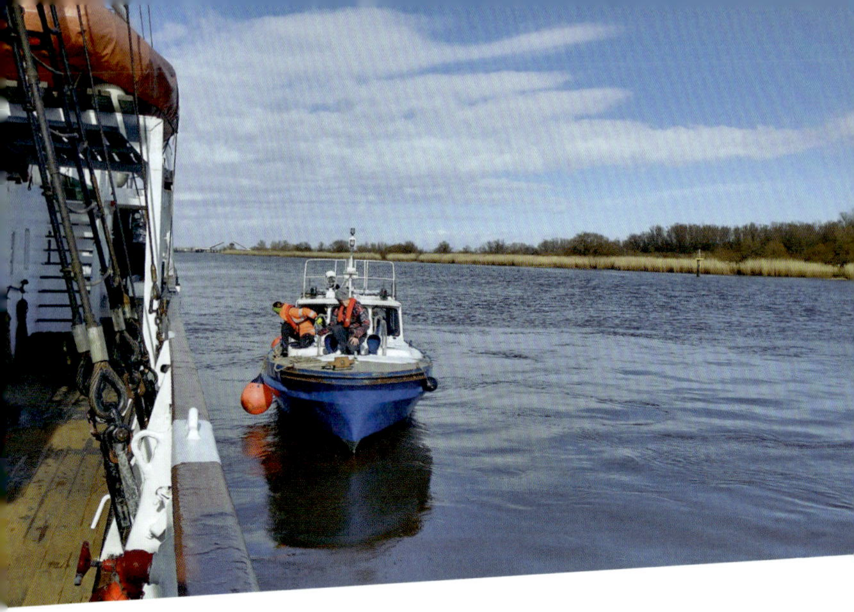

Maritimes Kleinod

38

Elsfleth

Wer Ruhe sucht, findet sie im beschaulichen Städtchen Elsfleth und seiner Umgebung. Der Elsflether Sand verzaubert mit seinen stillen weißen Sandstränden und einer weiten Marschlandschaft zwischen Westergate und Weser. Hat man nach dem Strandausflug noch Lust auf ein bisschen Schifffahrtsgeschichte, ist ein Besuch des Elsflether Schiffahrtsmuseums sehr zu empfehlen.

Los geht's am Elsflether Bahnhof und von dort aus rechts in den „Bahnpatt“. Schnell ist man am **Denkmal des Schwarzen Herzogs** Friedrich Wilhelm von Braunschweig-Oels mit Glockenturm und imposanter Kanone angekommen – dem Wahrzeichen der Stadt Elsfleth. In den Befreiungskriegen gegen Frankreich 1809 von napoleonischen Truppen verfolgt, setzten er und seine Soldaten sich mit Hilfe von Elsflether Schiffern nach Helgoland ab.

Weiter geht's in nördliche Richtung am Hafen entlang zum **Huntesperrwerk**, das zu jeder vollen Stunde ca. 10 Minuten für Fußgänger und Radfahrer geöffnet ist. Vom Deich aus hat man einen herrlichen Blick auf die kleinen, teilweise noch mit Reet gedeckten Häuser. Der Weg führt an der urigen Studentenkneipe „Leuchtfeuer“ und am 2010 eröffneten **Schiffahrtsmuseum Haus Elsfleth** vorbei. Schon von weitem hat man einen guten Blick auf die 32 Meter langen Rollklappbrückenteile des Huntesperrwerks, die wie hochgestreckte Zeigefinger in den Himmel ragen. Was für ein imposantes Bauwerk! 1979 fertiggestellt, bietet es Elsfleth und dem Oldenburger Hinterland seitdem Schutz vor Sturmfluten. Hier gelangt man mit dem Rad oder zu Fuß auf die Weserhalbinsel Elsflether Sand. Diese Halbinsel ist – wie der nördlich liegende Harriersand oder die südlich liegende Juliusplate – ein Überrest der früheren wilden Weserflusslandschaft mit ihren zahlreichen Schleifen und Sandbänken.

Hat man die Hunte überquert, kann man die wunderbare Ruhe der Halbinsel genießen. Der Autoverkehr ist weit weg und man taucht in eine friedliche, harmonische Natur ein, in der seltenere Vogelarten wie Rohrweihe, Blaukehlchen, Beutelmeise und Säbelschnäbler beheimatet sind. Jetzt geht es auf dem Deich entlang, links führen immer wieder kleine Wege zu wunderschönen, mit Wald eingefassten, weitläufigen Sandstränden. Wer mit dem Rad unterwegs ist, muss ein kurzes Stück schieben, aber die kleine Anstrengung lohnt sich, denn am Ende lockt ein Paradies der Ruhe und ein idealer Platz zum Faulenzen, Baden und Picknicken!

Radelt oder wandert man weiter durch den **Elsflether Sand**, hat man einen weiten Blick über die Insel und auf das technische Baudenkmal **Alter Portalkran** am gegenüberliegenden Ufer.

Panorama
Café, Bistro mit schönem Blick und Außenterrasse auf die Weser

An der Kaje 1b
26931 Elsfleth

Kurz vor der Ortschaft Weserdeich biegt man von der Deichstraße rechts in den Weg „Bettingbührener Helmer“ ein, um die Bahnschienen zu überqueren und zum herrlich gelegenen Ort **Dreisielen** zu gelangen. Der Ortsname zeugt von den früher errichteten Entwässerungssystemen in dieser Marschlandschaft, um das Land hinter den Deichen landwirtschaftlich nutzen zu können.

Über die Straße „An den Sielen“ kommt man wieder zur Hunte, die auf der B 212 in Richtung Lichtenberg überquert werden kann. Nach ein paar Hundert Metern verlässt man die große Straße und es geht auf dem Deich die Hunte entlang weiter durch den Ort Deichstücken bis nach Elsfleth.

Wer mag, kann sich noch ein bisschen in Elsfleth tummeln und zum Beispiel am Hafenanleger das **Schulschiff Großherzogin Elisabeth**, auch liebevoll „Lissy“ genannt, anschauen. Auf diesem betagten, aber grundsanierten Dreimast-Gaffelschoner (Baujahr 1909) können Mitseglerinnen und Mitsegler in komfortablen 2- oder 3-Bett-Kammern untergebracht werden.

Noch bis Ende des 19. Jahrhunderts war durch die günstige Lage Elsfleths an Weser und Hunte die wirtschaftliche Entwicklung des Ortes vor allem durch Schifffahrt und Schiffbau geprägt. Gemein-

Der 15 m hohe Leuchtturm Hohenzollern ist ein Markenzeichen der Halbinsel

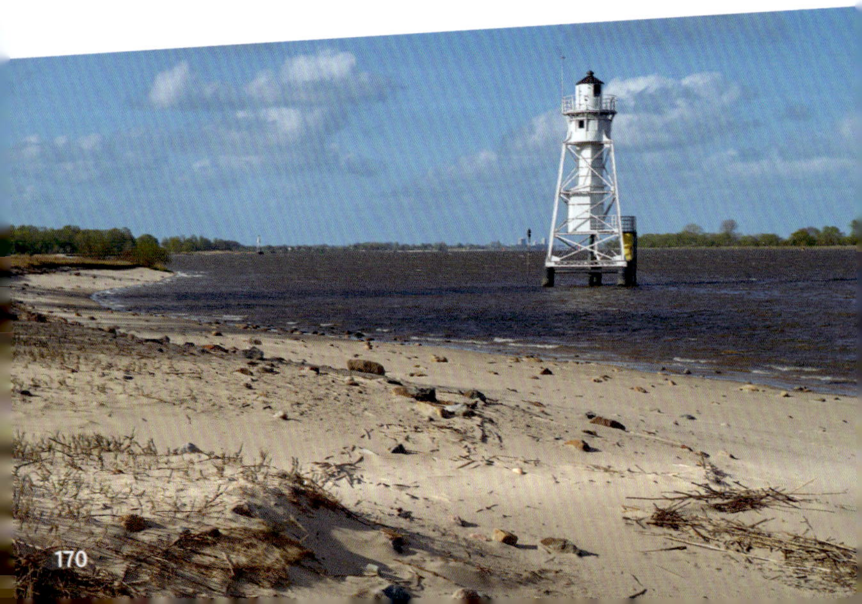

sam mit Brake war Elsfleth der wichtigste Hafen des Landes Oldenburg. Übrig geblieben ist heute nur noch eine Werft. Von dort ist es zu der Fußgängerzone von Elsfleth nicht mehr weit. Hält man sich am Denkmal des Schwarzen Herzogs links, ist man bald im alten Ortskern mit seinen kleinen und hübschen Wohn- und Geschäftshäusern.

Bei einem Sparziergang durch das Städtchen, das, um 1220 gegründet, zu den ältesten in der Wesermarsch gehört, lohnt sich auch ein Besuch der um 1492 erbauten, schlichten Schifferkirche St. Nicolai, die im Inneren wertvolles Inventar zu bieten hat. Sie soll um 1690 einen Anbau in Hakenform bekommen haben, weil die Bürgerinnen und Bürger nicht mit den herzöglichen Zöllnern und Soldaten im gleichen Kirchenschiff sitzen wollten. Dieser Kirchenstandort war schon zur Zeit der Stedinger im 12. und 13. Jahrhundert bedeutend und diente als Versammlungsort bei der Austragung von Streitigkeiten zwischen den Rüstringer Friesen und den Bremern.

Auf dem Rückweg empfiehlt sich unbedingt der Besuch des **Schiffahrtsmuseums Haus Elsfleth**, das sich unter anderem die Geschichte seefahrender Frauen als Schwerpunkt gesetzt hat.

Moorriemer Landcafe
Herrliche, selbst gebackene Kuchen und Torten in einer reetgedeckten Fachwerkscheune. Wechselnde Foto- und Gemäldeausstellungen. Etwa 7 km vom Elsflether Bahnhof entfernt.

Bardenfleth 39a
26931 Elsfleth
www.moorriemerlandcafe.de

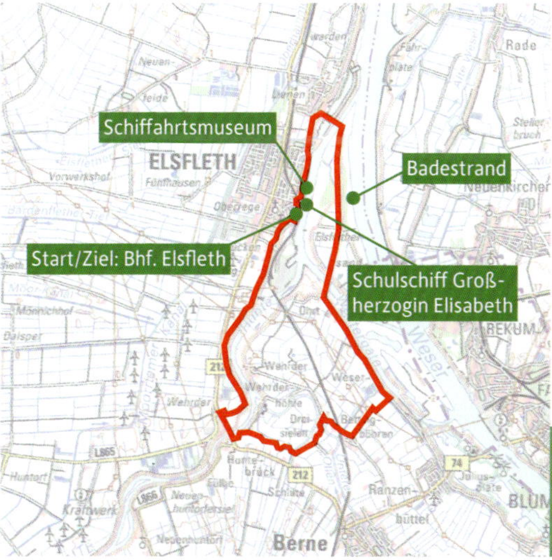

Rundwanderung oder Radtour: 17 km

Hin und weg: Bhf. Elsfleth
RS 4 alle 60 Minuten

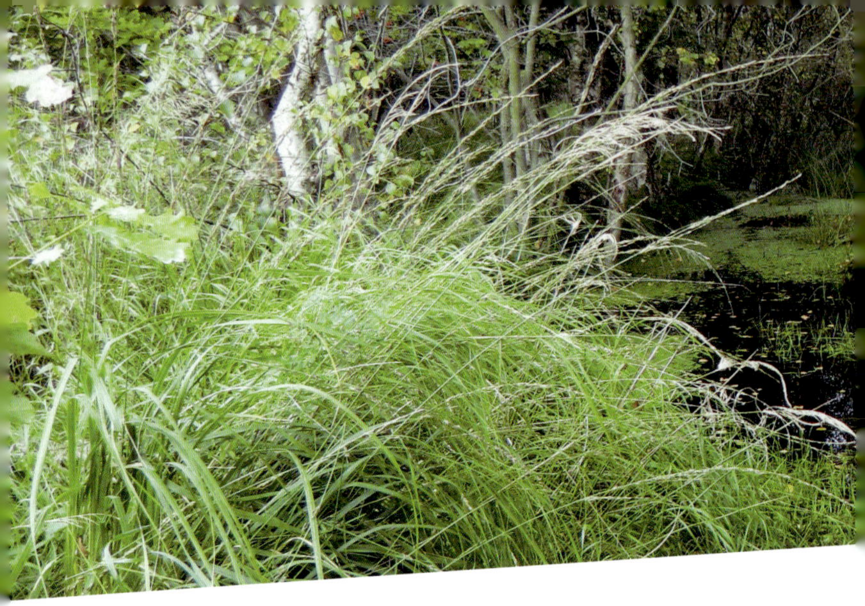

Wo der Moorfrosch quakt

39

Oldenburg – Berne

Vom hübschen Oldenburg geht es mit dem Rad in die Gellener Torfmöörte. Hier ist Natur pur garantiert: Auf engen, feuchten Pfaden durchstreift man zu Fuß das Gebiet und entdeckt in Tümpeln Torfmoose, Sumpfcallas und blühendes Wollgras. Und ganz bestimmt kann man den Moorfrosch quaken hören.

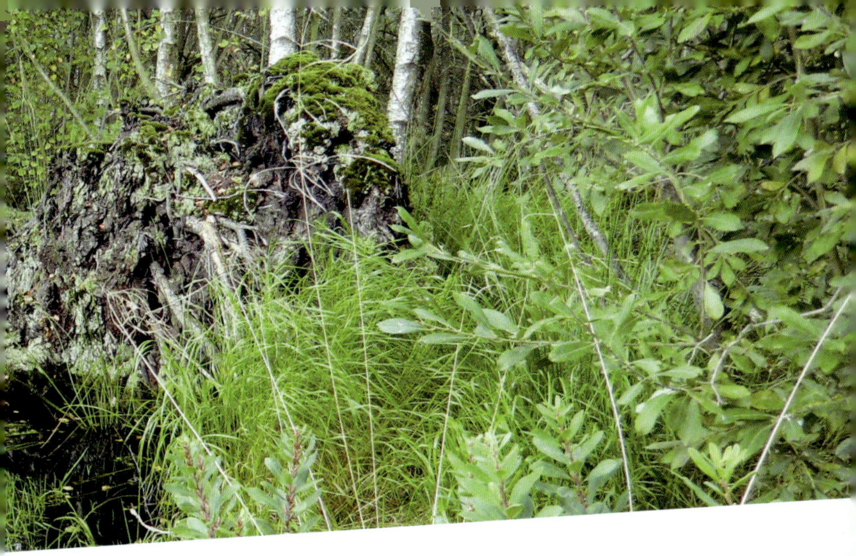

Am Oldenburger Hauptbahnhof nimmt man am besten den Südausgang und radelt dann die Güterstraße hinunter. In den „Stau“ links eingebogen, kann man ab hier der Rad-Ausschilderung „Route um Oldenburg“ in östlicher Richtung folgen.

Nun geht's am Hafen, an Wassertürmen und der faszinierenden Klappbrücke vorbei immer an der Nordseite der Hunte entlang. Sobald man die Autobahn hinter sich gelassen hat, kann man die Ruhe und frische Luft der Wesermarsch genießen.

Unterwegs kommt man an den **Bornhorster Huntewiesen** vorbei, die als weitläufiges Feucht-Grünland unter Naturschutz stehen. Sie sind ein wichtiges Brutgebiet für bedrohte Wiesenvögel und Rastgebiet für ziehende Gänse, Enten und Schwäne. Vom höhergelegenen Weg „Neuer Wulfsdeich“ aus, der bald links abzweigt, kann man von Herbst bis Frühjahr die rastenden Vögel besonders gut beobachten.

Im Dorf Paradies angekommen, lässt sich hier die wahrhaft paradiesische Stille genießen, die nur manchmal von Vogelgezwitscher und einigen Kühen unterbrochen wird. Wie bei den meisten Moordörfern liegen auch in Paradies die Bauernhöfe mit ihren schmalen Parzellen wie an einer Perlenkette aufgereiht entlang der Hauptstraße.

Hinter Paradies verlässt man die „Route um Oldenburg“ und biegt links in den Gellener Damm ein.

Melkhus Fuchsberg
Erfrischungen am Hof: Milch, Milchmixgetränke, Milchcafé, Eis oder andere regionale Köstlichkeiten

Huntorfer Damm 2
26931 Elsfleth-Fuchsberg
www.melkhus-fuchsberg.de

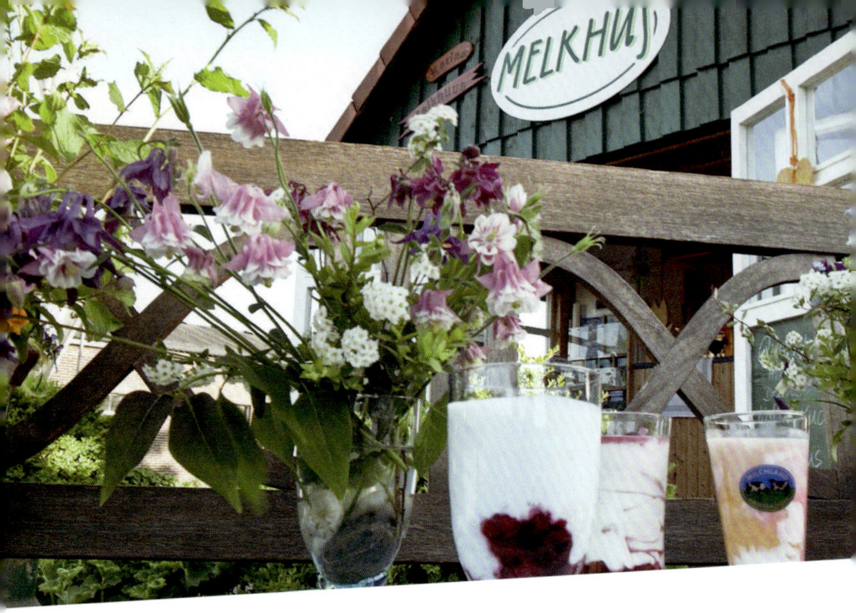

Einfach lecker: Milchspeisen vom Melkus

Fährt man immer geradeaus, kommt man zu einem Parkplatz, wo man das Rad abstellen kann, um die Pfade des Moor- und Naturschutzgebiets **Gellener Torfmöörte** zu erkunden.

Nach wenigen Schritten schon ist man wie in einer anderen Welt, denn das Gellener Moor mit seinen Hochmoor- und Niedermoorflächen, Teichen, Torfstichen und Moorheiden ist wirklich beeindruckend schön. Zwischen Mai und Juli kann man hier die Sumpfpflanze „Drachenwurz" sowie zahlreiche Libellenarten bewundern.

Zwischen hohem Pfeifengras und Birken lugen feuchte Moorsümpfe empor, die Moorteiche haben ihren ganz eigenen Charme und wenn man die Augen offen hält, kann man einige hübsche Beobachtungsplätze finden.

Zurück zum Gellener Damm hält man sich links und radelt über den Heiddeich in Richtung Berne weiter. Unterwegs kommt man am Melkhus vorbei, wo man ein Plätzchen zum Rasten finden und sich mit frischen Milchprodukten oder Kaffee stärken kann.

Folgt man dem Huntorfer Damm, der von hier rechts abbiegt, gelangt man zur Landstraße 864, der man links ein kurzes Stück folgt, bis rechts die Straße „Burwinkler Hellmer" abzweigt. Auf dem parallel zur großen Bundesstraße verlaufenden Radweg geht

Café MitMensch
Tante-Emma-Laden und Café mit frischen Produkten aus der Wesermarschregion

Lange Straße 66
27804 Berne
www.diadema-ol.de

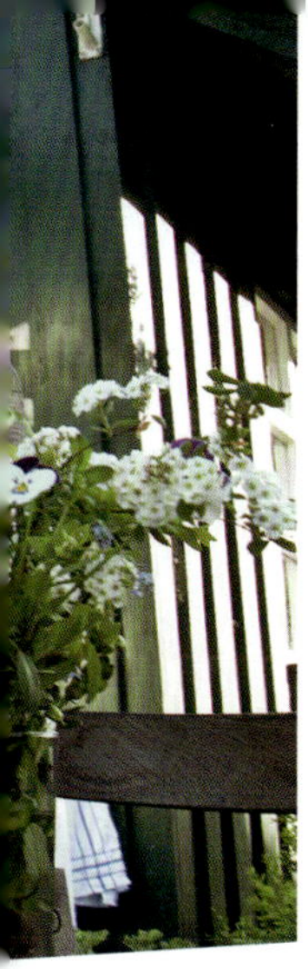

es dann wieder rechts über die Hunte. Links in den Schlüterdeich eingebogen, hält man sich nach Überquerung der „Unteren Ollen“ rechts, um über Bettingbühren nach **Berne** (► Tour 8, Seite 38) zu gelangen. Die kleine Gemeinde nennt sich auch gern „Venedig der Wesermarsch“ und liegt ohne Zweifel sehr malerisch an den beiden Flüssen Berne und Ollen.

Im hübschen Ortszentrum steht die Kirche St. Aegidius aus dem 12. Jahrhundert. Aufgrund ihrer wertvollen Ausmalungen, ihres Altars und Kanzel aus der Werkstatt des berühmten Holzschnitzers Ludwig Münstermann ist das Kulturerbe sehr sehenswert. Spannend ist außerdem ein Besuch in der **Storchenpflegestation** im Berner Ortsteil Glüsing, wo man bei einer fachkundigen Führung viel über die großen Vögel lernen kann.

Radtour: 31 km
Start: Oldenburg Hbf.
Ziel: Bhf. Berne
RS 4 alle 60 Minuten

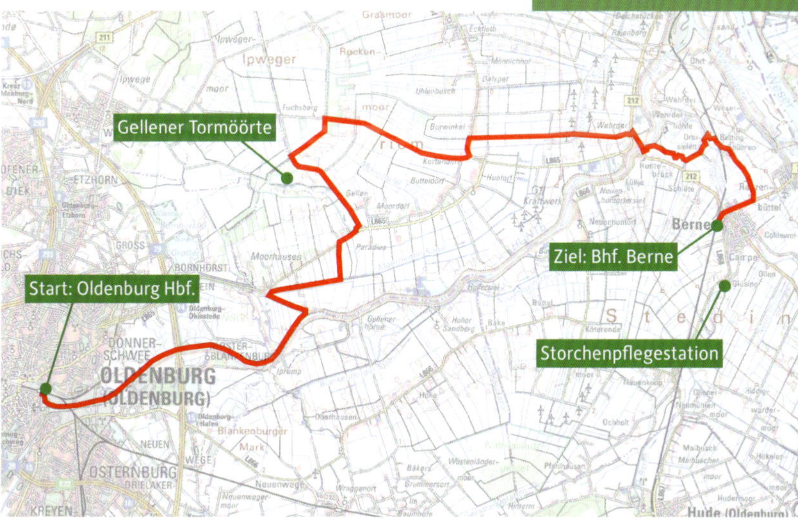

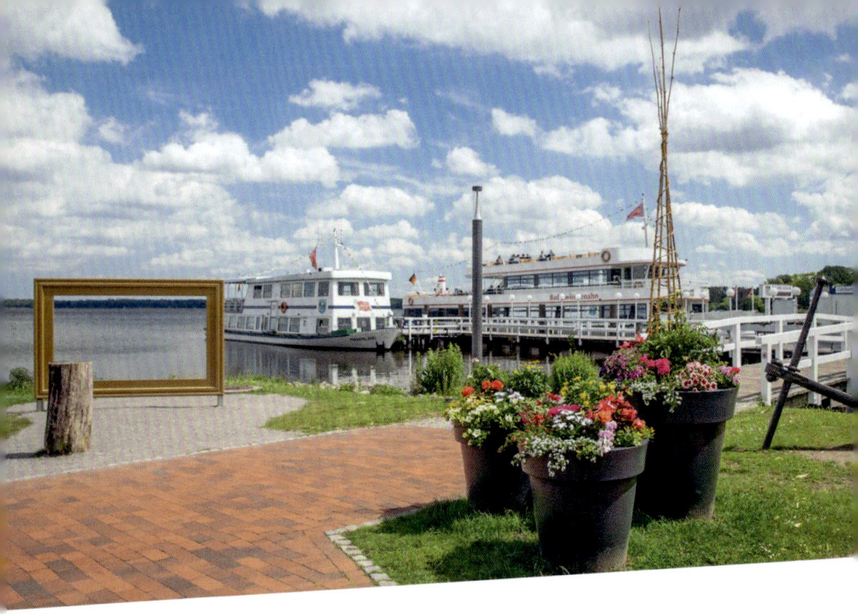

Eine Tour ums Meer

40

Bad Zwischenahn

Schon mal geräucherten Aal gegessen? Wer das nachholen möchte, ist in Bad Zwischenahn genau am richtigen Ort! Den „Smoortaal“ verzehrt man am besten nach einer Rundwanderung, Radtour oder Schifffahrt um das große Zwischenahner Meer. Unterwegs kann man prächtige Rhododendren bewundern, in den See springen und einen Stopp beim inspirierenden Park der Gärten einlegen.

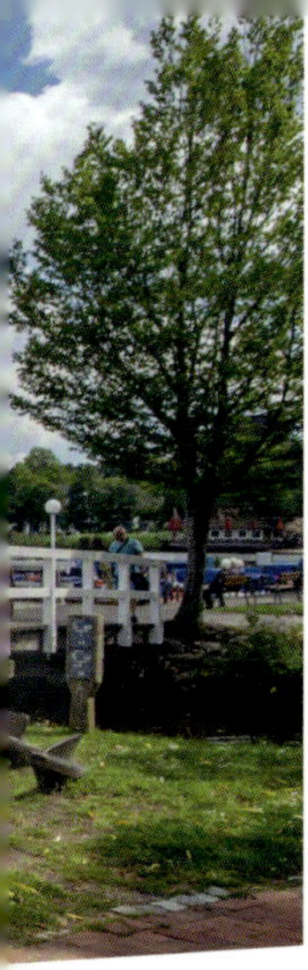

Will man mit dem Rad oder zu Fuß das Zwischenahner Meer umrunden, startet man am besten vom Bahnhof **Bad Zwischenahn** in Richtung See und Ortszentrum. Über die Schulstraße gelangt man auf den **Marktplatz** mit dem großen Wels-Springbrunnen und der St.-Johannes-Kirche aus dem 12. Jahrhundert.

Von hier geht es nach rechts in die Straße „Auf dem hohen Ufer". Der ausgeschilderten Rhododendronroute folgend, führt einen der Weg an den Highlights in Bad Zwischenahn vorbei. Das **Zwischenahner Meer** hat die Bezeichnung „Meer" nicht von ungefähr, denn mit einer Fläche von stolzen 526 Hektar ist das Gewässer Niedersachsens drittgrößter See. Zusammen mit Bad Zwischenahn ist das „Meer" das unangefochtene touristische Zentrum des Ammerlandes.

Der See entstand vor etwa 12 000 Jahren, als in der Weichseleiszeit unterirdische Salzstöcke einstürzten. Er ist 2,8 Kilometer lang, 2 Kilometer breit und bis zu 5 Meter tief. Im Zwischenahner Meer leben heute unter anderem Aale, Karpfen und Wollhandkrabben. Einige der maritimen Leckereien kann man in den ansässigen Restaurants oder Fischläden kaufen und probieren.

Die Uferzonen des Sees bieten mit ihrem breiten Schilfgürtel zahlreichen Vögeln wie Blässhühnern, Rohrdommeln und Fischadlern einen geschützten Lebensraum. Zur Erhaltung des Schilfgürtels und zum Schutz der Tiere sind Motorboote auf dem See verboten und der Surf-Tourismus wurde bewusst etwas eingeschränkt. Für alle, die ins Meer springen wollen, gibt es ausgewiesene Strände, wo gebadet werden darf.

Die traditionelle **Weiße Flotte** bietet den Besuchern und Besucherinnen von drei Anlegern aus Rund- und Überfahrten an. Vor allem die Südseite des Sees wartet mit einer Vielzahl an touristischen Angeboten auf. Der Ort Zwischenahn bekam wegen seiner klaren Luft und aufgrund des milden Reizkli-

Weisse Flotte
Rund- und Überfahrten ab Bad Zwischenahn, Rostrup und Dreibergen

www.weisseflottezwischenahn.de

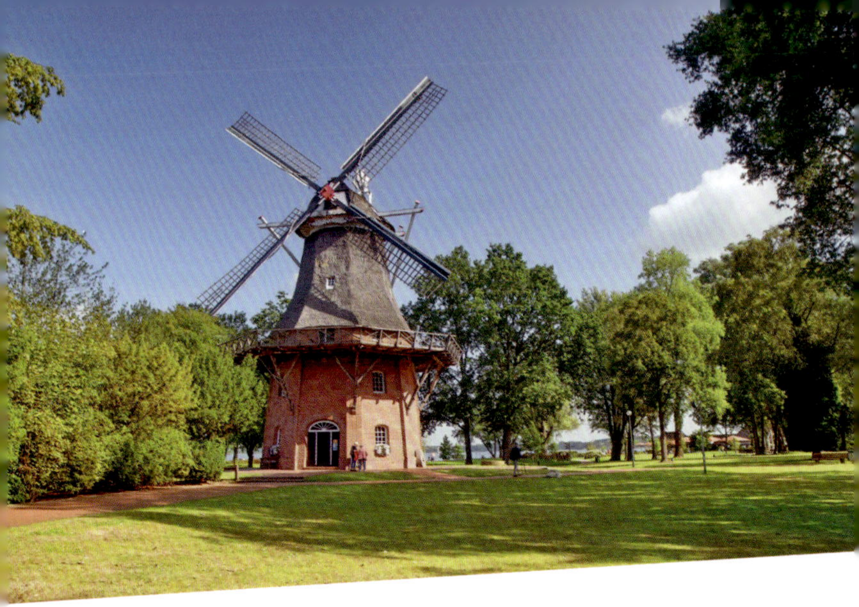

Die Windmühle im Freilichtmuseum Bad Zwischenahn liegt direkt am Wasser

mas schon 1919 den Titel „Bad". Es gibt eine Menge Kur- und Rehabilitationseinrichtungen, die sich meist direkt am schönen Ufer befinden. Im **Wellenhallenbad** kann man ganzjährig baden, saunieren und entspannen, dank des 34 °C warmen Solebeckens auch draußen.

Das denkmalgeschützte **Alte Kurhaus** von 1874, heute genutzt als „Haus des Gastes" und Bibliothek, liegt im historischen Kurpark. Die Parkanlage ist mit kleinen Kunstwerken gespickt und verlockt zum Lustwandeln. Auch das große **Freilichtmuseum** mit wiederaufgebauten, historischen Bauernhäusern und einer hübschen zweigeschossigen Mühle aus dem Jahre 1811 ist einen Besuch wert.

Besonders schön ist es in Bad Zwischenahn zur Rhododendronblüte in der Zeit von Mai bis Juni. Dann stehen auch die zwei großen Rhododendrenparks in voller Blüte: der Park der Gärten (Ortsteil Rostrup) und der **Rhododendronpark von Bruns** in Gristede/Wiefelstede, der nordöstlich vom Zwischenahner Meer liegt und mit dem Rad schnell zu erreichen ist. Aufgrund des küstennahen Klimas mit hoher Feuchtigkeit und milden Wintern gedeihen die Blütensträucher hier prächtig. Auch die sauren Böden der hiesigen Heide- und Moorlandschaften sorgen dafür, dass sich die Rhododendren im Ammerland so wohlfühlen.

Strandcafé
Wunderschöne Lage am See, leckere hausgemachte Kuchen und Torten, E-Bike-Ladestation

Unter den Eichen 12a
26160 Bad Zwischenahn
www.strandcafe-bad-zwischenahn.de

Um das Meer zu umrunden, folgt man zunächst der Rhododendronroute an der östlichen Seite des Sees. Hinter dem Kurpark führt der Weg immer wieder etwas weg vom Wasser, denn die kleineren Wege zum Ufer enden leider oft vor Privatgrundstücken. Es geht an Bootsstegen, Badestellen, Eichenwäldchen und Wiesen vorbei. Hinter der Hafsteder Bäke knickt die Rhododendronroute in Richtung Rhododendronpark Bruns nach Gristede ab. Will man der Rundtour um den See folgen, läuft oder radelt man einfach weiter parallel zum Wasser und kommt bald auf die Dreiberger Straße. Es geht ein kurzes Stück die Straße entlang, bis links wieder der Rundweg um das Zwischenahner Meer abgeht.

In Dreibergen angekommen, auf dessen drei Erhöhungen Mitte des 12. Jahrhunderts eine Burganlage der Ammerländer Grafen von Elmendorf gestanden haben soll, führt der Weg durch einen kleinen Wald. Hier kann, wer mag, auf einigen Infotafeln Spannendes zur Geschichte der Ammerländer Grafen und ihrer Burg nachlesen.

Am Dreiberger Schiffsanleger legt die Weiße Flotte ab, mit der man ganz bequem zurückschippern und das Zwischenahner Meer vom Wasser aus erleben kann. Allen Schwimmbegeisterten sei die schöne Badebucht bei Dreibergen ans Herz gelegt.

Wer lieber weiter wandern oder radeln will, kann sich auf einen besonders hübschen Streckenabschnitt freuen. Gegenüber vom Parkplatz an der Dreiberger Straße verläuft der schöne Seeweg, der gesäumt von alten Eichen direkt am Ufer entlangführt.

Hinter einem weitläufigen Golfplatz liegt der **Park der Gärten**. Das ehemalige Areal der Landesgartenschau von 2002 beherbergt heute über 40 Mustergärten und ist eine einzigartige Inspirationsquelle für Naturfreunde und Hobbygärtnerinnen. Der Park ist groß und es gibt viel zu sehen, daher sollte für einen ausgiebigen Besuch genügend Zeit eingeplant werden. Im Besucherzentrum kann man in der interaktiven Ausstellung „Grüne Schatztruhe" einiges über die faszinierende Pflanzenwelt des Parks lernen.

Fährt oder läuft man weiter am Wasser entlang, kommt man am Rand des Ortsteils **Rostrup** an einer weiteren **Badestelle** vorbei. Ein erfrischendes Bad

Die Rhododendren mögen den sauren Boden der Gegend

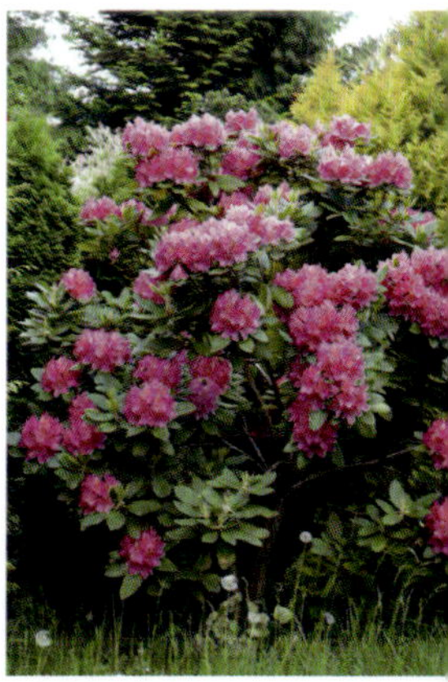

Einfach idyllisch: ein Tag am Bad Zwischenahner Meer

am Strand mit Aussicht auf den schönen Zwischenahner See oder ein Spaziergang durchs Freilichtmuseum bieten sich als Ziele am Ende der Wanderung oder Radtour an. Wer noch nicht die Ammerländer Spezialitäten gekostet hat, dem sei noch eine deftige Brotzeit mit leckerem Schwarzbrot und Ammerländer Schinken, Mettwurst oder geräuchertem Aal empfohlen. Nach dem Essen darf der **Ammerländer Löffeltrunk**, ein Weizenkorn, der aus einem Zinklöffel getrunken wird, nicht fehlen.

Räucheraal kann man sehr gut bei „Bruns“ dem traditionsreichen, seit 1876 existierenden Fischfachgeschäft mit eigener Aalräucherei genießen. Nach vorheriger Anmeldung erfährt man hier alles über die Zwischenahner Fischerei und darf bei der Aal-Räucherung zusehen. Seit Jahrhunderten werden im Zwischenahner Meer Aale gefangen und als beliebte „Smoortaale“ geräuchert.

Wer sich besonders für Windmühlen interessiert und keine Lust hat, am Strand zu faulenzen oder schon die Heimreise anzutreten, hat Glück: die **Ekerner Mühle** und die **Querensteder Mühle** befinden sich jeweils ein paar Kilometer südlich vom Bad Zwischenahner Bahnhof. Letztere ist mit drei Etagen die höchste des Ammerlandes und beherbergt eine kleine, urige Gaststätte.

Aalräucherei Friedrich Bruns
Führungen ab 8 Personen nach vorheriger Anmeldung

Feldlinie 5
26160 Bad Zwischenahn
www.aal-bruns.de

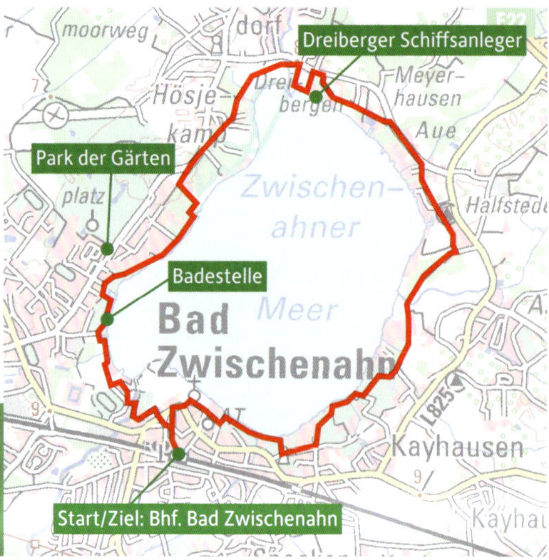

Rundwanderung oder Radtour: 13 km

Hin und weg: Bhf. Bad Zwischenahn
RE 1/RS 30 zweimal stündlich

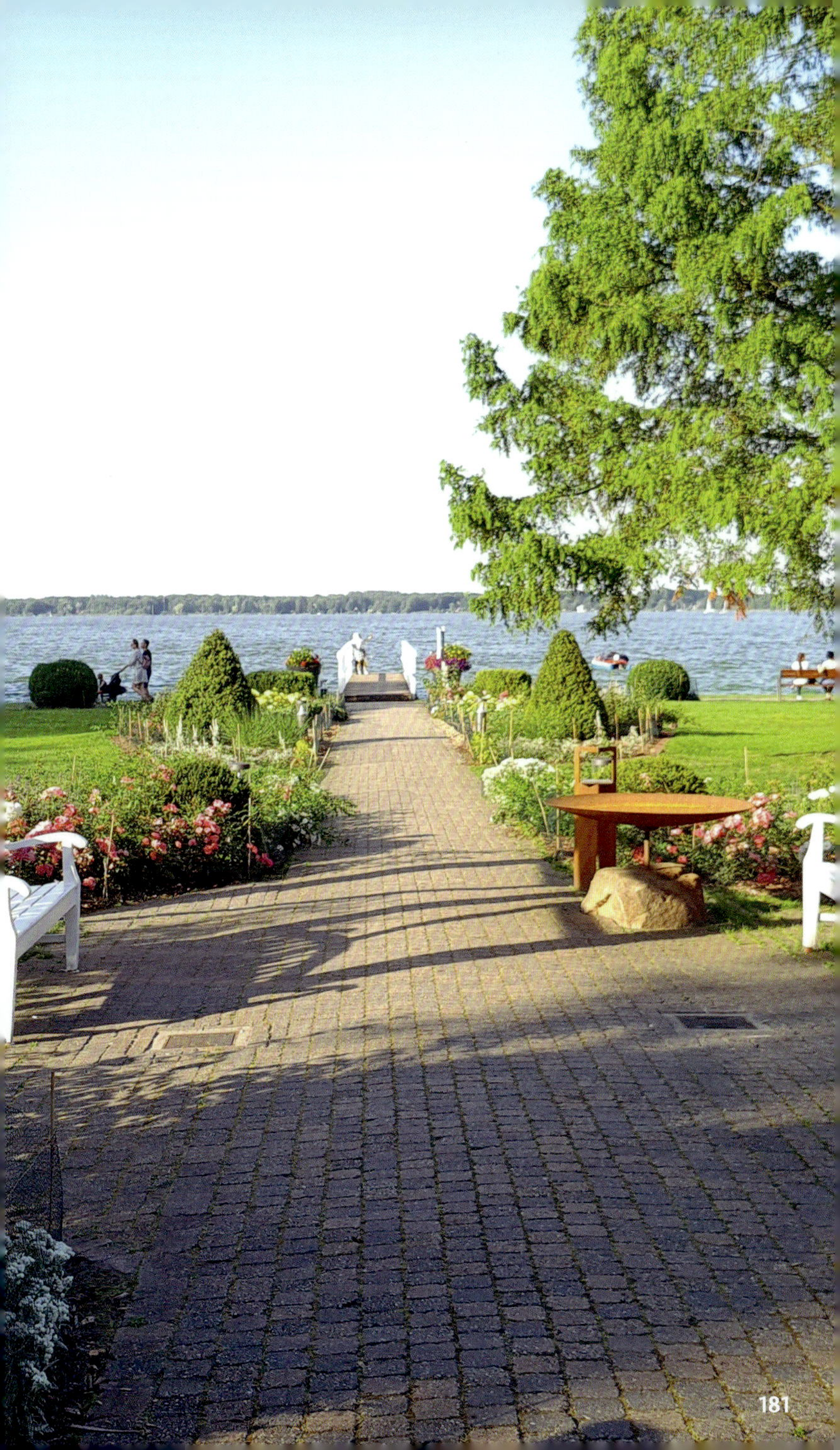

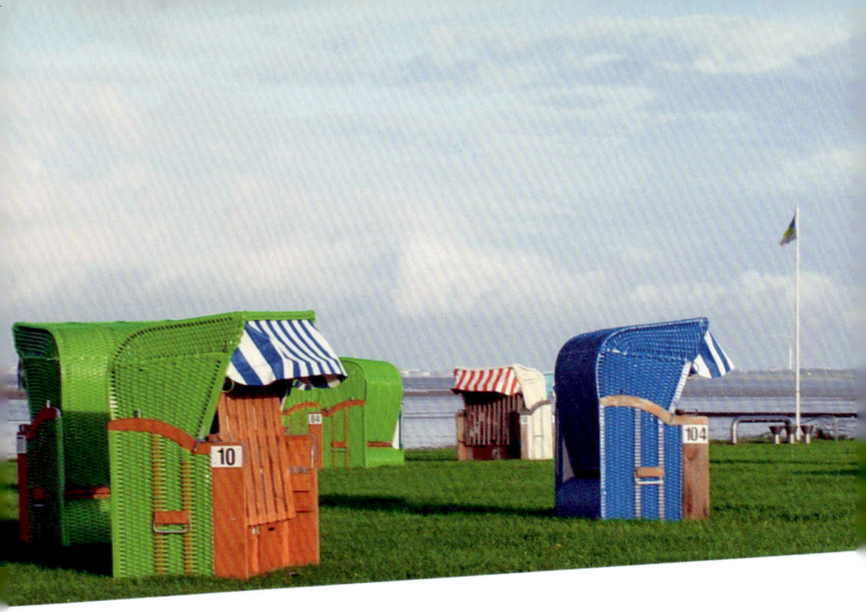

Ab an die Küste

41

Nordenham – Burhave

Das Meer ist nicht weit, also ab an die Küste! Am Wasser entlang geht es auf der Deutschen Sielroute von Nordenham bis Burhave. Hier kann auch bei Ebbe in einem künstlich angelegten Meerwassersee gebadet werden. Der Weg zurück nach Nordenham führt durch ein großes Naturschutzgebiet und Vogelparadies. Fernglas nicht vergessen!

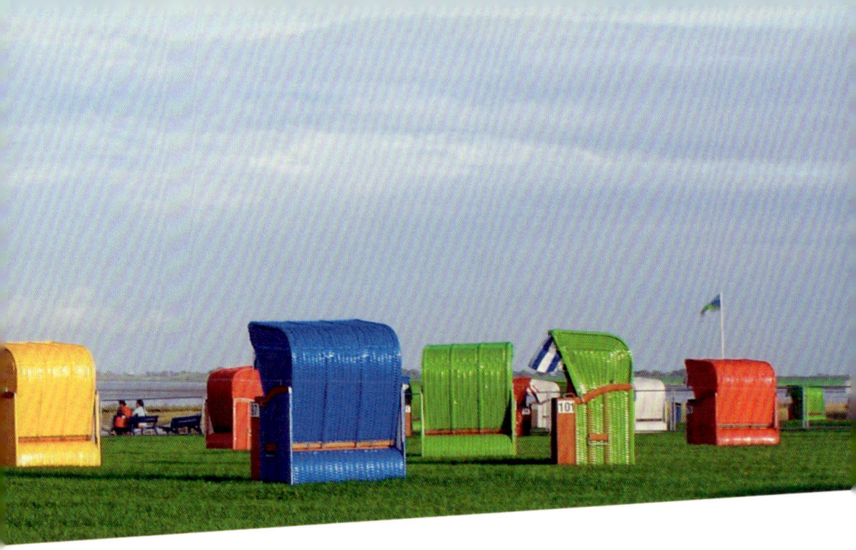

Die Nordsee ist näher, als man denkt: Mit der Bahn ist man von Bremen schon in einer Stunde an der Wesermündung! Am **Nordenhamer Bahnhof** angekommen, startet die Tour rechts in den Deichweg, der in die Midgardstraße mündet. Bis zum Ort Burhave kann man ab hier der Ausschilderung der Deutschen Sielroute folgen, die in Richtung Einswarden/Blexen von Nordenham an die Küste führt. Ab Einswarden fährt man nahe am Wasser entlang und hat von oben eine gute Aussicht auf die breite Wesermündung und auf die Stadt Bremerhaven am gegenüberliegenden Ufer.

Hinter dem Hafenanleger geht es links am Segelflugplatz vorbei und schon ist das uralte Dorf **Blexen** erreicht, das zur Zeit der Auswanderungen Ende des 19. Jahrhunderts als „das letzte Dorf vor Amerika" galt. Der Weg führt an der **Kirche St. Hippolyt** vorbei, die bereits im Jahr 789 urkundlich erwähnt wurde. Berühmt wurde die Kirche durch die wertvollen barocken Holzschnitzarbeiten des Bildschnitzers Ludwig Münstermann, der 1610 den Altar schuf.

Weiter geht es auf der Sielroute bis nach Burhave. Wer Lust auf eine längere Pause hat, kann sich im **Burhaver Strandbad** ausruhen, um die Wellen und das Meer zu genießen. Waren hier früher nur Grasstrände und die Besucher mussten auf die kur-

Strandcafé Rondell
Sehr leckere Friesentorte (geschichtete Torte aus Mürbeteig, Blätterteig, Schlagsahne und Pflaumenmus)

Am Deich 25
26969 Butjadingen-Burhave

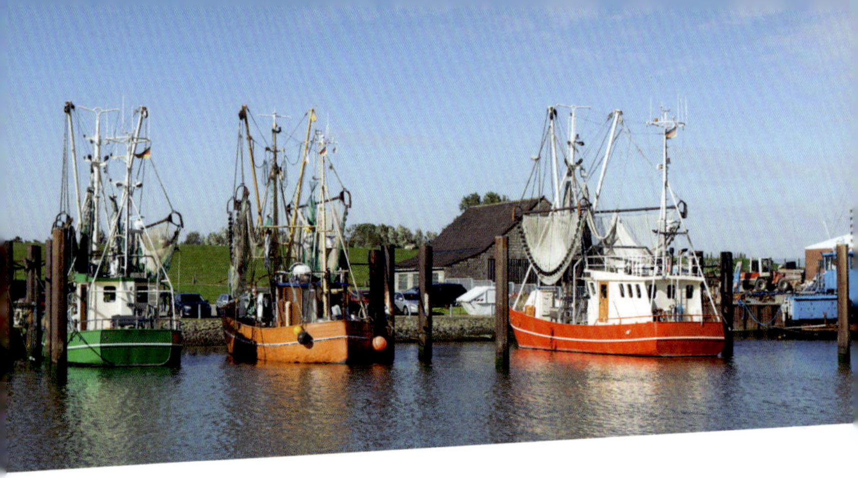

Maritimes Flair am Kutterhafen in Klein Fedderwarden

zen Flutphasen warten, um baden zu können, gibt es jetzt seit einigen Jahren die Nordseelagune, einen zum Meer hin vorgelagerten, künstlich angelegten Meerwassersee, der mit einer Miesmuschelreinigungsanlage sauber gehalten wird. Im Meerwassersee kann auch bei Ebbe gebadet werden – oder man sonnt sich auf dem aufgeschütteten Sandstrand. Außerdem kann man auf einem 200 Meter langen Wattensteg Richtung Meer spazieren – oder auf einer Kunst- und Erlebnispromenade auf dem Deich wandeln.

In **Burhave** angekommen verlässt man die Sielroute und gelangt über die Strandallee und die Weserstraße zum idyllisch gelegenen Kirchplatz mit der St.-Petri-Kirche. Links in die Butjadinger Straße eingebogen, geht es nach einem guten Stück rechts in die Straße „Zur Grundschule", deren Verlängerung bis nach Hollwarden führt.

An dem kleinen Wurtendorf fährt man links vorbei und bleibt auf dem Wirtschaftsweg bis zum **Mitteldeich**, dem historischen Ochsentriebweg. Hier wurden im 18./19. Jahrhundert gemästete Ochsen aus Butjadingen nach Nordenham getrieben und vom Union Pier aus nach England verschifft. In der Blütezeit kam eine so hohe Nachfrage nach Ochsen auf, dass die Tiere mit einer neugebauten Eisenbahnlinie über den ehemaligen Bahnhof Stollhamm verladen wurden. Heute gibt es diesen Handel nicht mehr, aber ein beschilderter „Ochsenweg" erinnert an diese Zeit, die einen großen Einfluss auf die Entwicklung Nordenhams hatte.

ffn-Nordseelagune
Überwachtes, tide-unabhängiges Baden im Meerwassersee, viele Sport- und Spielmöglichkeiten, Strandkorb- und Tretbootverleih

Am Deich 21a
26969 Butjadingen-Burhave
www.butjadingen.de/nordseelagune

Auf den Mitteldeich biegt man links ab und radelt etwa 10 Kilometer den Deichweg am Butjadinger Kanal entlang. Auf dem Weg bieten sich tolle Einblicke in das **Naturschutzgebiet Stollhammer Wisch**, das aufgrund seiner Feuchtwiesen eine hohe Artenvielfalt an Vögeln und Pflanzen beheimatet. Im Frühjahr kann man hier wunderbar Vögel beobachten. Wer ein Fernglas dabeihat, kann neben größeren Vögeln wie Kiebitzen und Rotschenkeln vielleicht auch Blaukehlchen oder eine Goldammer erspähen. Die Wiesen werden auch heute noch mit Rindern beweidet, allerdings im Rahmen einer behutsamen Vertragslandwirtschaft, die die Lebens- und Brutmöglichkeiten der Vögel schützt. Ganz am Ende des Deiches zweigt bei „Trumpfhörne“ rechts die Sarver Straße ab.

Biegt man links in den Bauernweg ein, kommt man unter der Bundesstraße 212 hindurch und radelt immer geradeaus am Ortsrand entlang, bis die Straße rechts abknickt. Noch 130 Meter weiter, dann geht's links in den Wehrdeich, dem man bis zur Atenser Allee folgt. Über den Plaatweg gelangt man fernab vom Straßenverkehr ins Zentrum und zum Bahnhof von Nordenham.

Museum Moorseer Mühle
Dauerausstellung: „Moorsee – mehr als Mehl und Mühle“, Mühlencafé mit Kuchen, Selbstbacktage zum Mitmachen unter Anleitung, Lernangebote für Kinder und Jugendliche

Butjadinger Straße 132
26954 Nordenham-Abbehausen
www.museum-morseer-muehle.de

Rad-Rundtour: 40 km

Hin und weg: Bhf. Nordenham
RS 4 alle 60 Minuten

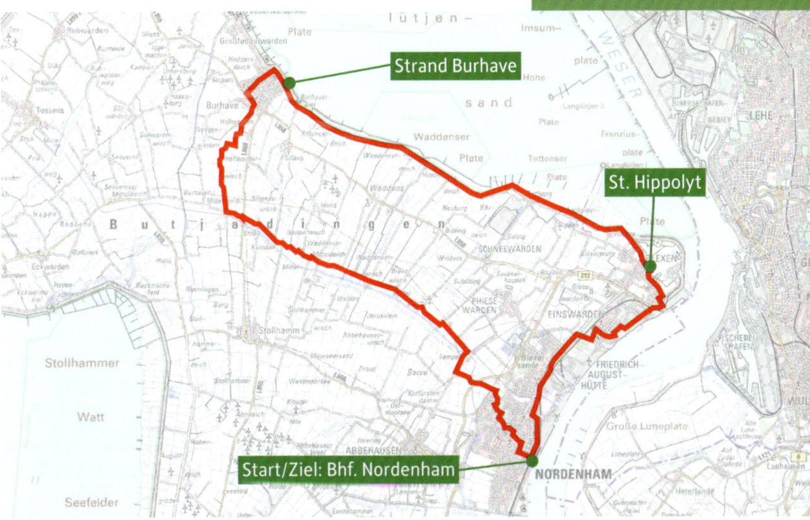

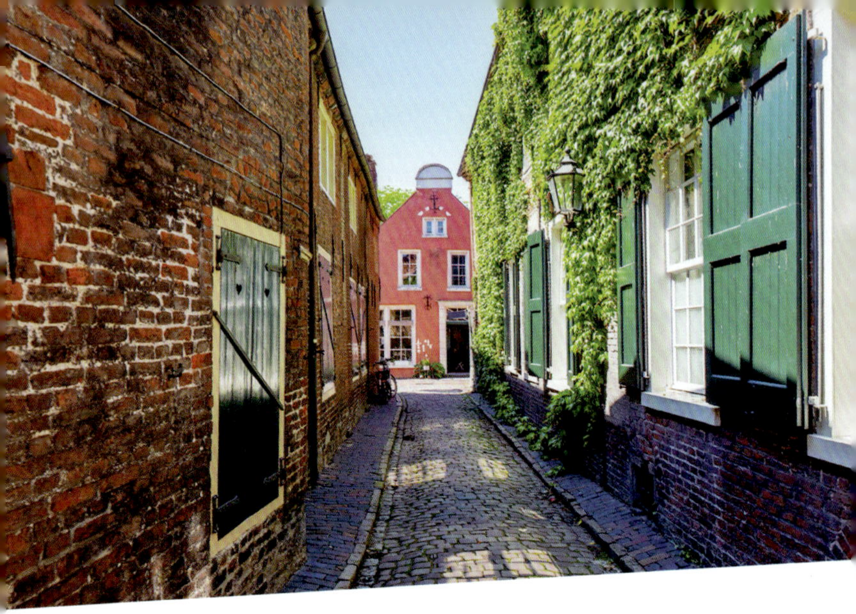

Vom Ammerland nach Ostfriesland

42

Augustfehn – Leer

Die entspannte Radtour führt durch die hübsche Fehnlandschaft entlang des Naturschutzgebiets Aper Tief. Rund um den Fluss Jümme kann man eine Menge interessante kulturelle und kulinarische Entdeckungen machen. Wer mag, sieht sich am Ende der Tour noch etwas in der Leerer Altstadt um, wo zum Beispiel das Büntinger Teemuseum zur Einkehr lockt.

Schinken-Museum F.W. Meyer
Alte Schinken-Räucherei, Führung mit Verkostung nur nach Anmeldung

Hauptstraße 212
26689 Apen
www.schinkeneum.de

Vom Bahnhof in **Augustfehn**, wo die Tour losgeht, lohnt sich zunächst ein kleiner Abstecher nach Apen. Dafür fährt man von der Bahnhofsstraße links in die Stahlwerkstraße und überquert auf Höhe der Schulstraße den Augustfehner Kanal. Wer mag, kann vorher noch einen Stopp bei der ehemaligen **Eisenhütte** einlegen, die sich ganz in Bahnhofsnähe befindet und den Ort ab 1856 maßgeblich geprägt hat. Grund für die Ansiedlung war das Vorkommen von Raseneisenstein und Torfgas aus den umliegenden Mooren. Die Hütte brachte für Augustfehn einen kräftigen wirtschaftlichen Aufschwung, musste jedoch 1932 schließen. Heute ist in dem Gebäude ein Restaurant untergebracht, wo regelmäßig kulturelle Events stattfinden.

Hat man den Kanal überquert und hält sich rechts, gelangt man über die Kastanienstraße auf den Bahnweg. Jetzt geht es ein kurzes Stück geradeaus, bis man die Bahnschienen überquert und in die Burgstraße einbiegt. Auf der Hauptstraße fährt man rechts und erreicht bald **Apen**.

Der kleine Ort war schon im Mittelalter ein wichtiger Befestigungs- und Grenzort der Grafschaft Oldenburg gegen Ostfriesland. Wer außerdem schon immer wissen wollte, wie Schinken traditionell haltbar gemacht wird, ist hier genau richtig, denn gleich rechter Hand liegt das **Schinken-Museum**. In der alten Räucherei wird schon seit 1748 wird der Ammerländer Schinken hergestellt und verkauft. Wer hier eine Führung macht, darf auch probieren! Nach dem Museumsbesuch lohnt sich noch ein Besuch der ortsbildprägenden St.-Nikolai-Kirche aus dem 13. Jahrhundert, die erhöht auf einer Wurt errichtet wurde.

Um die Tour fortzusetzen, muss man zunächst ein kurzes Stück die Hauptstraße zurückfahren. An der **Hengstforder Mühle** fährt man links über den Parkplatz an der Mühle vorbei und kommt so zum autofreien Weg ans **Aper Tief**. Achtung, der Durchgang ist hier sehr eng!

Im großen Naturschutzgebiet am Aper Tief kann man erstmal durchatmen und die Ruhe genießen. Durch Überflutungen entstand hier eine faszinierende Flussauenlandschaft, in der zahlreiche Pflanzen, Vögel und Insektenarten wie Röhrichte, Sumpfdotterblumen und Libellen leben. Der Weg führt Richtung Westen immer am Fluss entlang. Hat man den

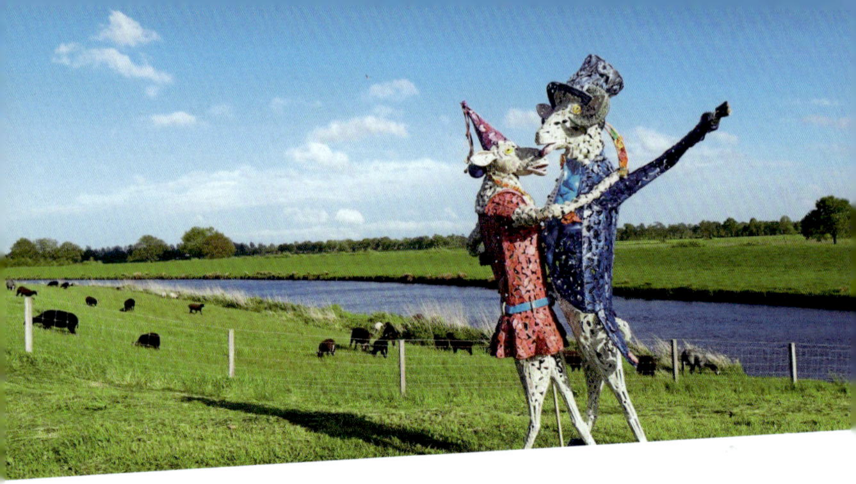

Darf ich bitten? Kunst im Aper Tief

August-Fehn-Kanal überquert, hält man sich hinter der Fehnbrücke an der Saterlandstraße links, um dann auch das Aper Tief zu überqueren und rechts in den Mastenweg einzubiegen.

Am Aper Tief bei Vreschen-Bokel öffnet sich eine weite, flache Landschaft mit Weiden, Gehölzreihen und Gehöften. Nach einem kleinen Teich biegt man rechts ab, um auf dem Deich weiterzufahren, bis nach wenigen Minuten links ein Fuß- und Radweg abzweigt. Über eine kleine Brücke erreicht man die Alte Deichstraße, die in sanften Kurven durch eine ruhige, einsame Moorlandschaft führt. Am Ende der Straße fährt man rechts, überquert noch einmal das Aper Tief und ist in der kleinen ostfriesischen Gemeinde Detern angekommen.

Detern war und ist Grenzort zum Ammerland und besaß um 1500 die befestigte **Burg Stickhausen**. Heute sind nur der große Rundturm und Reste der Wallanlagen erhalten. Über die Oster- und Kirchstraße hat man bald schon das Ende des Orts erreicht. An der Mühlenstraße links abgebogen, gelangt man zur Barger Brücke, die über die Jümme führt. Jetzt geht es rechts an der Straße Zum See weiter, die entlang der Jümme am Deich und über einen Campingplatz direkt zum **Jümmesee** führt. Ein echter Geheimtipp, um Rast zu machen! Hier locken weitläufige Sandstrände zum Baden und Spielen. Im „Café Restaurant zum Jümmesee" hat man von der Außenterrasse eine herrliche Sicht.

Café Restaurant zum Jümmesee
Direkt am See gelegenes Lokal mit Terrasse und leckeren selbst gebackenen Torten; Italienisches Eis und Getränke auch am Kiosk erhältlich

Zum See 2
26847 Detern

Weiter Richtung Norden radelt man am Ende des Weges ein Stück die belebte Burgstraße in Stickhausen entlang, überquert wieder die Jümme und fährt kurz danach unter der Bundesstraße 72 hindurch, dem „Ostfriesen-Highway“. Gleich hinter einer Brücke führt der Vossweg links auf die Deichstraße, die entlang der Jümme durch die Ruhe und Weite der Fehnlandschaft verläuft. Nach rund 12 Kilometern ist die Pünte-Fähre erreicht, wo die Jümme in die Leda fließt.

Die **Pünte-Fähre** ist ein absolutes Highlight auf der Strecke. Es ist ein besonderes Erlebnis, die handgezogene Fähre vom Land aus zu beobachten oder mit ihr auf das Südufer zu fahren.

Entscheidet man sich dafür, wird die Tour um ein paar Kilometer länger. Bleibt man auf der Nordseite und folgt dem Weg, gelangt man in kurzer Zeit zum weitläufigen und sehenswerten **Schlosspark** mit der **Evenburg** in Leer. Von hier ist der Bahnhof nicht mehr weit.

Bevor man den Rückweg nach Bremen antritt, sei noch zu einem Rundgang durch die Altstadt von **Leer** geraten. Ein stadtökologischer LEER-Pfad führt mit Orientierungspunkten auf den Gehwegen zu den schönsten Orten der Stadt: zur Hafenpromenade, in die Altstadt mit dem Haus Samson, zum Bünting Teemuseum und dem Heimatmuseum.

Bünting Teemuseum
Sehenswertes Museum zum Thema Tee, mit Verkostung. Für Gruppen finden auch Teezeremonien statt, hier ist eine Anmeldung erforderlich.

Brunnenstraße 33
26789 Leer
www.buenting-teemuseum.de

Radtour: 37 km
Start: Bhf. Augustfehn
RE 1/IC alle 60 Miunten
Ziel: Bhf. Leer
(nicht im VBN)

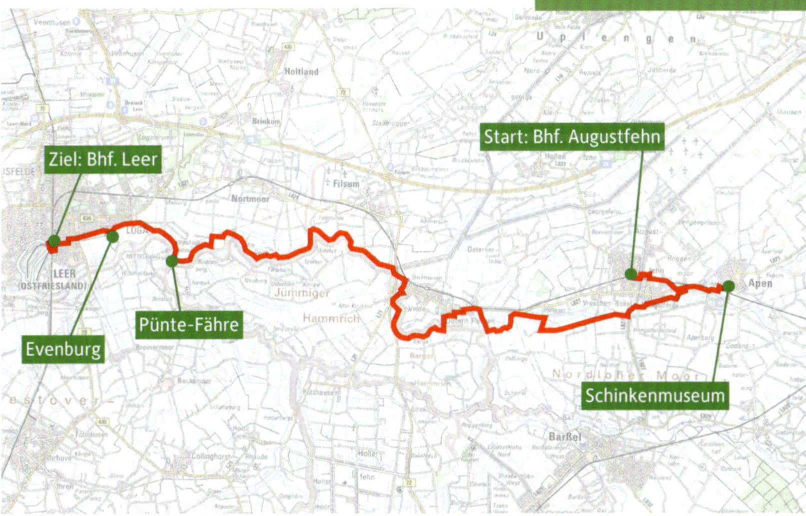

Register

Impressum

Liebe Leserinnen und Leser,

alle Angaben in diesem Ausflugsführer sind gewissenhaft geprüft. Trotz gründlicher Recherche unserer Autoren/innen können sich manchmal Fehler einschleichen. Wir bitten um Verständnis, dass der Verlag dafür keine Haftung übernehmen kann. Über Hinweise, Berichtigungen und Ergänzungsvorschläge freuen wir uns jederzeit.

via reise verlag
Lehderstraße 16–19
13086 Berlin
post@viareise.de
www.viareise.de

5. vollständig überarbeitete und erweiterte Neuauflage, Berlin 2023

ISBN 978-3-949138-28-7

Text & Recherche
Birgit Klose

Redaktion
Maria Röger

Herstellung & Gestaltung
Annelie Krupicka

Umschlagreihengestaltung
Nino Arndt, Berlin

Umschlagherstellung
Annelie Krupicka

Kartografie
Auszug aus den Geodaten des Landesamtes für Geoinformation und Landesvermessung Niedersachsen LGLN

Kartografische Bearbeitung
Annelie Krupicka

Druck
Druckerei Sportflieger, Berlin

FSC www.fsc.org MIX Papier aus verantwortungsvollen Quellen FSC® C104586

Umschlagfoto vorn
Haus bei Worpswede
(dotsikalex1/stock.adobe.com)

Umschlagfoto Klappe vorn
Wildeshausen
(Andrea Lehmkuhl/Stadt Wildeshausen)

Umschlagfoto hinten
LandPark Lauenbrück
(LandPark Lauenbrück)

Fotos
Birgit Klose 12, 32, 84, 126, 168, 172–173 ,
weitere Fotos:
izenzen!/stock.adobe.com 68; AdKrieger/stock.adobe.com 182–183; A. Tavakkoli 67; Arkadij Schell/Shutterstock.com 58; Andrea Lehmkuhl/Stadt Wildeshausen 134 gr., 136; Arnim Schulz/stock.adobe.com 66; Bad Zwischenahner Touristik 176, 178; Billboa/Eisenbahndrehbrücke über die Hunte bei Elsfleth-Orth/CC-BY-3.0/bearb 38; bonpictures/stock.adobe.com 181; Christian Müller/stock.adobe.com 186; clousunbilder/stock.adobe.com 80; Denkort Bunker Valentin/LzpB Bremen, Henry Fried 20; D. Koch 108 kl., 111; dwfg 146 gr.; Edda Dupree/Shutterstock.com 78 kl.; Edler von Rabenstein/stock.adobe.com 92 kl.; Elke Hötzel/stock.adobe.com 115; Elly Miller/stock.adobe.com 112–113, 116; Forsthaus Heiligenberg 106; Gabriele Rohde/stock.adobe.com 42–43, 53, 184; Gemeinde Dötlingen 130, 132; Gemeinfrei 18 kl., 23, 24, 34–35, 47, 56, 57, 62, 78 gr., 95, 96, 150 kl.; ggfoto/stock.adobe.com 134 kl., 164; Guido Vermeulen-Perdaen/Shutterstock.com 140; Hannes Grobe/Denkmal im Knoops Park in Bremen-St. Magnus/CC-BY- 3.0/bearb. 31; H.-H. Tietjen 27, 28 gr.; Heide Pinkall/Shutterstock.com 8–9, 40, 144, 146 kl., 170; heidepinkall/stock.adobe.com 36; Heimatverein Beverstedt 48; Herb/stock.adobe.com 129, 138–139; H.-J. Dehn 87, 88; J. Atherton 98–99, 101; Joerg Sabel/stock.adobe.com 122–123; Jürgen Wackenhut/stock.adobe.com 60–61; kama71/stock.adobe.com 10–11; Klimahaus® Bremerhaven 8°C Ost 55 u.; Kara/stock.adobe.com 22 gr.; Klaus Scheddel 14, 17, 148–149, 150 gr., 158; LandPark Lauenbrück 74, 75, 76 kl., 76 gr; Martina Buchholz/Erlebnis Bremerhaven 52; Matthias/stock.adobe.com 30; Matthias Süßen/Klosterhude91/CC-BY-3.0/bearb. 156; M. Monsees 26; M. Guy/Bildarchiv der Stadt Verden 90–91, 92 gr.; Mittelweser-Touristik GmbH 64–65, 86, 102 kl., 102 gr.,105; Naturpark Wildeshauser Geest 152, 155; NayaDadara/Shutterstock.com 162 kl.; privat 174; Residenzort Rastede GmbH/Lukas Lehmann 160–161, 162 gr.; © Roland Peuthert 46; S. Hinrichs 188; Sina Ettmer/stock.adobe.com 142–143; Stadt Bassum 114; Stadt Diepholz/ Thorsten Schulze 118; Stadt Oldenburg 165, 167; Stadt Rotenburg/M. Tiemann 70–71, 73; Stadt Syke 82–83, 85; © Stadt Visselhövede 94; Tanja Tiedemann/Erlebnis Bremerhaven 50; Tourist Information Dümmerland 124; Tourist-Information Worpswede/Birgit Nachtwey 22 kl.; Touristikverein Schwanewede 18; Traveller70/Shutterstock.com 108 gr.; Wenig Boese/stock.adobe.com 45; Wlodzimierz/stock.adobe.com 179; Wolfgang Knoll/stock.adobe.com 55 o.